심리효과와 신드롬

사람의 마음과 세상을 읽다

정종진

박영story

들어가는 말

심리효과와 신드롬으로
사람의 마음과 세상을 읽다

　　사람이 '나'와 '너'의 관계 속에서 살아가야만 하는 사회적 존재임을 부정할 사람은 아무도 없을 것이다. 다른 사람들과 원만한 관계를 맺고 함께 살아가기 위해서는 자기와 타인에 대한 이해가 선행되어야 한다. 그래야 자기의 생각과 행동을 조절할 수 있고 타인과 제대로 상호작용을 할 수 있다. '나'란 어떤 사람이며 다른 사람이 왜 저렇게 생각하고 행동하는지를 알려면 심리학적 지식이 필요하다. 심리학은 인간의 행동과 정신과정을 탐구하여 인간을 이해하기 위한 학문 분야이기 때문이다. 그렇기 때문에 오늘날 심리학 공부는 누구에게나 해도 되고 안 해도 되는 선택 사항이 아니라 필수 사항이라 할 수 있다.

　　사람들과 부대끼며 살다 보면 왜 사람들이 저렇게 생각하고 행동하는지, 그게 무슨 심리현상인지 궁금할 때가 참 많다. 심리학에는 칵테일파티 효과(cocktail party effect)를 비롯한 사람의 심리현상을 설명하는 여러 가지 '효과'와 가면 신드롬(imposter syndrome)을 비롯한 심리상태와 사회문화적 현상을 이해할 수 있는 여러 가지 '신드롬'이 있다. 이 책은 그중에서도 우리의 일생생활 속에서 흔히 접해 볼 수 있으면서 사람의 심리와 세상을 올곧게 파악할 수 있고 현대인으로서 교양과 인문학적 소양을 쌓는 데 도움이 될 수 있는 심리효과와 신드롬에 관한 이야기를 일반인들이 쉽게 이해할 수 있도록 간단히 다룬 것이다.

이 책에서 다루고 있는 사람의 마음을 움직이고 사로잡는 심리효과와 신드롬의 이야기를 통해 사람의 생각과 행동의 저변에 깔려 있는 마음의 법칙과 사회문화적 현상에 대한 궁금증에 대한 이해의 폭을 넓힐 수 있고, 자기에 대한 성찰과 타인에 대한 이해를 도모함으로써 자기성장과 대인관계 개선을 가져올 수 있으며, 사람의 생각과 행동을 다스리고 사회풍조를 발전적으로 변화해 나가는 데 큰 도움이 될 수 있을 것이다. 각 심리효과와 신드롬은 저자가 임의로 분류하여 무작위로 제시한 것일 뿐, 내용상 연결되거나 이해하는 데 위계가 있는 것은 아니다. 그러므로 꼭 순서대로 읽지 않아도 되며 독자마다 필요하거나 관심을 갖고 있는 것부터 골라 읽어도 무방하다.

아무튼 이 책이 독자들로 하여금 일상생활에서 인간과 삶 그리고 세상에 대한 심리학적 이해의 지평을 열어주고, 사람의 마음과 세상을 성찰하며 건강하고 성공적이며 행복한 삶을 영위해나가는 데 도움이 되기를 기대해본다.

정종진 적음

차례

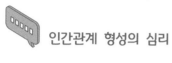

인간관계 형성의 심리

긍정과 부정의 심리

사회 환경에 영향을 받는 심리

사회성과 사회적응력의 심리

자기와 타인 이해의 심리

자기성장과 자기개발의 심리

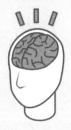

인간관계 형성의 심리

01
고슴도치 효과
인간관계에서 심리적 거리 두기

코로나바이러스감염증 - 19(COVID - 19)가 유행할 때 그 확산을 막기 위해 '사회적 거리 두기'가 강조된 바가 있다. 사회적 거리 두기란 감염증 확산을 막기 위해 각종 집회나 행사 등을 열지 않고 외출을 최소화해 불필요한 사람 사이의 접촉을 줄이는 것을 의미한다. 코로나 - 19는 사람들과의 밀접한 접촉에서 주로 전파되기 때문에 바이러스의 숙주가 되는 사람과 사람 사이에 거리 두기를 통해 확산을 막는 것이 무엇보다 중요했던 것이다. 여기서 사회적 거리는 '신체적 거리'이지 '마음의 거리'는 아니다. 그래서 세계보건기구(WHO)는 사회적으로는 연결되어 있지만 신체적으로만 거리를 두는 것을 강조하는 의미로 '사회적 거리 두기'라는 표현 대신 '신체적 거리 두기'라는 표현을 권장하고 있다.

감염증의 예방과 차단을 위해서는 신체적 거리를 의미하는 사회적 거리 두기가 중요하지만, 일상적인 인간관계에서는 '심리적 거리 두기'가 중요하다. 사람과의 관계에서 적당한 심리적 거리 두기의 필요성을 강조하는 심리학 용어로 '고슴도치 효과(hedgehog's effect)'가 있다. 이 용어는 독일의 철학자 아르투어 쇼펜하우어(Arthur Schopenhauer)의 저서 『소품과 단편집』에 실려 있는 '고슴도치 딜레마(hedgehog's dilemma)'라는 우화에서 유래된 것이다. 이 우화의 내용을 요약하면 다음과 같다.

> 흰 눈이 펑펑 내리는 추운 겨울날. 온몸이 가시로 덮여 있는 고슴도치 몇 마리가 모여 있었다. 너무 추워서 덜덜 떨다가 서로 다가가 모여서 온기를 나누며 추위를 녹이려 했다. 하지만 서로의 몸에 난 날카로운 가시 때문에 가까이 갈수록 상대방을 찔러 아프게 했고. 결국 떨어질 수밖에 없었다. 그러나 너무 추워서 얼어죽을 것만 같아 다시 고슴도치들을 모이게 만들었다. 고슴도치들은 이러한 과정을 몇 차례 반복했다. 그러다가 어느 순간 서로 온기를 유지하면서도 아프지 않게 하는 최소한의 적당한 거리를 찾았고 그제야 편안하게 잠들 수 있었다.

실제로 고슴도치들은 바늘이 없는 머리를 맞대어 체온을 유지하거나 잠을 잔다고 한다. 여러 번의 시행착오를 통해서 최선의 방법을 찾아낸 것이다. 고슴도치에게 서로에게 온기를 주면서도 찔리지 않는 딱 적당한 거리가 필요하듯이, 사람과 사람과의 관계에서도 서로 온기를 나누면서도 상대에게 상처를 주지 않는 심리적 거리를 두어야 한다는 것을 일컫는 심리학 용어가 바로 고슴도치 효과 혹은 고슴도치 딜레마인 것이다.

여기서 딜레마란 선택해야 할 길이 두 가지 중 하나인데, 어느 쪽을 선택해도 바람직하지 못한 결과가 나오는 곤란한 상황으로 진퇴유곡의 난처한 지경 혹은 궁지를 뜻한다. 고슴도치 딜레마는 너무 가까이 하면 상대방의 가시에 찔리고 너무 멀리하면 온기가 그리운 것처럼 서로의 친밀함을 원하면서도 동시에 적당한 거리를 두고 싶어 하는 인간의 욕구가 공존하는 모순적인 심리상태를 나타내는 것이다. 이처럼 쇼펜하우어는 고슴도치의 딜레마에 비유하여 가까이 다가갈 수도 그렇다고 떨어질 수도 없는 '인간의 독립성'과 '타인과의 일체감'이라는 두 가지 욕망에 의한 갈등을 표현했던 것이다.

덴마크의 실존주의 철학자 쇠렌 오뷔에 키르케고르(Søren Aabye Kierkegaard)는 현대인을 가리켜 얼어붙은 겨울 벌판에 버려진 가시 돋친 고심도치처럼 실존적인 고독 속에서 타인과의 관계를 열망하는 존재로 설명했고, 오스트리아의 정신의학자이자 정신분석학 창시자 지그문트 프로이트(Sigmund Freud)는 『집단심리학과 자아의 분석』에서 고슴도치를 인용하여 집단심리학의 측면에서 인간관계 속에 존재하는 근원적 갈등을 설명했다. 프로이트는 친구나 부부 등 장기적으로 지속되는 모든 종류의 인간관계에는 혐오와 적대의 감정이 숨어 존재하고 있으며 이를 극복하는 방식은 억압밖에 없다고 보았다.

심리학에서 고슴도치 효과 혹은 고슴도치 딜레마는 인간의 성격, 발달, 관계의 세 가지 측면에서 다루어지고 있다. 성격의 측면에서 보면, 비관적인 성향이나 불안한 내면을 갖고 있는 사람은 고슴도치 딜레마의 갈등을 회피하려는 경향을 보이고 그로 말미암아 타인과의 교류와 친밀한 관계를 꺼리는 반사회적인 성향으로 나타나게 된다. 발달의 측면에서 보면, 인간의 애착 유형은 영유아 시기 양육자의 태도에 의해 영향을 받는다는 애착이론을 통해 설명되고 있다. 자신을 돌봐주는 사람이 자신의 요구에 지지와 보호를 제공하면 자신을 사랑받을 만한 가치가 있는 소중한 존재라고 인식하면서 자신에 대한 긍정적 표상을 형성하게 되는 반면, 그렇지 못했을 때는 자신과 타인에 대해 부정적 표상을 형성하게 되고 고슴도치 딜레마와 같은 갈등 상황의 해결에 부정적 태도를 보이게 된다. 그리고 관계의 측면에서 보면, 개인과 사회적 집단과의 정서적 반응을 설명하는 데 사용된다. 인간에게는 기본적으로 사회적 관계를 형성하고자 하는 욕구가 있는데, 집단으로부터 거절이나 비난을 받은 개인의 경우 부정적 정서가 형성되고 그 결과 공격성이나 외부에 대한 정서적 무감각으로 나타나게 된다는 것이다. 가정의 붕괴와 사회적 고립의 확산과 더불어 디지털 문화를 통한 개인 간의 비대면 접촉의 가능성이 높아진 현대사회에서 고슴도치 효과는 인간관계의 다양한 양성을 설명하는 사례로 인용되고 있다.

고슴도치 딜레마를 난로에 비유해 설명해보면, 추위를 피하는 데 난로만 한 것이 없지만 그렇다고 너무 가까이 다가가면 화상을 입고 너무 멀리 떨어지면 춥다. 인간관계도 이 이치와 같다. 서로 필요로 하지만 다가가기 어려운 것이 사람과의 관계이다. 우리는 상처를 입더라도 타인에게 다가갈 것인지, 아니면 두려움에 혼자 외로워할 것인지, 아니면 남에게 상처를 주기도 받기도 싫어서 혼자 고립할 것인지 그야말로 내적 갈등과 딜레마에 빠질 때가 많다.

쇼펜하우어에 따르면, 인간은 필요에 의해 사람과의 관계를 맺지만 가시투성이 본성으로 서로 상처를 입게 된다. 고슴도치에게만 가시가 있는 것이 아니라 우리 인간에게도 거부, 비난, 무시, 멸시, 시기, 질투, 경멸, 분노, 오만, 이기심 같은 수많은 가시가 있다. 이러한 가시를 잘 숨기는 사람이 있는가 하면 조금만 다가가 보면 여지없이 그 가시를 드러내 보이는 사람도 있다. 다른 사람들만 고슴도치가 아니라 자기 자신도 누군가에게 고슴도치라는 사실이다. 결국 가시투성이의 고슴도치 딜레마는 오늘을 살아가는 우리 모두의 딜레마이기도 한 것이다.

요즘은 고슴도치 딜레마는 타인에게 다가가려 해도 상처에 대한 두려움 때문에 가까이 가지 못하는 사람들의 어려움을 표현하는 데 사용되고 있다. 자기 자신의 내면의 공허함과 단조로움을 견디다 못해 생겨난 다른 사람과의 소통이라는 욕구가 인간을 모이게 하지만, 인간이 갖고 있는 수많은 혐오스러운 성질이나 참기 어려운 결점들이 다시 인간을 떼어놓게 된다. 사회적 동물인 인간은 사람과 사람의 관계를 떠나 삶을 영위할 수 없으므로 일단 상처받는 것을 두려워하지 말아야 하는 용기가 필요하며, 나아가 서로가 상처를 받지 않으려면 사람마다 '나와 다름'을 인정하면서 서로를 이해하고 존중하며 끌어들일 수 있는 최적의 심리적 거리를 유지하는 것이 중요하다.

이처럼 서로가 상처를 받지 않으려면 적당한 심리적 거리를 유지해야 되는데, 이를 위해서는 예의(manner/etiquette)가 필요하다. 예의에 의해 서로의 온기가 적당히 만족되고 가시에 찔릴 일도 없게 된다. 예의를 지키지 않는 사람을 향해 영국에서는 "Keep your distance", 즉 너무 친한 척 접근하지 말고 적당히 간격을 유지하라고 충고한다.

요컨대, 고슴도치 효과 혹은 고슴도치 딜레마는 인간관계에 있어서 적절한 거리를 유지하는 것이 얼마나 소중한가를 일깨워주고 있다. 너무 가까이도 말고 너무 멀리도 하지 말라는 불가근불가원(不可近不可遠), 즉 바람직한 인간관계를 유지하려면 서로에게 불편을 주지 않는 적절하고도 일정한 심리적 거리를 유지해야 한다는 것이다. 자동차와 자동차 사이의 일정한 차간 거리처럼 사람도 적당한 거리가 필요하다. 이를 위해서는 상대에게 지나치게 간섭하지 말고 절도와 예의를 지켜 나가야 한다. 그래야 사고가 없다.

인사와 용인술에 고슴도치 효과를 적용해 보면, 너무 가까이하면 소홀히 대하기 어렵고 너무 멀리하면 불러 쓰기 어려우므로 적당한 거리를 두고 측근을 대해야 탈이 없다. 오늘날 비리가 횡행하는 것은 이러한 거리 두기에 실패했기 때문인 경우가 많다.

02
오찬 효과
친해지고 싶으면 같이 식사하라

　'우리 언제 밥 한번 먹어요!', '오늘 저녁식사 어떠세요?'와 같이 우리는 흔히 누군가와 가까워지고 싶을 때에 함께 밥을 먹자고 제안한다. 이성에게 호감을 사고 싶거나, 누군가와 서먹서먹한 관계를 개선하고 싶거나, 혹은 중요한 거래처를 설득해야 할 때 낯선 사람과 친밀감을 형성하기 위해 가장 흔히 이용하는 방법 중 하나가 함께 식사하자고 제안하는 것이다. 이처럼 사람들이 음식을 대접받거나 함께 먹게 되면 상대방에 대한 거리감이 줄어들고 친밀감이 형성되거나 호감이 늘어나는 현상이 생기는데, 이를 '오찬 효과(luncheon effect)'라고 하며 다른 말로 '만찬 효과'라고도 한다.

　낯선 사람과 친밀감을 형성하기 위해 식사에 초대하는 일은 세계 어디서나 자주 사용되는 방법이다. 적대감을 갖고 있던 부족들이 서로 화해를 하거나, 공동체의 유대관계를 강화시키기 위한 제사나 축제행사를 할 때에는 음식을 나눠 먹는 행사가 빠지지 않고 포함된다. 친밀감을 높이는 데 먹는 것만큼 효과적인 것이 없기 때문이다. 인본주의 심리학자 에이브러햄 매슬로우(Abraham H. Maslow)에 의하면, 먹고 자는 것과 같은 본능적이면서 생리적인 욕구인 1차적 욕구를 함께 할 수 있는 관계라면 매우 가까운 사이라고 한다. 낯설었던 직장 동료나 서먹서 먹했던 친구와 여행을 하면서 1차적 욕구인 식사를 함께 하고 잠을 같이 자게 되면 서로가 훨씬 친밀해지게 되는 것이다.

함께 무언가를 먹거나 마시면서 이야기를 할 때 대화가 더 쉽게 풀리고 음식을 대접한 사람에게 더 쉽게 설득되는 심리현상인 오찬 효과가 발생하는 이유는 무엇일까? 첫째는 무언가를 받으면 그만큼 베풀어야 한다는 상호성(reciprocity)의 원리가 작용하기 때문이다. 즉, 사람들은 누군가에게 호의를 받으면 어떤 식으로든 답례 차원에서 호의를 베풀려고 하기 때문이다. 둘째는 맛있는 음식으로 인한 유쾌한 감정이 함께 먹는 사람과 그 사람의 제안에까지 파급되는 연합(association)의 원리가 작용하기 때문이다. 즉, 밥을 함께 먹으면서 긍정적인 감정이 유발되고 함께 식사한 사람과 긍정적인 감정이 연합되며 그 사람에 대해서도 긍정적인 감정이 느껴지기 때문이다. 이런 연합의 원리는 맛있는 음식뿐만 아니라 우리를 유쾌하게 만드는 무엇이건 그것과 연결된 것에 긍정적인 반응을 유발하게 한다. 실제로 맛있는 음식을 먹으면 섭취하게 되는 포도당, 단백질 등 영양소의 자극으로 인해 상대방에 대한 긍정적인 반응이 유발된다고 한다.

요즘 회사에서 '브라운 백 미팅(brown bag meeting)'이 점차 확산되고 있는 추세다. 이것은 간단한 식사를 곁들이면서 편하고 부담 없이 하는 토론 모임으로, 보통 미국 마트에서 샌드위치 따위를 담아주는 봉투가 갈색인 데서 유래되었다. 누구나 제약 없이 자유롭게 소통과 토론을 할 수 있다고 해서 '캐주얼 토론회'라고도 불린다. 사람들이 점심때 모임장소에 모여서 각자 식품매장에서 먹을 것을 사서 봉지에 담아온 것 혹은 회사에서 준비한 도시락을 꺼내서 우물거리고 먹으며 세미나를 하거나, 토론을 하거나, 회의를 하는 행사를 '브라운 백 런치 미팅'이라고 한다. 뭔가 먹으면서 회의를 하면 오찬 효과가 작용하여 어색하고 경직된 분위기가 아닌 부드럽고 편안한 분위기에서 지위에 관계없이 자유롭게 소통과 토론을 할 수 있고, 구성원들 간의 유대관계와 팀워크를 돈독히 하는 데 도움이 될 수 있다는 점에서 의의가 있다.

팍팍한 삶에서 '밥 한번 먹자'고 하는 것은 단절된 관계로 힘겨워하는 현대인들에게 가장 큰 위로로 다가올 수 있는 말이다. 함께 즐겁게 식사하는 모습은 그 자체가 행복감을 갖게 해줄 뿐만 아니라 인간관계를 돈독하게 해준다. 그러나 아무리 맛있는 것을 먹고 진수성찬이라 하더라고 식사 시간에 잔소리나 부정적인 평가를 들으면 밥맛이 떨어지고 비호감만 사게 된다. 따라서 한 공간에 둘러앉아 누군가와 함께하는 식사는 단순히 생존 수단으로써 그냥 밥만 먹는 자리가 아니라 감정과 서로의 삶을 공유하고 관계를 더욱 깊게 만드는 시간이라는 점을 잊지 말아야 한다. 즐겁게 함께 밥 먹고 싶은 사람이 되어야 하고, 부담 없고 자유롭게 함께 밥 먹으며 대화하고 토론할 수 있는 조직의 문화가 되어야 한다.

03
칵테일파티 효과
시끄러운 곳에서 대화가 가능한 이유

인간의 의식은 선택적 주의(selective attention)를 통해서 경험하는 모든 것 중에서 극히 일부분에만 초점을 맞춘다. 선택적 주의의 고전적 사례가 '칵테일파티 효과(cocktail party effect)'인데, 이것은 내가 관계있는 정보에 무의식중에 주의를 기울이게 되는 현상을 말한다.

칵테일파티 효과는 파티의 참석자들이 시끄러운 주변 소음이 있는 장소에 있음에도 불구하고 대화자와의 이야기를 선택적으로 집중하여 잘 받아들이는 현상에서 유래한 말로, 칵테일파티 같은 장소에서 여러 사람이 시끄럽게 떠들고 있더라도 내가 관심 있는 이야기는 골라 들을 수 있는 능력이나 현상을 일컫는다. 공간에 다수의 음원이 산재하고 있더라도 특정 음원에 집중하면 그 음원은 다수의 음원에서 분리되어 들리게 된다.

이와 같이 주변 환경에 개의치 않고 자신에게 의미 있는 정보만을 선택적으로 받아들이는 것을 '선택적 주의' 또는 '선택적 지각'이라고 하는데, 이런 선택적 주의나 지각이 나타나는 심리현상을 가리키는 것이 칵테일파티 효과이다. 이 효과는 '연회장 효과' 혹은 '잔치집 효과'라고도 불린다.

칵테일파티 효과는 1953년 영국 왕립런던대학교의 인지과학자 콜린 체리(Colin Cherry)에 의해서 처음 명명되었다. 용어의 이름 때문에 칵테일 파티장과 직접 관련이 있을 것 같지만 파티장과는 관련이 없는 곳에서 이 현상이 처음 제기되었다. 바로 1950년대에 비행관제센터에서 발생한 문제를 해결하기 위한 연구로 칵테일파티 효과가 시작되었다. 그때는 지금과 같은 전자식 관제탑이 아니라 아날로그 방식으로 운영되었다. 그래서 조종사와 관제탑 사이의 통신에 상당한 애로사항이 있었다. 당시 조종사의 메시지를 확성기를 통해 들었다고 한다. 한 명의 조종사의 메시지라면 어찌어찌 들렸으나 문제는 많은 조종사들이 한꺼번에 관제탑을 향해 소리칠 때였다. 마치 칵테일 파티장에서 발생하는 문제와 마찬가지로 여러 소리들이 섞여서 무슨 말을 하는지 들리지가 않았던 것이다. 이 문제를 연구하던 체리가 1953년에 이를 칵테일파티 효과라고 명명한 것이 지금까지 쓰이고 있는 것이다. 그는 참석자들에게 스피커를 통해 동시에 서로 다른 메시지를 들려주고 이를 분리하는 실험도 했었다. 그의 연구 결과는 배경 소음으로부터 소리를 분리하는 능력은 피험자의 성별, 소리의 방향, 음의 높낮이 등의 많은 변수에 의해 영향을 받는다는 점을 보여주었다.

인간이 자신이 원하는 음만을 골라서 들을 수 있는 것은 온갖 잡음이 섞인 칵테일파티에서도 자신의 이름을 부르는 소리를 똑똑하게 들을 수 있는 것과 같다고 해서 체리는 그런 능력을 칵테일파티 효과라고 불렀다. 오늘날 칵테일파티 효과는 칵테일파티나 나이트클럽처럼 시끄러운 곳에서도 대화가 가능하거나 자신이 관심을 갖는 이야기를 골라 들을 수 있는 것을 뜻한다.

칵테일파티 효과는 광고의 홍수 속에서 소비자의 선택적 지각을 끌어내야만 하는 광고제작자에게 매우 중요한 시사점을 제공한다. 여러 실험 결과, 특정 브랜드의 제품을 좋아하거나 구입했거나 구입하려고 하는 사람들은 그 브랜드에 대해 중립적인 사람들에 비해 그 브랜드 광고를 지각할 가능성이 높은 것으로 나타났다.

종종 발생하는 아파트 층간소음 갈등의 상당 부분도 칵테일파티 효과로 설명이 가능하다. 윗집은 갈등이 길어지면 아랫집이 과민반응을 한다고 의심하기 시작한다. 나름대로 소음저감 노력을 해도 항의가 계속되기 때문이다. 이때 아랫집은 실제 고통을 겪는 경우가 대부분이다. 한 번 소음을 느끼기 시작하면 그 소리에 예민해지는 칵테일파티 효과 때문이다. 윗집에서 나는 특정 소음에 오래 스트레스를 받으면 그 소리가 유독 크게 들리는 것이다. 의사가 일반인보다 청진기를 통해 나는 소리를 잘 듣는 것도 이 효과로 말미암은 것이다. 이런 선택적 지각의 문제는 대인관계에서도 심각한 문제를 낳을 수 있다. 선택적 지각으로 인해 열등감이 많은 사람은 타인의 무심한 행동도 자신을 무시했다고 곡해하는 경향이 있기 때문이다.

칵테일파티 효과의 인터넷 버전이라 할 수 있는 '인터넷 칵테일 효과(internet cocktail effect)'도 같은 맥락에서 볼 수 있다. 인터넷 칵테일 효과는 인터넷 서핑 중에 필요하지 않은 정보는 사용자가 의도적으로 감각기관을 차단하여 듣거나 보거나 하는 것을 회피하는 것을 말한다. 칵테일파티처럼 시끄러운 곳에서도 듣고 싶은 소리만 들을 수 있는 능력은 인간의 축복으로 여길 수 있겠지만, 정보 편식을 조장하는 인터넷 칵테일 효과는 사회적 소통을 어렵게 만든다는 점에서 결코 반길만한 일은 아니다.

04
안아주기 효과
백 마디 말보다 한 번의 포옹이 마음을 사로잡는다

'생명을 구하는 포옹(The Rescuing Hug)'이라는 기사로 전 세계에 알려진 감동적인 쌍둥이 자매 이야기를 들어본 적이 있는가? 1995년 10월 17일, 미국 매사추세츠 메모리얼 병원에서 카이리 잭슨(Kyrie Jackson)과 브리엘 잭슨(Brielle Jackson)이라는 쌍둥이 여아가 태어났다. 두 아이는 예정일보다 12주나 더 빨리 태어났고, 태어날 당시 몸무게가 1kg에 불과했다. 미숙아로 태어난 쌍둥이들은 인큐베이터에 들어갔고, 그중 한 아기(동생 브리엘)는 심장에 큰 결함이 있어 생명이 매우 위독한 지경이었다. 의사들이 최선을 다하였지만 더 이상 어쩔 수 없다고 포기를 할 즈음, 이들을 안타깝게 돌보던 한 간호사가 엄마 배 속에서 함께 부둥켜안고 있었던 것처럼 아기들을 따로 떼어 둘 것이 아니라 같이 두는 것이 좋겠다고 제안하였다. 그리하여 죽어가는 아픈 아기를 더 건강한 아기(언니 카이리)의 인큐베이터 안에 넣어 두 아이를 한 인큐베이터 안에 나란히 눕히자 놀라운 일이 일어났다. 그나마 더 건강한 아기가 제 스스로 팔을 뻗어 동생인 아픈 아기를 감싸 안는 것이었다. 이 아기의 손길이 닿아있을 때부터 갑자기 아무런 이유도 없이 아픈 아기 브리엘의 심장이 안정을 되찾기 시작했고, 혈압이 정상으로 돌아왔으며, 그 다음에는 체온이 제자리로 돌아왔다. 그리곤 거짓말처럼 생명이 위태로웠던 아기는 기적적으로 살아남게 되었고, 그 후 두 아기는 아무 탈 없이 정상적으로 성장하여 매우 건강한 모습으로 생활하고 있다고 한다.

이 쌍둥이 자매 이야기에서 건강한 아이가 허약한 아이에게 주었던 것은 무엇이었을까? 그것은 바로 두 팔로 온기를 전해 주고 온몸으로 사랑을 전해 주는 어루만짐의 '안아주기'이다. 안아주는 것이 아무것도 아닌 것 같지만, 사람의 마음을 안정시켜주는 효과가 있다. 호주에서 많이 서식하고 있는 동물 캥거루(Kangaroo)가 새끼를 낳으면 자신의 배 주머니에서 새끼를 키우는 것처럼, 엄마가 아이를 안아주면 아이의 정신적인 발달과 안정감에 도움을 주며, 아이는 엄마로부터 보호를 받는다는 감정과 안정감을 받게 되기 때문에 건강한 자아를 가질 수 있다고 한다. 그래서 '캥거루 어미 케어(Kangaroo mother care)'라는 말이 탄생하기도 했다.

캥거루는 임신 후 30~40일 만에 2.5cm, 1g 크기의 미성숙한 새끼를 낳는다. 새끼 캥거루는 어미의 젖꼭지에 붙어있는 주머니 속에서 젖을 먹으며 4~5개월간 육아 주머니 속에서 자라 4kg 정도가 되어 밖으로 나오게 된다. 이렇게 미성숙한 새끼를 품에서 키우듯 미숙아를 24시간 동안 가슴에 품고 접촉하면서 키우는 것을 '캥거루 케어'라고 한다.

캥거루 케어란 말은 1978년 콜롬비아의 수도 보고타(Bogotá)에 있는 한 병원의 산부인과 의사 에드가 레이 사나브리아(Edgar Rey Sanabria) 박사가 처음 사용한 것이다. 그 당시에는 미숙아를 돌볼 수 있는 인력과 의료시설이 턱없이 부족하여 미숙아 사망률이 매우 높았다. 그래서 미숙아를 돌보는 저렴한 비용의 낮은 기술방식이 필요했는데, 그 간단하고 우아한 솔루션은 지속적인 피부 접촉을 통해 아기를 24시간 동안 피부와 피부로 관리하고 모유를 먹이는 것이었다. 인큐베이터라는 엄마의 공간이 보호자가 되자 병원 감염률과 사망률이 떨어졌을 뿐만 아니라, 캥거루 케어를 받은 아기들은 다른 아기들에 비해 발육이 뛰어나고 면역력이 증가하여 사망률이 적었다. 또한 산모의 모유 수유를 장려하고, 엄마와 아기와의 유대감의 질을 높이며, 병약한 작은 아기를 낳은 후 우울증에 빠진 산모를 감정적으로 치유하는 효과도 있어서 오늘날 콜롬비아를 비롯한 여러 국가에서 미숙아에게 캥거루 케어가 권장되고 있다.

많은 아이들을 치료하고 상담한 영국의 소아과 의사이자 대상관계 이론(object relations theory)의 기틀을 확립한 학자이기도 한 도날드 위니캇(Donald W. Winnicott)은 어머니가 어린 자녀를 안아주는 것은 아이로 하여금 어머니라는 대상과의 관계를 견고하게 형성시켜 주는 행위라고 보았다. 대상관계란 자아와 대상과의 사이에서 성립하는 관계를 말하며, 여기서 대상이란 인간을 포함하여 자아가 관계를 갖는 모든 사물을 말한다. 대상관계이론에 의하면, 아이가 존재의 연속성을 경험하기 위해서는 어머니의 안아주기가 절대적으로 중요하며, 이런 안아주는 환경 제공이 아이의 정서와 인성 발달에 커다란 영향을 미친다고 한다.

안아주기는 실제로 어머니가 아이를 품에 보듬어 주는 것뿐만 아니라 아이가 밉고 귀찮은 짓을 해도 그것을 싫어하지 않고 사랑스럽게 안아주고 돌보아주는 것을 포함한다. 위니캇에 따르면, '충분히 좋은 엄마(good enough mother)'란 엄마에게 의존적인 아이를 위한 최적의 양의 항상성과 위로를 주는 안아주는 환경을 제공해주는 엄마이고, 이러한 충분히 좋은 엄마의 지속적인 보살핌과 자연스러운 기술을 말하는 안아주기는 단순한 스킨십을 넘어서 의존적인 아이가 필요로 하는 안정적이고 촉진적인 환경을 만들어주는 모성적인 보살핌과 사랑을 말한다. 아이는 충분히 좋은 어머니의 안아주기를 통해서 심리적으로 안정을 갖게 되고, 안정된 상태에서 양육되고 성장하게 된다. 이를 심리학에서는 '안아주기 효과(holding/embracing effect)'라고 한다.

위니캇은 인간의 정서적 및 심리적 발달은 3세 이전에 이루어진다고 전제하고, 다른 시기보다 바로 이 시기에 어머니가 아이를 안아주는 것이 매우 중요하다고 보았다. 그러나 자녀가 어린 유아 시기에는 물론 아동과 청소년의 시기에도 부모가 안아주며 스킨십을 하는 것은 자녀가 사랑을 받고 있다는 느낌뿐만 아니라 사랑 표현도 잘하게 되고, 정서적 안정감과 자신감 형성에도 큰 도움이 되며, 이로 인해 건강한 자아를 형성할 수 있게 된다. 기본적으로 안아주기는 자녀가 어릴 때는 실제로 부모가 품에 안아주는 것(포옹)을 의미하지만, 자녀가 점차 성장하게 되면 그 표현 방법은 바뀌어 자녀와 자주 대화를 갖고 자녀를 충분히 이해해주며 손을 꼭 잡아주거나 어깨를 툭툭 쳐주면서 격려하는 것으로 바뀌게 된다. 부모와 자녀와의 관계에서뿐만 아니라 모든 대인관계에서 상대를 가슴으로 안아주고 보듬어 주듯 마음으로 이해하고 소중하게 대해주면 누구와도 좋은 관계를 형성하고 유지할 수 있다. 부부끼리도 서로 많이 안아주는 부부가 그렇지 않은 부부에 비해 오래 살고 행복하다고 한다.

안아주기와 포옹을 하게 되면 모성행동을 촉진시키는 애정 호르몬인 옥시토신이 분비되어 마음의 안정감을 갖게 해주고, 마음의 안정이 생기게 되면 사람과 사람 사이의 정서적 유대감과 친밀감을 촉진시키며 스트레스를 완화해준다. 호주 시드니대학교에서 코칭심리학을 강의하는 앤서니 그랜트(Anthony M. Grant) 교수의 실험에 의하면, 포옹이 스트레스에서 분비되는 코르티솔이라는 호르몬을 낮추어 혈압을 내려주고, 면역력을 높이며, 심리적 불안을 감소시켜주는 효과가 있다. 그리고 미국 노스캐롤라이나 주립대학교의 캐런 그레원(Karen M. Grewen) 교수에 따르면, 아침 출근하기 전에 부부가 20초 정도만 서로 따뜻하게 포옹하고 손을 잡아만 주어도 그렇지 않은 부부에 비해 스트레스 지수가 절반으로 뚝 떨어진다고 한다.

안아주기 효과를 염두에 두면서 공부에 지쳐 늦게 귀가하는 자녀에게 "오늘 열심히 공부했어? 학교(혹은 학원)에서 뭘 배웠어?"라고 묻기보다는 "우리 아들(혹은 딸) 오늘 힘들었지? 수고했어!"라고 말하며 꼭 안아주자. 힘들고 지쳐있는 아내와 남편에게, 친구에게, 직장 동료에게 공감과 위로의 표정을 지으며 넌지시 손을 내밀어 양손을 꼭 잡아주고 살며시 안아주자. 평소 친했던 사람은 물론 서먹서먹했던 사람들에 대해서도 조용히 다가가 조건 없이 자연스럽게 안아주자. 안아준다는 것은 마음을 열겠다는 표시이자 상대를 받아들이겠다는 표현이며, 잠시나마 그와 일체가 된다는 것을 뜻한다.

인간에게는 거부와 뿌리침을 당하는 것, 특히 사랑하는 상대로부터 받아들여지지 않는 것은 바로 죽음이고 그보다 더한 고통이 없다. 거부하지 말고 뿌리치지 말자. 늘 넓은 품으로 서로 보듬고 안아준다면 보다 따뜻한 세상이 될 것이다.

05

카멜레온 효과

공감해주면 마음을 연다

카멜레온은 도마뱀류의 동물로 몸 색깔을 자유자재로 바꾸는 것으로 잘 알려져 있다. 더 강한 동물에게 먹이가 되지 않기 위한 생존의 방편으로 주변의 환경과 비슷하게 몸 색깔을 바꾼다는 것이 과학자들의 설명이다. 이 카멜레온에서 유래된 행동심리학적 현상이 '카멜레온 효과(chameleon effect)'이다. 이것은 자신의 외모나 행동과 닮은 사람에게 믿음이 가고, 또 그의 행동과 말을 따라 하는 심리현상을 의미한다. 즉, 사람들은 누구나 주위 사람의 몸짓과 말 등을 무의식적으로 따라 하거나 비슷한 행동을 한다는 것이다. 그래서 웃는 사람을 보면 절로 웃음이 나오고, 옆에서 하품을 하면 따라서 하품을 하게 될 때가 많다.

카멜레온은 권력 앞에서 비굴하게 말을 바꾸는 변덕쟁이 혹은 기회주의자란 뜻으로 은유적으로 표현되기도 하지만, 카멜레온 효과에서는 카멜레온처럼 색깔을 여러 가지로 바꾼다는 것이지 일관성이 없어 나쁘다는 부정적인 뜻으로 사용되는 것이 아니다. 즉, 빛의 강약과 온도, 감정의 변화 등에 따라 몸의 빛깔을 바꾸는 동물인 카멜레온처럼 주위 환경에 맞게 적절히 변화하거나 대응하는 것을 의미한다. 상대의 입장과 감정을 이해하고 느끼는 공감(empathy) 능력이 뛰어난 사람이 상대방 행동을 무의식적으로 더 많이 따라 한다는 실험 결과도 있다. 그래서 공감 능력은 카멜레온 효과와도 통하며, 환경에 따라 반응하는 카멜레온처럼 남들의 감정을 똑같이 느끼고 공감할 줄 아는 능력이 뛰어난 사람을 카멜레온 같은 사람이라 부르기도 한다.

1999년 미국 뉴욕대학교 심리학자 타냐 차트랜드(Tanya L. Chartrand)와 존 바그(John A. Bargh) 교수는 행복하게 오래 산 부부가 자신과 상호작용하고 있는 배우자의 얼굴 표정이나 자세, 또는 독특한 버릇이나 행동을 무의식중에 흉내 내는 것을 보고 카멜레온 효과라고 명명하였다. 금슬이 좋은 부부가 나이가 들면서 서로 닮아가는 경우가 많은데, 이는 함께 사는 오랜 세월 동안 배우자의 얼굴 표정을 흉내 내어 똑같은 얼굴 근육을 반복적으로 사용하면서 두 사람의 얼굴이 비슷해 보이기 때문이다. 배우자 가운데 한 명이 특정한 방식으로 미소를 지으면 다른 한 명도 그것을 따라 할 가능성이 높아 동일한 패턴의 주름과 얼굴 근육 형태가 만들어지는 것이다. 이처럼 오랜 기간 결혼생활을 한 부부가 남들보다 더 닮아 보인다면 배우자의 표정과 버릇을 계속 흉내 냈기 때문이며, 이는 다른 부부들보다 더 행복하게 살았음을 의미하는 것이다. 그러므로 공감은 행복한 결혼생활의 열쇠라 할 수 있다.

이와 관련하여 시카고대학교 심리학자 사이언 베일락(Sian L. Beilock) 교수는 심리학과 뇌과학의 최신 연구 결과들을 바탕으로 긴장한 나머지 생각이나 행동이 얼어붙는 초킹(choking) 현상에 대해 심도 있게 다루고 있는 그의 저서 『어떤 상황에도 긴장하지 않는 부동의 심리학』에서 흉내는 좋은 대인관계의 초석이 될 수 있으며, 배우자의 얼굴 표정을 흉내 내는 것은 결혼생활에도 도움이 된다고 말한다. 다른 사람의 감정적인 표현을 모방하면 상대방의 감정 상태를 이해하는 뇌의 능력이 높아지기 때문이라는 것이다. 이런 원리는 부부관계에만 국한되는 것이 아니다. 한 실험에서 참가자들에게 여러 장의 사진을 보여주고 가장 매력적인 얼굴을 고르도록 했더니 참가자들은 무의식적으로 자신의 닮은꼴을 골랐다고 한다. 이처럼 서로 비슷한 모습과 성격적 특징을 지닌 사람끼리 호감을 느끼는 것을 심리학에서는 '유사성 매력 원리(similarity-attraction principle)'라고 한다.

이와 같은 카멜레온 효과가 나타나는 이유를 인간의 생존본능이라는 종의 기원에 뿌리를 두고 설명하는 학자가 있다. 컬럼비아대학교 경영대학원 애덤 갈린스키(Adam D. Galinsky) 교수는 같이 생활하는 인간 무리의 수가 늘어나면서 누구를 믿을 수 있는지 알아내려면 주변 환경에서 신호를 찾아내야 한다고 보았다. 그런 신호를 찾기 위해 상대방과 잘 일치되는지를 무의식중에 살펴보게 되고, 그렇게 하는 방편으로 상대방의 행동 패턴에 자신의 행동을 일치시켜본다는 것이다. 예를 들어, 직장에서는 주로 정장을 입고 여름 휴가철 해변에서는 수영복을 입어야지 그 반대로 하면 이상해진다. 카멜레온이 주위 색깔과 비슷하게 몸 색깔을 바꾸듯이 주변 사람들하고 비슷하게 옷을 입고 행동을 맞춰야 안전한 것이다.

그런가 하면 캘리포니아대학교 심리학과 로렌스 로젠블룸(Lawrence D. Rosenblum) 교수처럼 모방의 사회적 중요성, 즉 다른 사람을 모방하거나 모방당함으로써 상호작용이 촉진되기 때문이라는 주장도 있다. '모방은 가장 성실한 아첨이다(Imitation is the sincerest form of flattery)'라는 영어 속담은 바로 이 같은 주장을 잘 표현해주고 있다. 이 속담은 유유상종(類類相從)이라는 말이 있듯이 사람은 자신과 비슷한 사람끼리 어울리거나 사귀어야 편하고, '모난 돌이 정 맞는다'는 격언처럼 모난 돌이 되지 않으려면 튀지 않고 옆 사람과 비슷하게 행동해야 무탈하게 사회생활을 하게 된다는 뜻이다.

인간의 뇌에는 거울 뉴런(mirror neuron)이 있어서 다른 사람의 행동을 따라 하게 된다. 우는 사람을 보면 슬퍼지고, 웃는 모습을 보면 따라 웃음이 나고, 옆에서 무서워하면 덩달아 무서워지고, 사랑하는 사람이 아프면 똑같이 아프고 하는 것 등이 거울 뉴런의 작용으로 나타나는 메커니즘이다. 거울 뉴런은 다른 사람의 생각과 감정을 본능적으로 파악하고 반응할 수 있도록 하는 공감 능력을 이끌어내는 데 중요한 역할을 한다. 공감 능력이 뛰어난 사람들에게는 상대방을 모방하려는 성향이 더 많이 나타나는데, 이는 곧 상대방의 고통이나 기쁨, 슬픔 등의 감정을 그대로 이해하고 느끼는 공감 능력의 발로라고 할 수 있다. 상대방이 고통스러워할 때 같이 인상이 찡그려지거나 하는 등 자신의 표정까지 바뀌게 되는 것을 상담심리학에서는 동작모방(motor mimicry)이라고 한다. 협상을 할 때 상대방의 몸짓을 따라 하면 호감도가 15% 상승하고, 또한 손님의 주문내용을 따라 말한 종업원이 다른 종업원보다 팁을 70% 더 받는다는 연구 결과도 있다. 상담심리학에서는 공감을 잘해주는 사람 앞에서는 자신을 편하게 드러낸다고 한다.

배우가 훌륭한 연기를 펼칠 수 있는 가장 기본적인 자질은 뛰어난 공감 능력에 있다. 그는 자신이 극 중 인물에 공감하지 못하면 관객에게 믿음을 줄 수 없다는 사실을 안다. 이것은 사랑을 고백할 때나 비즈니스를 성사시키기 위해 파트너를 설득할 때를 비롯한 모든 커뮤니케이션에서도 필요한 자질이다. 상대에게 공감을 주기 위해서는 자신이 말하는 내용에 확신을 가지고 있어야 한다. 그러면 우리의 뇌는 상상이 아니라 실제라고 받아들이게 되고, 그러면 표정도 자연스럽게 지어진다. 자연스러운 표정과 어조는 상대에게 믿음을 줄 것이다. 이처럼 모든 커뮤니케이션의 출발이 되는 공감 능력을 키우기 위해서는 무엇이 필요할까? 그것은 바로 앞에서 말한 공감 능력과 직결된 거울 뉴런을 활성화하는 것, 즉 모방이다. 다른 사람을 관찰하면 사람과 사람 사이에 어떻게 상호작용이 일어나는지 이해할 수 있기 때문이다. 또 자신에 대해 잘 알수록 모방도 잘하고 상호작용에 대한 이해도 빠르기 때문이다.

따라서 공감을 잘해주는 사람 앞에서 마음을 열고 자신을 드러내게 되는 심리도 결국 카멜레온 효과인 셈이다. 사람이나 카멜레온이나 생존을 위해 변신을 하는 것은 죄가 없다. 사람들은 대체로 나와 닮은 사람에게 친밀감과 신뢰를 느낀다고 하니, 누군가와 친해지고 싶고 더 가까이 다가서고 싶다면 카멜레온 효과를 이용해 보는 것이 어떨까?

06
단순 접촉 효과
자주 보면 정이 들고 호감이 간다

우리는 무엇이든지 자주 접촉하는 것을 좋아하는 경향이 있다. 즉, 친숙해지면 호감이 증가되는 경향이 있다. 누군가를 자주 보면 정이 드는 것처럼 단순히 자주 접촉하는 것으로 인해 사람들이 호감을 느끼게 되는 것을 '단순 접촉 효과(mere exposure effect)' 혹은 '노출 효과(exposure effect)'라고 한다. 즉, 상대방과의 만남을 거듭할수록 호감을 갖게 되는 현상을 단순 접촉 효과라고 한다. 이런 심리현상은 폴란드 태생의 미국 스탠퍼드대학교 사회심리학자 로버트 자이언스(Robert B. Zajonc)가 이론으로 정립하였기 때문에 '자이언스 효과(Zajonc effect)'라고 불리기도 한다. 그는 실험을 통해 사람은 낯선 사람을 대할 때 공격적이고 냉담하고 비판적이 되고, 누군가를 만나면 만날수록 좋아하게 되며, 상대의 인간적 측면을 알았을 때 더 깊은 호감을 갖는다는 이론을 정립하였다.

1889년 3월 31일, 프랑스대혁명 100주년을 기념하기 위해 에펠탑을 건립했다. 그때 파리 시민들은 결사적으로 반대하며 철거할 것을 강력히 주장했다. 파리의 예술성을 퇴보시키고 괴물 같다는 이유에서였다. 시민들의 반발이 너무 거세지자 정부는 20년 후 철거하기로 약속하고 건설을 강행했다. 그런데 시간이 흐르면서 파리 시민들에게 큰 변화가 일어났다. 완전 흉물과 다름없다고 여겼던 에펠탑을 매일 보고 자주 보니 어느새 정이 든 것이다. 그 결과 이제 프랑스 사람들은 에펠탑을 파리의 명물로 자랑하고 있으며 파리의 상징으로 여기게 되었다. 이렇듯 싫어하거나 관심이 없다가도 매일 보고 자주 보니 정이 들고 친밀감이 느껴지는 현상을 두고 '에펠탑 효과(effel tower effect)'라고 한다. 이 에펠탑 효과는 단지 자주 접촉하는 것만으로 사람들이 호감을 느끼게 되는 심리현상인 단순 접촉 효과에 해당되는 것이다.

처음에 보고 들었을 때는 어색하기 짝이 없었던 광고나 상표명도 여러 차례 듣다 보면 그럴듯해 보인다. 처음에 들었을 때는 별로였던 유행가도 라디오나 TV를 통해 자주 듣다 보면 어느새 좋아하게 된다. 그래서 가수들은 자기의 노래를 히트시키기 위해 방송국의 PD나 DJ 등과 교섭해서 자기의 노래를 자주 내보내게 하거나, 거리의 음악사 주인들을 포섭해 자기의 음반을 자주 틀게 하여 사람들이 들을 수 있게 한다.

사람을 자주 접하다 보면 호감을 느끼게 되어 친한 관계로 발전되기도 한다. 이러한 경향은 생물학적인 적응 가치를 지니고 있다. 둘러싼 생활 조건에서 자주 접하는 사람은 양육자나 보호자인 경우가 많고, 이러한 사람들에 대해서 호감과 애착행동을 나타내는 경향성은 보살핌과 보호의 기회를 증가시켜 준다. 따라서 낯선 사람보다는 친숙한 사람에게 편안함과 호감을 느끼는 것이 생존의 가능성을 높여주게 된다. 또한 친숙한 사람을 잘 알고 그에게 익숙해져 있어서 그 사람의 행동을 이해하고 예측하기 쉽기 때문에 그에게 편안함과 호감을 가지게 되는 것이다.

대인관계에 있어서 첫인상이 비록 좋지 못해도 자주 접촉이 이루어지면서 상대방에 대한 좋지 못했던 인상이 점차 완화되는 현상을 쉽게 볼 수 있다. 이성관계의 경우에 흔히 사용하는 '뛰어난 미인도 사흘이면 싫증 나고, 아무리 못생긴 얼굴도 사흘이면 좋아진다'란 말도 단순 접촉 효과의 현상이다. 정치나 언론에서 특정 현안이나 정책을 대중들에게 자주 알리고 노출시킴으로써 대중들을 설득하는 경우나, 상품 광고에서 자주 소비자들에게 노출시킴으로써 상품이 친숙하게 느껴지도록 하는 경우는 이러한 단순 접촉 효과를 노린 것이라 할 수 있다. 한 장거리 커플이 서로 수백 통의 편지를 주고받았으나 헤어지게 되었는데, 그 이유가 매일같이 그 편지를 전해주던 우체부와 여자가 사랑에 빠졌기 때문이라는 일화가 있다. 이것도 단순 접촉 효과의 힘을 보여주는 한 사례라 할 수 있다.

그러나 접촉을 많이 한다고 해서 반드시 호감을 증가시키는 것은 아니라는 점에 유의해야 한다. 유쾌한 자극에 대해서는 반복된 접촉이 호감을 증가시키는 경향이 있지만, 불쾌감을 느끼는 자극에 대해서는 이러한 단순 접촉 효과가 나타나지 않는다. 오히려 싫어하는 사람을 자주 만나게 되면 혐오감이 더욱 강화될 수 있다. 뿐만 아니라 긍정적인 대상이라 하더라도 접촉의 빈도가 어느 수준을 넘어서면 오히려 호감도가 감소될 수 있는데, 이를 '과잉 노출 효과(over-exposure effect)'라고 한다. 지나치면 상대방이 부담을 느끼고 스토커처럼 인식될 수 있다. 상대가 싫어하는데 자주 따라다니고 끈질기게 쫓아다니면 거부감을 가질 수 있다. 그러므로 사람과의 관계에서 이런 점을 고려하면서 유쾌하고 호의적인 기분과 태도로 접근하고 접촉해야 한다. 이 같은 잦은 접촉으로 미운 정 고운 정이 들다 보면 어느 날 왠지 안 보이면 궁금하고 그리워질 것이다.

07

실수 효과

실수는 간혹 인간적인 매력을 느끼게 한다

이 세상에 완벽한 사람은 없다. 얼핏 보면 완벽해 보이는 사람도 자주 접하다 보면 허점과 빈틈이 있다는 것을 발견할 때가 종종 있다. 평소 완벽하다고 생각했던 사람이 실수를 하고 허점을 보이면 평소의 완벽한 이미지 때문에 그 사람에 대해 실망을 하게 되는가, 아니면 '이 사람도 실수할 때가 있구나'하고 오히려 인간적인 매력을 느끼는가? 이런 경우 심리학에서는 오히려 인간적인 매력을 느낀다고 설명하는데, 이를 '실수 효과(pratfall effect)'라고 한다. 즉, 겉으로는 완벽해 보이는 사람이 실수를 저질렀을 때 그 사람에 대한 호감 혹은 매력이 더욱 증가하는 심리현상을 실수 효과라고 하며, 영어 표현 그대로 '엉덩방아 찧기 효과'라고도 부른다. 반듯하고 멀쩡한 사람이 길을 잘 가다가 쿵 하고 넘어져 엉덩방아를 찧는 모습을 보면 실없는 사람이라고 여기기보다는 더 친근하고 인간적인 매력을 느끼게 된다는 것이다.

물고기가 헤엄치는 물을 의식하지 못하는 것처럼 우리 모두 자신의 맹점을 의식하지 못하지만, 인지부조화 이론의 대가인 사회심리학자 엘리엇 애론슨(Elliot Aronson)은 『거짓말의 진화: 자기정당화의 심리학』이란 그의 저서에서 특히 특권의 바다에서 헤엄치는 사람들이 이러한 맹점을 계속 인지하지 못할 확률이 더 높다고 주장하였다. 그는 사람들은 너무 완벽한 사람보다 약간 빈틈이 있는 사람을 더 좋아한다는 사실을 실험을 통해 입증했다.

애론슨은 실험 참가자들에게 어떤 퀴즈게임 방송 프로그램의 실황이라고 소개하면서 녹음테이프를 들려주었다. 출연자 중 한 사람은 모든 문제를 거의 완벽하게 풀었으며, 다른 사람은 문제를 제대로 풀지 못했다. 실험 참가자들은 게임 전 과정과 게임이 끝난 후에 출연자들과 진행자가 주고받는 대담 내용을 청취했는데, 두 가지 경우의 내용을 듣게 된다. 하나는 출연자들이 대담 과정에서 자신의 옷에 커피를 엎지르는 실수를 저지르면서, 자기가 평소 이런저런 실수를 저지른다는 등 개인적인 실수담을 털어놓는 내용이었다. 다른 하나는 출연자들이 대담 중에 어떤 실수도 저지르지 않았으며 자신의 개인적 결점이나 허점을 털어놓지도 않는 내용이었다. 녹음 내용을 듣고 난 실험 참가자들에게 출연자에 대한 호감도를 평가한 결과, 문제를 잘 풀면서도 대화 도중 빈틈을 보이고 개인적인 실수담을 털어놓은 출연자가 최고의 평가를 받았다. 애론슨은 이 실험을 통해 사람들이 완벽한 사람보다는 완벽해 보이지만 실수를 하는 사람에게 더 큰 호감을 가진다는 것을 알아내었고, 이를 실수 효과라고 불렀다.

이와 유사한 실험으로 『황금사과』의 저자인 심리학자 캐시 애론슨(Kathy Aaronson)이 수행한 것이 있다. 그녀는 완벽하고 실수 없는 사람,

완벽하지만 실수하는 사람, 평범하지만 실수 안 하는 사람, 평범하지만 실수하는 사람의 매력도를 조사하였다. 그 결과, 사람들은 이 중에서 완벽하지만 실수를 하는 사람을 가장 선호하는 것으로 나타났다. 이러한 결과는 사람들이 완벽한 사람보다 약간 빈틈이 있는 사람들을 더 좋아하고, 사람에게 있는 실수나 허점이 그의 매력을 더욱 증진시킨다는 것을 시사한다.

일상생활에서 보면 완벽하거나 멋진 사람이 실수하거나 빈틈을 보일 때 더욱 멋있어 보일 때가 많다. 완벽할 줄 알았는데 뭔가 작은 실수를 할 때 그 사람에 대해 인간미를 느끼고 호감도가 올라간다. <여인의 향기>에서 주연을 맡아 명연기를 보여주어 65회 아카데미 남우주연상을 수상한 알 파치노(Al Pacino)가 시상식에서 수상소감을 말할 때 잔뜩 긴장한 모습으로 수상 소감을 적은 쪽지를 주머니에서 꺼내 더듬거리며 읽었다. 수상 인사를 끝내자 청중들은 다른 그 어떤 수상자보다 더 많은 박수와 환호를 보냈다. 명배우답지 않게 긴장하는 모습이 인간적인 매력을 더해주었기 때문이다. 유창하게 연설을 끝낸 영국의 한 초선의 국회의원이 최고의 웅변가 윈스턴 처칠(Winston Churchill)에게 당당하게 다가가 연설에 대한 피드백을 부탁했더니 칭찬을 받을 것이라는 기대와는 달리 "다음부터는 좀 더듬거리게."라는 조언을 들었다는 일화가 있다. 처칠의 조언에 담긴 의미는 말이 청산유수 같이 너무 매끄러우면 신뢰감이 떨어지고 자칫 경박스러운 인상까지 줄 수 있다는 것이다. 요즘 TV 리얼 버라이어티 프로그램이나 토크쇼에서 연예인이나 유명인들이 실수를 유발하거나 자신의 실수담을 털어놓았을 때 패

널이나 시청자들이 더 재미있어하는 것도 허점이나 실수가 오히려 그 사람의 매력을 증대시키는 실수 효과 때문이다.

이처럼 빈틈이 없거나 완벽한 사람보다는 결점이나 실수를 보여주는 사람에게 더 호감이 가고 매력을 느끼는 이유가 무엇일까? 첫째, 너무 빈틈이 없거나 완벽한 사람은 우리로 하여금 열등감을 느끼게 하지만 결점이나 실수를 보이는 사람은 우리로 하여금 우월감을 느끼게 해주며, 적어도 그 사람과 거리감을 좁힐 수 있고 친근감을 갖게 해주기 때문이다. 둘째, 사람들은 자신의 결점을 감추고 실수를 하지 않으려는 경향이 있는데, 만약 자신의 결점을 드러내고 실수를 보이면 그 사람이 위선적이지 않고 인간미가 있으며 진솔한 사람이라고 여기기 때문이다. 셋째, 결점이나 실수를 보이는 사람에게는 왠지 나의 빈틈과 결점을 드러내도 괜찮을 것 같은 생각이 들어 그 사람에 대한 경계심을 늦추고 마음의 문을 열고 다가설 수 있기 때문이다.

영국의 철학자이자 노벨문학상 수상자 버트런드 러셀(Bertrand Russell)은 강의 중에 학생들이 질문하는 내용에 대해 설명할 수 없을 때는 "정말 좋은 질문입니다. 그런데 나는 그 질문에 대답할 능력이 없어요. 더 연구해서 다음 기회에 답변해드리겠습니다."라고 솔직하게 말했다고 한다. 그러나 어느 누구도 그를 실력 없는 교수라고 평가하지 않는다. 멋지고 훌륭한 사람이 아는 척하기보다는 모른다고 솔직히 대답을 할 때 더욱 멋있어 보이는 것이다.

그러므로 실수를 두려워하지 말고 인간적이라는 것을 보여주는 한 부분이라고 생각할 필요가 있다. 미국인과 영어로 대화하면서 다소 매끄럽지 못하고 서툴 때 인간적인 배려와 관용의 여지가 있지만, 너무 완벽하게 영어를 구사하면 미국인이 경계를 하게 되고 인간적인 유대보다는 사무적인 관계가 되어 의사소통의 융통성이 덜 할 수 있다. 주식 매매를 하면서 자신이 경험한 실수담을 털어놓는 것은 다른 사람의 피드백 과정을 거치게 되고 결국 자신의 실수를 교정하여 다음 매매에서 똑같은 실수를 되풀이하지 않게 된다. 로마의 철학자이자 정치가 마르쿠스 툴리우스 키케로(Marcus Tullius Cicero)는 "어떤 실수도 어리석은 것이라고 말할 수 없다."라고 했으며, 미국의 정치가 알 프랭큰(Al Franken)은 "실수를 있는 그대로 받아들여라. 단지 어렵게 배운다고 생각하여 인생의 소중한 교훈으로 삼아라."라고 했다.

실수 효과는 평소에 완벽한 모습, 좋은 모습만을 보여주어야 한다는 강박관념에 사로잡힌 우리에게 시사하는 바가 크다. 자신의 장점을 부각시키고 자기를 알려서 호감을 사기 위해서는 자기홍보도 분명 필요하지만, 자기홍보가 지나쳐서 과시가 된다면 오히려 역효과를 가질 수 있다. '모난 돌이 정 맞는다'는 말처럼 너무 튀면 경계나 질시의 대상이 되고, 너무 잘난 것만 내세우면 그것이 화근이 될 수 있다. 드러내 놓고 과시하기보다는 상대방이 자연스럽게 느낄 수 있도록 하는 것이 자기 자신을 더 어필하는 방법이다.

앞에서 살펴본 바와 같이 사람들은 잘난 척하거나 빈틈없는 사람보다는 겸손하고 조금은 허점이나 실수를 보이는 사람을 더 좋아한다. 일부러 실수할 필요는 없지만 실수를 범했을 때 너무 자책하거나 자괴감에 빠질 필요가 없다. 일을 하다 보면 실수도 따르는 법이다. 이런 실수에 대해 주위 사람들이 자신에게 더욱더 따뜻한 인간미와 친근함을 느낄 수도 있는 것이다. 여기서 주의할 점은 자주 실수만 하는 사람이 실수하면 매력도가 더욱 감소하고, 멋지게 열심히 살아가는 사람이 어쩌다 한 번씩 실수하는 것이 매력을 더하게 된다는 사실이다. 그리고 실수했을 때에 그것을 겸허하게 인정하고 앞으로 동일한 실수를 반복하지 않도록 하는 것이 중요하다.

08
스마일 마스크 신드롬
웃지만 웃는 게 아니다

신종 코로나바이러스감염증-19(COVID-19) 팬데믹이 지속되면서 마스크는 방역지침의 주요 수단이 되었다. 이제 마스크는 일상생활에서 필요부가결한 존재가 되었고, 사람들의 표정을 쉽게 알아차리지 못하게 만들었다. 그러나 코로나-19 이전부터 얼굴에 마스크를 쓴 채 개인감정을 솔직하게 표현하지 못하고 겉으론 억지웃음을 짓지만 속으로는 우울해하며 정신적 스트레스로 고통받는 이들이 있다. 바로 은행원, 승무원, 전화상담원, 간호사, 연예인, 서비스업 종사자와 같은 감정노동자들이다. 감정노동(emotional labor)은 업무를 하는 과정에서 노동자가 자신의 감정 상태를 통제하고 고객에게 맞추는 것이 요구되는 형태의 노동을 의미하며, 주로 판매, 유통, 음식, 관광, 간호 등 대인서비스 노동에서 발생한다. 따라서 감정노동자란 자신의 감정을 억누르고 정해진 감정표현을 연기해야 하는 직종에 일하는 사람을 가리킨다. 비단 서비스직뿐만 아니라 일반 직장에서도 인간관계나 권력관계로 인해 감정노동에 시달리는 경우가 종종 있다. 감정노동을 오랫동안 수행하게 되면 '스마일 마스크 신드롬(smile mask syndrome)'을 동반하기 쉽다.

스마일 마스크 신드롬이란 개인감정을 솔직하게 표현하지 못하고 '항상 밝은 모습을 보여야 한다'는 강박관념에 사로잡혀 화가 나거나 슬플 때도 무조건 억지웃음을 짓는 증상, 즉 겉으로는 밝게 늘 웃고 있지만 속으로는 우울감이 심한 상태가 이어지는 인지적 부조화 상태를 말한다. 밝은 웃음이란 가짜 표정의 가면을 쓰고 뒤에 슬픔과 분노와 같은 우울감이 겉으로는 드러나지 않고 감추어져 있다는 뜻에서 '가면성 우울증(masked depression)'이라고도 불린다. 이 신드롬은 일본 오사카 쇼인여자대학의 나츠메 마코토(夏目誠) 교수가 제안한 심리학적 의학 용어(일본어: スマイル仮面症候群)로, 장기간의 부자연스러운 미소로 말미암아 우울증과 신체 질환을 발현시키게 된다. 나츠메 교수는 자신의 실험 중에 대학교 학생들을 상담한 다음, 수많은 학생들이 교수에게 스트레스와 화가 나는 경험을 하더라도 그들이 미소를 짓고 있다는 것을 인지하지 못한 채 가짜 미소를 짓는 데 많은 시간을 들이는 것을 눈치챈 이후 이 질병을 제안하였다.

스마일 마스크 신드롬은 친하지 않은 사람들에게 자신의 솔직한 모습을 보여주기 싫어하기 때문에 생기는 경우가 많다고 한다. 이러한 신드롬은 복잡한 인간관계, 경쟁, 과도한 업무 등도 원인으로 작용하고 있다. 겉으로는 웃지만 속으로는 늘 우울해하고 식욕감퇴, 성욕저하, 무기력감과 잦은 회의감이 드는 등 매사에 의욕을 잃는 증상을 보인다. 감정을 억누르거나 감출 경우 면역 체계와 호르몬 분비에 이상이 생겨 감기, 생리불순, 불면증, 두통, 근육통, 소화불량 등의 증세를 겪을 수 있다. 적절히 해소하지 않으면 좌절, 분노, 적대감 등 정신적 스트레스에 시달리게 되고 뇌의 시상하부가 영향을 받아 우울증으로 이어지며, 심해지면 정신질환 혹은 자살이란 극단적 행동을 하는 사례도 있다. 스마일 마스크, 즉 웃음 가면에서 벗어나지 못하면 결국 자신을 잃어버리게 된다.

한 환자가 정신과 의사를 찾아와 자신의 우울증과 그로 인한 괴로움에 대해 털어놓자, 의사가 "기분을 전환해 보시죠. 이번에 유명한 광대가 공연을 한다던데 그 공연을 보시면 어떨까요?"라고 말했는데, 환자가 "제가 바로 그 광대란 말입니다."라고 말했다는 일화에서 쉽게 엿볼 수 있듯이 스마일 마스크 신드롬은 오늘날 주로 감정노동이 심각한 서비스업 노동자들이나, 인기에 대한 압박을 가진 연예인, 고객을 많이 상대하는 영업사원 등에게 자주 발생한다.

대표적인 직업의 하나로 전화를 이용하여 상품이나 서비스를 홍보하고 판매하는 텔레마케터(telemarketer)를 꼽을 수 있다. 텔레마케터들은 실제로 감정을 억누른 채 늘 밝게 웃는 얼굴로 고객에게 서비스하는 감정노동자들이다. 고객들이 텔레마케터들에게 전화를 할 때 직접 대면하지 않는다는 이유로 익명성을 뒤에 업고 그들을 하대하기 쉽다. 소위 '진상'인 고객들은 아무리 친절하게 응대해도 쉽게 욕을 하거나 심지어 성희롱을 하며 그 상황을 즐기는 경우가 많다. 또한 텔레마케터들은 바른 정보를 전달했어도 고객이 맘에 안 든다고 욕을 하면 무조건 죄송하다고 사과해야만 하는 상황이 많이 발생한다. 그들은 겉으론 친절을 베풀지만 속으론 업무에 대한 스트레스 때문에 자기감정을 잃어버린 채로 억압된 기분에 빠져들기 쉽다.

직접 고객을 응대하면서 자신의 감정은 드러내지 않고 직업상 속내를 감춘 채 다른 얼굴 표정과 몸짓으로 서비스해야 하는 텔레마케터

들 외에도 대중들의 관심을 받고 살아가는 가수, 배우, 개그맨을 비롯한 연예인들도 가면성 우울증을 겪는 경우가 많다. 이들은 언제 식을지 모르는 인기와 명성에 대한 정신적 부담과 불안을 느끼고, 말도 안 되는 악성 루머와 댓글로 정신적 압박에 시달려도 언제나 밝은 얼굴로 자신을 포장해야 할 때가 많다. 우리는 이러한 가면성 우울증에 걸린 연예인들이 자살이라는 극단적인 방법을 선택하여 안타까움을 주는 사례를 종종 뉴스를 통해 접할 수 있다.

스마일 마스크 신드롬은 정도의 차이만 있을 뿐 실상 우리 모두가 겪고 있는 불안과 우울의 증세이기도 하다. 친하지 않은 사람들에게 자신의 솔직한 모습을 보여주기 싫거나 복잡한 인간관계, 경쟁, 과도한 업무 등으로 인해 자신의 실제 감정을 숨기고 겉으로 다른 감정을 드러내는 경우가 많기 때문이다. 이러한 스마일 마스크 신드롬을 방치하면 자신의 감정을 계속 억누르게 되고 어떠한 감정을 느끼고 있는지 모르는 상태가 되기도 한다.

스마일 마스크 신드롬을 극복하려면 내면 속의 다른 자신에게서 벗어나려고 노력하고, 외적인 스트레스에 시달리는 자신의 상태를 객관화하며, 진짜 자신의 감정과 자기 자신을 존중하는 게 가장 중요하다. 그리고 나서 친구나 가족, 직장 동료 등 편하게 의지할 수 있는 주변 사람들에게 솔직하게 마음을 털어놓고 대화를 나누는 것이 도움이 될 수 있다. 주변인들이 문제 해결에 직접적으로 도움을 줄 수 없더라도 그들에게 표현하는 것만으로도 감정이 정화되는 경험을 할 수 있다. 또 업무와 일상의 시간을 명확하게 구분하고 스트레스를 해소할 수 있는 취미생활이나 운동을 하는 것 역시 긍정적인 역할을 할 수 있다. 그러나 의지적인 노력만으로 극복하기 어려울 정도로 심각한 상태에 있다면, 전문가의 상담과 심리치료를 받는 것이 필요하다.

09
리셋 신드롬
다시 시작할 수 있을까?

어느 TV 방송의 로맨스 범죄 및 살인 사건을 드라마로 재구성하여 범인의 심리를 심도 있게 알아보는 예능 프로그램에서 소개된 한 실화가 있다. 한 여자가 자신의 집에 외부인이 침입한 흔적을 발견하고 소스라치게 놀라는 모습으로 시작됐다. 여자의 남친은 떨고 있는 여자를 찾아와 '걱정 말라'며 곁을 지켰다. 얼마 후 여자는 남친의 제안으로 함께 펜션 여행을 떠나 즐거운 시간을 보냈지만, 여전히 누군가 여자의 주변을 맴돌아 불안감을 증폭시켰다. 그 사이 남친은 이벤트를 준비했고, 여자에게 '산책길로 마중 나오라'고 말했다. 여자는 남친이 말한 곳을 찾아가던 중 신원 미상 남자에게 공격을 당했고, 가까스로 벗어나 남친을 맞닥뜨렸지만 남친은 "왜 아직 살아있어?"라는 소름 돋는 반응과 동시에 여자를 밀쳐 살해했다. 남친과 남자는 애초부터 한 패로, 두 사람이 보험금을 목적으로 여자에게 의도적으로 접근해 살인을 계획한 전말이 드러나 경악을 금치 못하게 했다. 가해자들의 나이가 겨우 20세에 불과했을 뿐 아니라 이전부터 보험금을 목적으로 피해자를 양산했고, 같은 무리 안에서도 서로를 속고 속인 믿기지 않는 전적이 드러나 탄식을 뱉게 했다.

이 실화와 관련되는 심리현상이 '리셋 신드롬(Reset syndrome)'이다. 컴퓨터를 사용하다가 렉이나 오류에 걸려 제대로 작동하지 않을 때 가볍게 리셋(Reset) 버튼을 누르고 다시 켜면 아무 일 없었다는 듯이 시스템이 다시 살아난다. 리셋을 한 뒤 컴퓨터가 다시 잘 작동되면 왠지 쾌감이 생기고 마음도 시원해진다. 그런데 현실 속에서도 컴퓨터처럼 껐다 컸다 하면 제대로 모든 게 다 해결될 거라 믿는 것, 즉 현실 세계가 마음에 안 들 때 컴퓨터를 초기화하듯이 자신의 삶도 원점으로 다시 돌릴 수 있다고 착각하는 현상을 리셋 신드롬이라고 한다. 앞에 소개한 실화에서 범인들은 인생의 모든 것을 게임인 듯 진행하다 새롭게 시작한다며 리셋 버튼을 눌렀고, 살인을 통해 얻은 사망 보험금을 게임의 상금으로 여기는 사고방식이 깔려 있었던 것이다.

살다 보면 일이나 인간관계 등 다양한 문제에 직면하게 되고 고민들이 생기게 마련이다. 이때 자기 마음에 들지 않는다는 핑계로 적극적으로 해결방법을 찾아 최선을 다하는 게 아니라, 자신이 원하는 시점에서 리셋을 해버리면 그만이라고 생각하고 아예 없었던 일인 것처럼 잊어버리고 아무런 노력도 하지 않은 채 포기해버리는 것이 바로 리셋 신드롬에 해당한다.

리셋 신드롬은 인터넷 중독의 한 유형으로 1990년 일본에서 처음 거론되었고, 1997년 5월 일본 고베(神戸)에서 발생한 엽기적인 초등학생 토막살인 사건으로 널리 퍼졌다. 잔인하게 살해한 시체 옆에 '자 이제 게임 시작이다'라는 문구를 남겨 일본 열도를 충격에 빠뜨렸던 이 사건의 범인은 놀랍게도 15세의 중학생이었는데 게임중독자였다. 조사를 받는 과정에서 경찰이 "죽은 그 아이의 가족들이 받을 상처를 한 번이라도 생각해 봤니?"라는 질문에 "그 아이는 다시 살아날 거예요. 게임인데 왜 죽어요?"라고 답변했다고 한다. 이처럼 그는 가상 세계와 현실을 잘 구분하지 못하고, 심각한 범죄를 저지르고도 게임으로 착각하였으며, 그래서 게임처럼 죽은 아이가 다시 살아날 것이라는 믿음을 갖고 있었고, 죄책감도 느끼지 못했다고 한다.

이런 증세가 한국에서는 2000년대 초부터 부각되기 시작했으며, 특히 우수한 인터넷과 통신 시스템을 갖추게 됨에 따라 청소년들 사이에 확산되며 심각한 사회문제로 대두되었다. 심각한 증상까지는 아니더라도 디지털 세대라면 자신도 모르는 사이 이런 리셋 신드롬을 겪을 수 있다. 잔혹한 범죄를 소재로 한 각종 컴퓨터 게임이나 비디오 출판물의 영향을 크게 받으며 인터넷 중독에 빠지기 쉬운 세상이기 때문이다. 특히 참을성과 책임감이 없거나, 어려움을 회피하고 다시 시작하려는 경향이 강하거나, 과거의 영광에 집착하고 완벽주의를 추구하는 사람일수록 그렇다. 대표적인 특징은 인터넷으로 무엇이든 해결할 수 있다고 생각하고, 가상과 현실을 잘 구분하지 못하는 것이다. 컴퓨터를 하루 4시간 이상 사용할 정도로 중독인 경우가 많다. 주로 총과 칼을 사용하는 폭력적인 게임을 즐긴다. 게임, 인터넷 속 세상을 현실과 구분하지 못하며 현실보다 인터넷 속에서 자신의 능력을 더 높이 평가한다. 이런 리셋 신드롬에 빠진 사람들은 인간관계가 좋지 못하며 갑자기 화를 내는 경우가 많다.

현실에서 예상치 못한 잘못을 저질렀거나 큰 문제가 발생했을 때, 어디서부터 잘못됐는지 알 수 없고 어떻게 문제를 해결해야 할지 감도

잡히지 않을 때, 혹은 지금까지의 삶을 변화시키는 것이 불가능하다고 여겨질 때, 차라리 인생을 리셋하고 싶다고 생각할 수도 있다. 그렇지만 그런 생각과 현실을 구분하고 현실을 직시해야 한다. 그렇지 않으면 리셋 신드롬에 휘말릴 수 있다. 리셋 신드롬의 가장 대표적인 특징은 가상 세계와 현실을 잘 구분하지 못하고, 일부는 심각한 범죄로 이어지고, 그것이 범죄행위라는 것을 인식하지 못한다는 것이다. 현실에서 잘못되거나 실수한 부분이 있더라도 얼마든지 리셋이 가능할 것으로 착각하며 자신의 마음에 들지 않는 일이나 조금의 어려움이 있어도 그것을 회피하고 다시 시작하려는 경향을 보인다. 인간관계를 쉽게 버리고 다시 시작하려는 사회부적응 현상도 일종의 리셋 신드롬 증상이라고 볼 수 있다.

인간관계에서 어느 날 갑자기 주위 사람들과 연락을 끊고 잠적해버리는 리셋 신드롬을 심심치 않게 발견할 수 있다. 최근 일본에서는 인간관계로 인한 스트레스를 해소하기 위해 인간관계 자체를 초기화하는 사람들이 늘고 있다고 한다. 인간관계 리셋 신드롬에 빠진 사람은 컴퓨터 시스템을 재부팅하듯 인간관계를 초기화한다. 스마트폰 연락처를 모두 지우고 SNS 계정을 탈퇴하거나 아예 낯선 곳으로 이사 또는 이직해 새롭게 시작하기도 한다. 회사원 K씨는 친구와 식사를 하고 돌아오는 길에 모바일 메신저 라인에서 그 친구를 차단하고, 전화도 차단해버렸다고 한다. 약간 죄책감이 들긴 했지만, 만날 때마다 늘어놓는 자기 자랑과 직장 험담에 질려버렸기 때문이다. 이처럼 상대가 마음에 안 들면 이를 풀려고 노력하기보다는 그냥 단절하고, 다른 사람과 새로운 만남을 시작하려는 것이 인간관계 리셋 신드롬이다. 문제는 단절하는 대상이 한두 명에 그치지 않는다는 데 있다.

이렇게 인간관계를 리셋하는 이유는 인간관계 스트레스로부터 도망칠 수 있기 때문이다. 그렇지만 인간관계로부터 회피하거나 도망치는 버릇이 생기고, 신뢰할 수 있는 인간관계를 구축하기 어렵다. 더욱이 인간관계를 리셋한 후 후련해하기보다는 오히려 불편한 마음을 안고 사는 경우가 적지 않다. 주로 거절에 서투르고 스트레스를 쉽게 받는 성격, 성실하고 세세한 부분까지 신경을 쓰다 보니 지쳐버려서 탈진 상태가 된 사람, 반대로 혼자 있는 것이 편하고 만사가 귀찮은 사람이 인간관계 리셋 신드롬에 빠지기 쉽다. 앞서 언급한 바와 같이 리셋 신드롬은 인터넷 중독의 한 유형으로 꼽히며, 잔인한 범죄와도 연관되어 있기 때문에 사회적으로 큰 문제를 야기할 수 있다.

하루에 인터넷 게임(특히 공격적이고 폭력적인 게임)을 4시간 이상하거나, 인터넷 속에서 자신이 더 잘난 존재라고 믿거나, 예전에 비해 폭력적인 행동·비속어가 늘었거나, 예전에 비해 인내심·책임감이 줄었거나, 자기합리화식 변명이 늘었다면 리셋 신드롬을 의심해보아야 한다. 해당되는 게 많을수록 그 경향성이 높다고 할 수 있다.

그러면 리셋 신드롬을 예방하려면 어떻게 해야 할까? 가상 세계에서 벗어나 현실을 활기차게 살기 위해서는 인터넷 사용 시간을 제한하고, 주변인들과 긍정적이고 친밀한 인간관계를 유지하고, 규칙적인 운동과 건강한 취미생활을 통해 스트레스를 해소하는 게 중요하다. 또한 장단기 목표를 세워 작은 문제부터 스스로 노력하는 과정을 통해 해결하여 성취감을 경험하고, 잘못된 것은 객관적인 분석을 통해 고치려고 하는 자세가 필요하다. 지금 하는 일을 포기하고 새로운 일을 하고 싶다면 그 분야에 대한 철저한 조사를 통해 성공 가능성을 충분히 검토해보는 게 좋다. 그리고 인간관계에서 싫은 상대가 있으면 정신적·신체적인 폭력과 같은 피해가 분명히 있다면 바로 절교해야겠지만, 그렇지 않다면 점차 연락과 만남을 줄이는 페이드아웃이 현실적이며, 연결고리가 있는 것 자체를 리셋할 필요는 없지 않을까 싶다. 만약 리셋 신드롬이 심각하여 스스로의 노력으로 벗어나기 어렵다면 중독전문가와의 상담을 통한 치료를 받을 것을 권장한다.

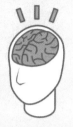

긍정과 부정의 심리

10
피그말리온 효과
긍정의 기대 심리는 개천에서 용이 나게 한다

1968년 미국 하버드대학교 사회심리학과 교수인 로버트 로젠탈 (Robert Rosenthal)과 20년 이상 초등학교 교장으로 지낸 레노어 제이콥슨(Leonore F. Jacobson)은 샌프란시스코의 한 초등학교에서 전교생을 대상으로 지능검사를 실시한 후, 검사 결과와 상관없이 무작위로 한 반에서 20% 정도의 학생을 뽑았다. 그 학생들의 명단을 교사에게 주면서 '지적 능력이나 학업성취의 향상 가능성이 높다고 객관적으로 판명된 학생들'이라는 거짓 정보를 함께 흘렸다. 8개월이 지난 후 이전에 실시한 지능검사를 다시 실시했는데, 그 결과 명단에 속한 학생들이 다른 학생들보다 예전에 비하여 평균 점수가 높게 나왔을 뿐만 아니라 학업성적이 큰 폭으로 향상되었다.

이것은 명단을 받아 든 교사가 이 학생들의 지적 발달과 학업성적이 향상될 것이라는 기대를 갖고 정성껏 돌보고 격려한 결과로 나타난 것이다. 이 학생들은 교사가 자신에게 높은 기대와 관심을 보여주니까 공부하는 태도가 바뀌고 공부에 대한 관심과 의욕이 높아져 결국 능력까지 변하게 된 것이다. 로젠탈과 제이콥슨은 누군가에 대한 사람들의 믿음과 기대 혹은 예상이 그 대상에게 그대로 실현되는 경향을 '피그말리온 효과(Pygmalion effect)'라고 불렀다. 피그말리온은 그리스 신화에 나오는 주인공의 이름이며, 그 신화의 내용은 대략 다음과 같다.

피그말리온은 여성에게서 너무나 많은 결점을 보았기 때문에 결국 여성을 혐오하게 되고 평생 독신으로 지내기로 한 뛰어난 조각가였다. 한번은 상아로 여자를 조각하게 되었는데, 그 작품의 아름다움은 살아 있는 다른 여자와는 비교할 수 없을 정도로 뛰어났다. 그는 스스로 자신의 작품에 매료되어 조각 여인상과 사랑에 빠졌다. 가끔씩 살아 있는지 아닌지를 확인하기 위해 손도 대보고 여성들이 좋아하는 것을 선물로 주고 안아보기도 하였다. 그는 조각상에 옷을 입히고 손가락에 보석 반지를 끼우고 가슴에는 진주목걸이를 달아주었다. 심지어는 보드라운 소파에 눕히고 보들보들한 깃털을 넣어 만든 베개를 받쳐 주고 '여보'라고 부르기도 했다.

아프로디테(Aphrodite) 제전이 가까워 이 제전에서 자기의 임무를 끝낸 피그말리온은 제단 앞에서 "신이시여! 원컨대 저에게 제가 만든 상아 처녀와 같은 아름다운 여인을 아내로 점지하여 주옵소서."라고 간절히 기도를 했다. 미와 사랑의 여신인 아프로디테는 그 소원을 들어주겠다는 표시로 제단에 타오르는 불꽃을 세차게 공중에 세 번 오르게 했다.

집으로 돌아온 피그말리온은 소파에 누인 조각을 보았다. 생기가 도는 것 같았다. 손이 부드럽게 느껴졌다. 피부를 누르면 들어가고 손을 떼면 다시 원상태로 돌아왔다. 자기의 입술을 처녀의 입술에 갖다 대자 그 처녀는 수줍은 듯 얼굴을 붉혔다. 마침내 상아 처녀는 피그말리온의 아내로 살아나게 되었다. 마침내 원하는 대로 이루어진 것이다.

아프로디테가 조각가의 사랑에 감동하여 조각 여인상에게 생명을 불어 넣어 주었다. 이처럼 타인의 기대나 관심으로 인해 능률이 오르거나 결과가 좋아지는 현상을 말한다. 심리학에서는 타인이 나를 존중하고 나의 가능성을 발견하고 잘할 것이라고 기대하면 그 기대에 부응하기 위해 노력하게 되는 것을 피그말리온 효과라고 하며, 이와 반대로 타인에게 무시당하고 부정적인 낙인을 찍히게 되면 자신도 모르게 나쁜 쪽으로 변해가는 것을 '낙인 효과(stigma effect)'라고 한다.

교육학에서는 피그말리온 효과를 '자기충족적 예언(self-fulfilling prophecy)'이라 부른다. 이것은 어떤 행동이나 학습을 함에 있어 학생이 보이는 학습수준은 주변에서, 특히 교사나 부모 혹은 또래친구와 같은 중요한 타인들이 가지는 기대수준에 부합되게 일어나는 현상을 말한다. 피그말리온 효과와 반대되는 현상으로 낙인효과 외에 '골렘 효과(golem effect)'란 것이 있다. 유대인 신화 속의 랍비 로위(Rabbi Loew)가 만들었다는 골렘은 원래 유대인들을 보호하기 위해 창조되었으나 점차 흉포한 성향으로 변해가며 모든 것을 파괴하기에 이르렀고 여기서 유래된 것이 골렘 효과이다. 이것을 교육장면에 적용하면 교사가 학생에 대해 부정적인 기대를 갖고 있을 경우 학습자의 성적이 떨어지는 현상을 말한다. 즉, 특정 학생에 대한 교사의 기대수준이 낮으면 그 학생은 그 기대에 부응하기 위해 노력을 하지 않으므로 성취도가 낮아진다는 것으로, 자기충족적 예언의 한 종류로 분류된다.

제2차 세계대전에서 한 헝가리부대는 알프스산맥에서 길을 잃어 추위와 폭설로 절망에 빠져있었다. 한 병사가 지도를 발견해 알프스를 빠져나왔는데, 나중에 보니 이 지도는 피레네산맥의 지도였다. 전혀 다른 지도였으나 그것이 병사들에게 희망을 불어넣어 살 수 있었던 것이다. 세계적인 제조기업 제너럴 일렉트릭(General Electric)의 전 회장인 잭 웰치(Jack Welch)는 어린 시절에 말을 심하게 더듬어서 놀림을 받았다. 그에게 어머니는 "네가 말을 더듬는 이유는 생각의 속도가 너무 빨라서야. 그 속도를 입이 따라가지 못하기 때문에 그러는 것이니 너무 걱정할 필요가 없단다. 나중에 훌륭한 사람이 될 거야."라며 늘 격려를 아끼지 않았다고 한다. 이 두 사례에서 피그말리온 효과의 중요성을 엿볼 수 있다.

요컨대, 사람들이 상대방에 대해 어떤 기대와 신념을 가지느냐에 따라 그의 성취 행동이 달라진다는 것을 뜻하는 피그말리온 효과는 인간에 대한 기본적인 신뢰와 그의 능력에 대한 가능성을 기대하지 않고서는 좋은 결과를 얻기 어렵다는 것을 시사하고 있다. 비록 어떤 사람이 잘못을 하더라도 본래 그런 나쁜 사람이라고 단정하거나 낙인찍지 말고, 앞으로 잘할 수 있을 것이라고 긍정적인 기대와 시선으로 대해주자. 그러면 그의 행동은 점차 좋은 쪽으로 달라질 것이다.

11
테레사 효과
봉사와 선행은 면역력과 마음치유에 특효약

　건강하던 여인이 유방암에 걸려 수술과 항암치료를 받았지만 다른 장기로 전이된 상태라 의사가 몇 개월밖에 살 수 없다는 진단을 내렸다. 그녀는 남은 생이라도 의미 있고 보람차게 잘 살아야겠다는 마음으로 장애인 시설을 찾아다니며 봉사를 하게 되었다. 몇 년째 아직 이상 없이 지내고 있다.

　조금만 무리해도 탈이 나고 감기를 달고 사는 한 남성이 직장을 그만두고 휴양차 요양시설에 들어갔다. 그는 그곳에서 말기암으로 죽어가는 한 사람이 딱하게 느껴져 자신의 요양보다 그 말기암 환자를 돌보며 바쁘게 지냈다. 어느 날 아내가 요양원을 방문했는데 그 시간에도 그는 말기암 환자를 돌보고 있었다. 남편이 워낙 약골이라 간병은 꿈도 못 꿀 사람인데 눈앞에 보이는 남편은 감기 기운도 없고 피로한 기색도 없어 보였다.

위의 두 사례에서 볼 수 있는 공통점은 과거에는 질병에 시달렸지만 현재는 탈이 없다는 점이고, 또 자신보다 타인을 위해서 살아가고 있다는 점이다. 왜 이렇게 사람이 건강하게 되었을까? 그 이유를 '테레사 효과(Teresa effect)'에서 찾아 볼 수 있다. 1998년 미국 하버드대학교 의과대학에서 재미있는 실험 결과를 제시하였다. 하버드대학교 학생 132명에게 테레사 수녀가 인도의 콜카타에서 나병 환자를 돌보는 다큐멘터리 영화를 보여 주었다. 그리고 그 영화를 보기 전과 본 후에 학생들의 타액 속에 있는 면역 글로불린 항체 A의 변화를 살펴보았다. 놀랍게도 대부분의 학생들에게서 바이러스에 대한 저항력을 높여주는 면역 물질과 면역 글로불린 항체가 현저하게 증가하였다. 데이빗 맥클랜드(David C. McClelland) 박사는 "선한 행동으로 유발된 감동은 그것을 느끼는 사람들에게 면역력을 높여주는 생물학적 사이클의 변화를 일으킨다."라고 말하면서 이를 테레사 효과라고 명명하였다. 평생 봉사의 삶을 살았던 테레사 수녀의 영상을 보는 것만으로도 신체 내에서 바이러스와 싸우는 면역 물질이 증가한다는 것이다. 이 연구는 친절을 받는 사람뿐만 아니라 베푸는 사람에게도 이득이 되는 행위임을 알려주는 좋은 연구 결과라 할 수 있다.

이처럼 테레사 효과란 평생 가난한 사람들과 함께 살며 무한한 사랑과 봉사를 베풀었던 테레사 수녀의 이름을 따서 만든 용어로, 남에게 선한 일을 하거나 서로 도와주는 일 등 봉사활동을 하거나 심지어 그런 봉사활동을 생각만 해도 인체 내에서 면역 물질이 증가하는 현상을 말한다. 암이란 면역 체계에 이상이 와서 생긴 병이고, 감기를 수시로 달고 산다는 것은 바이러스 감염에 저항할 수 있는 면역력이 저하되어 있다는 뜻이다. 앞의 사례인 유방암 수술을 받았던 여인이나 신체적 허약함 때문에 감기를 달고 살았던 남성이 과거에 비해 건강이 호전된 것은 아마도 꾸준히 봉사활동을 함으로써 면역기능이 향상되어 나타나는 이른바 테레사 효과 때문일 수 있다.

긍정 호르몬인 엔도르핀은 기쁘고 즐거울 때 분비되고, 인체의 면역력을 키워주며, 진통작용의 효능이 크다고 한다. 그런데 이 엔도르핀은 아름다운 음악을 들을 때, 영화를 보고 감동받았을 때, 사랑하는 사람과 있을 때, 자신이 세운 목표를 달성했을 때 등처럼 가슴 깊이 진한 감동을 받았을 때 우리의 몸에서 생성된다. 테레사 수녀의 선한 봉사활동을 보고 듣는 것만으로도 마음의 병을 치유를 받을 수 있는 까닭은 이런 엔도르핀이 많이 생성되어 면역체를 증가시켜주기 때문이다. 남을 도우며 느끼는 최고조의 기분을 헬퍼스 하이(helper's high)라고 한다. 남을 도우면 심리적으로 기쁨과 만족감이 최고조에 달하기 때문이다. 의학적으로도 엔도르핀이 정상치의 3배 이상 분비되고 혈압과 콜레스테롤 수치가 낮아져 건강에도 좋다고 한다. 이런 면에서 보면 봉사는 최고 특효약이라 할 수 있다.

오늘날 심리학에서는 헌신적인 봉사와 사랑, 섬김의 생애를 살았던 테레사 수녀의 옆에 가기만 해도, 그 이름을 듣기만 해도, 멀리서 보기만 해도, 모습을 떠올리기만 해도 왠지 마음이 착해지는 현상을 테레사 효과라고 한다. 테레사 효과는 아프리카에서 평생 의료봉사를 펼친 밀림의 성자 알베르트 슈바이처(Albert Schweitzer)의 이름을 따서 '슈바이처 효과(Schweitzer effect)'라고도 부른다.

자신이 행복해지기 가장 쉬운 방법은 남을 행복하게 해주는 것이다. 공자(孔子)는 근자열원자래(近者悅遠者來), 즉 가까운 사람을 기쁘게 하면 멀리 있는 사람도 찾아온다고 했다. 남을 기쁘게 하고 행복하게 하는 것은 곧 자기 자신을 기쁘게 하고 행복하게 하는 것이다. 그러므로 다른 사람들에게 자발적으로 친절과 사랑과 같은 선행을 베풀면 살아야 하지 않을까? 오늘 당장 작은 선행이라도 하나 실행해 보자.

12
부정성 효과
선플보다 악플이 빨리 퍼진다

　사람들은 어떤 사람의 인상을 평가할 때 대개는 긍정적으로 평가를 한다. 기왕이면 좋게 사람들을 평가하려는 경향을 '긍정성 편향(positivity bias)'이라고 하고, 미국 소설에 나오는 여주인공의 낙천적이고 긍정적인 성격에 비유해 '폴리아나 효과(Pollyana effect)'라고도 한다. 이런 경향성은 다른 사람에 대해 악평을 하기보다 관대하게 보아주려는 경향을 나타내는 것으로서 '관용 효과(leniency effect)'라고 불리기도 한다.

　한번 형성된 첫인상은 좀처럼 쉽게 바뀌지 않기 때문에 누군가를 처음 만났을 때는 첫인상을 좋게 보여주도록 노력해야 한다. 첫인상을 상대방에게 좋게 보였으면 계속 좋은 인상을 보이도록 해야 한다. 왜냐하면, 열 번 잘하다가도 한 번 잘못하면 앞에서 아무리 잘한 것도 허사가 되는 경우가 많은 것처럼, 좋았던 첫인상이 부정적인 정보를 접하면 쉽게 나쁜 쪽으로 바뀔 수 있다. 그러나 한번 나쁘게 박힌 첫인상은 웬

만한 긍정적 정보로는 좋은 쪽으로 바뀌기 어렵다. 한 사람에 대해서 좋은 평과 나쁜 평을 함께 접하게 되면 좋은 평보다는 나쁜 평이 전체 인상을 결정하는 데 중요한 역할을 하는 경향이 있다. 어떤 사람의 장점과 단점에 대한 정보의 양이 비슷할 때, 우리는 그 사람에 대해서 중립적인 인상을 형성하는 것이 아니라 부정적인 인상 쪽으로 기울어진다. 이처럼 인상 형성 과정에서 부정적인 정보는 긍정적인 정보보다 훨씬 더 중요하다.

이렇게 긍정적인 정보보다 부정적인 정보가 인상 형성에 더 큰 비중을 차지하는 현상을 '부정성 효과(negativity effect)'라고 부른다. 좋은 소문보다는 안 좋은 소문이 더 빠르게 전파되고, 타인이 저지른 실수나 부정적인 부분이 더 잘 기억되는 현상은 바로 부정성 효과 때문이다. 연예인이나 정치인을 비롯한 유명인들이 심리적으로 고통 받는 이유 중 하나도 바로 이 때문이다. 또한 당신의 지인 중 한 사람이 당신에게 친절을 베풀었을 때와 당신에게 사기를 쳤을 때, 두 사건 중 그 사람의 인상에 더 큰 영향을 미치는 것은 후자일 것이다. 전과자가 사회에 올바르게 발을 딛고 새 출발 하기 어려운 요인 중에는 이와 같은 부정성 효과의 심리가 작용하게 되어 인생을 바르고 건전하게 살려는 재소자들도 사회적인 높은 벽과 인식으로 인해 갈 곳을 잃고 다시 어두운 세계로 빠지게 되는 것이다.

그러면 왜 부정적인 정보가 인상 형성에 더 중요한 역할을 하는 것일까? 그 이유는 그 사람과 직접 접촉해야 하는 처지에 있는 사람은 상대의 단점을 잘 포착해야 심적 부담이 줄어들기 때문이고, 또한 사람들은 대체로 단점을 감추는 대신 장점만을 드러내려는 경향이 있으므로 부정적인 정보가 드러나면 그만큼 더 주목을 받게 되기 때문이다.

그래서 열 번 잘하다가도 한 번 잘못하면 쉽게 나쁜 쪽으로 인상이 바뀌는 것이다.

따라서 좋은 인상을 계속 유지하려면 나쁜 행동에 유의해야 한다. 잘나가던 미국의 제37대 대통령인 리처드 닉슨(Richard M. Nixon)이 워터게이트 사건 하나로 대통령직을 사임한 것이나, 경제 발전으로 일본 국민들의 찬사를 한 몸에 받았던 제64대, 65대 총리인 다나카 가쿠에이(田中角榮)가 록히드 뇌물 사건으로 피눈물을 삼킨 것이나, 청렴결백한 이미지로 대통령 당선이 유력시되었던 우리나라 대통령 후보 한 사람이 아들의 병역비리 문제 파문으로 낙선의 고배를 마신 것은 다 그런 이유에서이다. 상대방에게 좋은 인상을 심어 주기 위해서는 특히 나쁜 행동에 유의해야 하는 것이다.

미국 플로리다주립대학교의 심리학자 로이 바우마이스터(Roy Baumeister)와 그의 동료들은 인간이 긍정적인 것보다 부정적인 것에 더 강력한 영향을 받는 여러 현상을 지적하면서 '악은 선보다 더 강하다'고 주장한다. 그런 이유로 인간은 행복해지기보다 불행해지기가 더 쉽다. "불행은 부르지 않아도 잘 찾아오지만, 행복은 불러도 잘 찾아오지 않는다. 행복은 찾아와도 금방 달아나지만, 불행은 한번 찾아오면 잘 떠나가지 않는다."라는 말처럼 불행이 행복보다 우리 가까운 곳에 있다. 강물을 거슬러 오르는 물고기처럼 우리도 부정성 효과나 부정성 편향을 극복하지 않으면 불행의 바다로 떠밀려가기 쉽다.

13
편견 효과
억울한 누명을 쓴 토마토

어떤 물체든 단면이 아닌 입체로 형성되어 내부와 외부가 있다. 사회현상도 마찬가지이며 인간도 예외는 아니다. 그러나 사람은 흔히 일면 밖에는 보지 못하는 경우가 많으며 외형만을 보고서 판단하기 십상이다. 우리가 특정한 존재 또는 현상을 바라보는 안목에 있어서 어느일면만을 보고 전체를 판단하는 것을 편견이라 한다. 즉, 편견은 공정하지 못하고 한쪽으로 치우친 생각이나 의견을 말한다. 여성에 대한 편견, 장애인에 대한 편견처럼 보통 어떤 대상에 가지고 있는 나쁜 감정이나 부정적인 평가를 말한다.

이런 편견이 문제가 되는 것은 편견이란 감정에 그치지 않고 그집단 구성원들을 차별 대우하는 행동으로 이어지기 쉽다는 것이다. 최근 유럽에서 경제위기가 지속되면서 신나치주의자나 인종차별주의자들이 설치고 있다. 이들은 아프리카나 아시아에서 들어온 이민자들이 자신들의 일자리를 빼앗고, 이슬람 종교의식이나 히잡(이슬람의 전통 복식

가운데 하나로 여성들이 머리와 상반신을 가리기 위해 쓰는 가리개) 같은 관습이 자신들의 고유한 문화와 사회를 흔들고 있다고 주장한다. 반대 시위뿐만 아니라 이민자들에 대한 테러 등의 반사회적 행동을 서슴지 않고 있다. 이처럼 편견이 차별 대우 등의 행동으로 나타나 그 집단에 속한 사람들에게 불이익을 주는 현상을 '편견 효과(prejudice effect)'라고 한다. 이러한 편견 효과는 다음과 같은 다섯 단계의 행동으로 나타난다.

첫 단계는 비난과 욕설 등 적대적인 말을 한다. 편견을 가지고 있는 사람들은 처음에는 독일인들이 유대인들을 비난했듯이 편견 대상을 욕하기 시작한다. 어떤 나라 사람들은 어떻고, 어느 지역의 출신들은 어떻고, 곱슬머리는 어떻고 등과 같은 부정적인 말을 하기 시작한다.

두 번째 단계는 회피한다. 편견이 강해지면 자기 손해를 감수하고서라도 독일인들이 유대인 이웃을 회피했듯이 편견 대상을 피하기 시작한다. 지역감정으로 보면 어떤 지역 사람들과는 상거래를 하지 않고 친목도 도모하지 않으려고 한다. 이처럼 편견의 대상자들과 만나지 않고 거래 관계도 끊는다.

세 번째 단계는 차별적으로 대우한다. 편견 대상에 대해 직접적인 적대 행위와 불이익을 주기 시작해 고용, 교육, 주택, 정치적 권리, 복지혜택 등에서 차별 대우를 한다.

네 번째 단계는 신체적 위협과 배척을 한다. 편견을 가진 사람들은 편견 대상을 심하게 배척하고 위협해 이사를 가도록 하는 등 구역 내에서 쫓아낸다.

다섯 번째 단계는 몰살이다. 가장 강도가 심한 편견은 몰살이다. 집단구타, 인종청소, 개인학살 및 집단학살과 같이 감정적 요소와 신념적 요소를 넘어 병적인 이상 증상으로 나타나 죽음의 수용소인 아우슈

비츠와 같은 가스실을 만들어 낸다.

편견 효과와 유사한 개념으로 '토마토 효과(tomato effect)'가 있다. 토마토의 작고 노란 꽃은 가지과의 유독식물인 맨드레이크와 유사하게 생겨 16세기 당시에는 먹지 않았다고 한다. 맨드레이크는 마취, 환각 작용을 일으키고 많이 먹으면 급사할 수 있기 때문에 비슷하게 생긴 토마토 역시 독초로 분류해 먹지 않았던 것이다. 다만 큰 잎사귀와 오묘한 빛깔로 실내를 장식하는 데 근사한 관상용 식물로만 사용했다고 한다. 사람들이 토마토를 먹기 시작한 것은 19세기가 되어서 1820년 9월 미국 뉴저지주의 존슨 대통령이 당시 토마토 재배 금지령에 항의하여 토마토를 먹기 시작하면서부터라고 한다. 여기에서 유래된 것이 토마토 효과인데, 실제로는 아무 문제가 없는데도 불구하고 근거 없는 추측이나 편견 때문에 사실을 믿지 못하거나 무조건 멀리하려거나 혹은 불필요한 일을 굳게 믿는 심리상태를 말한다.

이러한 편견 효과 혹은 토마토 효과가 실생활에서 자주 일어나곤 한다. 편견과 추측은 생각에 그치지 않고 상황이나 부추김에 따라 사람에 대한 폭행이나 죽임으로까지 발전할 수 있다. 특히 외국인이나 타인종과 종교에 대한 편견과 추측들은 역사적 뿌리를 가지고 있고, 정치적으로도 편견과 온갖 추측을 유지하고 증폭시키려는 사람들 때문에 매우 위험한 부분이다. 독일에 의한 유대인 학살은 너무도 유명하지만, 다른 나라와 민족들도 이웃나라 및 타민족들과 부딪히면서 증오와 편견, 차별을 쌓아오고 있는 게 현실이다. 편견이나 추측, 가짜뉴스를 가지고 지역 및 국가 간 갈등과 이념 대립에 휘둘리기도 한다. 편견만큼 무서운 질병은 없다. 자기 자신을 파멸시킬 뿐만 아니라 다른 사람을 소외시켜 사회를 혼란 상태로 몰아넣는다. 올바른 판단과 결정을 위해서는 편견 효과나 토마토 효과에서 벗어나야 하며, 편견과 추측을 해소하기 위한 평화적 교류와 협력이 요구된다.

14
가르시아 효과
부정적 경험의 음식은 꼴도 보기 싫다

사람은 누구나 특별히 좋아하고 즐겨 먹는 음식이 있는가 하면, 싫어하고 피하고 싶은 음식이 있다. 평소 계속 먹고 싶은 음식이 있는가 하면, 유독 잘 먹지 못하는 음식도 있다. 빵을 먹고 배탈이 나면 그 후에 빵을 먹거나 빵집에 가는 것을 두려워하게 된 것처럼 싫어하거나 안 먹는 음식이 어떤 부정적인 경험 때문에 생긴 적이 없는가? 그렇다면 그것은 '가르시아 효과(Garcia effect)' 때문이다. 가르시아 효과란 어떤 음식을 먹은 후 구토나 복통, 메스꺼움, 불편함 등과 같은 부정적인 경험을 하면 그 이후부터 그 음식을 다시 먹지 않거나 그 음식에 대한 식욕을 전혀 느끼지 않게 되는 현상을 말한다. 이는 이반 파블로프(Ivan Pavlov)의 고전적 조건형성의 하나로 인간을 포함한 대부분의 동물이 가진 생존본능이라 할 수 있다. 즉, 이와 같은 현상은 구토나 복통과 같은 불쾌한 경험을 통해 자신에게 위험한 음식을 인지하고 이를 피할 수 있게 되는 것이다.

파블로프의 고전적 조건형성에는 두 자극을 연합하여 미래 사건을 예측하는 것을 학습한다. 자극이란 반응을 유발하는 사건이나 상황을 일컫는다. 우리는 번개가 다가올 천둥을 신호한다는 사실을 학습함으로써 번개가 칠 때 긴장하기 시작한다. 둘 이상의 자극을 연결 짓고 사건의 예측을 학습하는 것, 즉 반복적 학습으로 특정한 반응을 유발하는 과정이 고전적 조건형성이다. 이러한 고전적 조건형성은 여러 번 반복해야 조건 간 연관성이 형성되지만, 가르시아 효과는 한 번의 경험으로도 특정 음식이나 맛에 대해 혐오감을 가질 수 있다. 딱 한 번만 먹고 배탈이 나도 순식간에 그 음식이 꼴 보기 싫어지는 것이다. 그래서 가르시아 효과를 다른 말로 '미각혐오학습(taste aversion learning)'이라고도 한다.

가르시아 효과는 1955년 미국의 심리학자 존 가르시아(John Garcia)가 쥐를 대상으로 진행한 실험에서 유래하였다. 먼저 쥐에게 사카린이 들어 있는 물을 먹게 한 후, 좀 시간이 흐른 뒤에 감마선을 쬐어 구토를 유발했다. 감마선은 방사능 물질이 붕괴하면서 생기는 방사선 중의 하나로 투과력이 강하고 외부에서 피폭되어도 동물 내부의 장기에 손상을 주게 된다. 감마선에 노출된 쥐는 구역질을 했으며, 그 이후로 다시 쥐에게 사카린이 들어 있는 물을 주었더니 마시지 않았다. 이는 쥐가 느끼기에 자신의 구토가 사카린이 들어있는 물 때문이라고 생각해 사카린이 들어있는 물을 마시는 것을 기피한 것이다. 다시 말해서, 쥐는 경험을 통해 자신에게 유익한 음식이 무엇이고 해로운 음식이 무엇인지 학습하게 된 것이다. 특히, 쥐들은 한 번의 경험으로도 사카린이 든 물을 기피하게 되었다.

이러한 가르시아 효과는 생존을 위해 필요한 현상 중 하나로, 인간

이나 동물은 자신에게 위험하거나 나쁜 영향을 주는 음식물을 본능적으로 피할 수 있고 생존에 필요한 대처 능력을 학습하게 된다. 음식을 섭취한 지 시간이 오래 지나도 복통과 구토, 메스꺼움 증상이 유발되면 다른 어떤 요인이 있을지라도 그 음식에 대한 혐오감이 심리적으로 발생하게 된다. 단 한 번의 이런 부정적인 경험

존 가르시아(1917~2012)

만으로도 그 음식을 싫어하게 되고 그 기억이 장기간 유지되며 평생 해당 음식을 먹지 않을 수도 있다. 자주 먹었던 음식보다는 처음 접해 본 음식일수록 가르시아 효과는 높아진다. 어렸을 때 처음 접한 음식에서 고통스러운 경험을 하게 되면, 그 음식에 대한 거부감이 성인이 되어서도 계속 유지되는 이유가 바로 그 때문이다.

가르시아 효과를 일상생활에 적용하여 주식투자를 예로 들어 설명하면 다음과 같다. 한번 특정 종목에서 손실을 입게 되면 그 뒤로는 그 종목을 쳐다보지도 않을 수 있다. 손실이 심각할 경우 가르시아 효과와 비슷한 현상이 나타날 수 있다. 이런 현상은 특정 종목뿐만 아니라 특정 산업으로까지 확대될 수가 있다. 예를 들어, 특정 가전제품 회사의 주식에서 큰 손해를 입은 기억이 있다면 가전제품 관련 주식 전체를 기피할 수도 있다. 요새 급등락을 반복하고 있는 가상화폐에서 큰 손실을 봤다면 아예 계좌를 폐지하고 가상화폐 투자에서 손을 떼는 것도 크게 보면 가르시아 효과와 비슷하다고 할 수 있다.

가르시아 효과는 경험의 트라우마(trauma)로 다시는 그 행동을 하지 않는다는 심리적인 특성을 이용해 알코올 중독이나 인터넷 중독을 비롯한 각종 중독을 개선하기 위해 심리상담에서 활용되고 있다. 이는

반복적으로 학습을 시켜서 무언가를 떠올렸을 때 특정한 부정적인 반응이 자신도 모르게 나와 트라우마를 만드는 것으로, 고전적 조건형성 중에서 혐오학습의 한 종류이다. 이러한 고전적 조건형성의 원리를 이용하여 상상으로 자신이 중독되어 있는 것을 떠올리고 또한 가장 혐오하는 것을 떠올려서 그 둘을 하나로 연합시켜, 이후에 중독이 된 것을 떠올리면 혐오스러운 기억도 동시에 떠오르게 되면서 중독이 되는 것을 자연스럽게 멀리하게 되는 것이다. 이처럼 가르시아 효과는 단지 음식에서뿐만 아니라 우리의 일상생활에서도 나타날 수 있다. 어떤 특정한 경험에서 고통이나 불쾌 등의 부정적인 상황을 겪었을 때 그 상황에 대한 인식이 부정적으로 변할 수 있다.

15

베블런 효과

과시욕과 열등감에서 비롯된 명품 사랑

부자의 생활상을 묘사할 때 널리 사용되고 있는 과시적 소비, 금전 상의 경쟁과 같은 말을 처음 만들어낸 노르웨이계의 미국 사회학자이 자 경제학자인 소스타인 베블런(Thorstein B. Veblen)은 그의 저서 『유한 계급론』에서 황금만능주의 사회에서 재산의 많고 적음이 성공을 가늠 하는 척도가 되는 현실을 비판했다. 또한 그는 이 저서에서 부유한 사 람들이 자신의 성공을 과시하기 위해 사치를 일삼고, 가난한 사람들은 그들대로 이를 모방하려고 열심인 세태를 설명하기 위해 '베블런 효과 (Veblen effect)'란 용어를 만들어냈다.

유한계급이란 축적된 자산이나 물려받은 부를 통해 땀을 흘리는 노동을 하지 않아도 되는 부유층으로 자신의 지위를 과시하기 위해 각 종 여가를 즐기는 계급을 말한다. 이 유한계급에서 가격표는 본질적으 로 지위를 상징하는 것으로, 그는 값이 비쌀수록 호사품의 가치는 커지 며 비싸지 않은 아름다운 물건은 아름답지 않다고 말했다.

베블런 효과란 제품의 가격이 오르는데도 불구하고 남에게 과시하고 싶은 과시욕이나 허영심에 의해 그 수요가 줄어들지 않고 오히려 증가하는 현상을 말한다. 예를 들어, 다이아몬드의 가격이 하락하면 수요는 증대하는 것이 아니라 반대로 감소하고, 가격이 상승하면 수요는 증대할 수도 있다. 다이아몬드는 비싸면 비쌀수록 인간의 허영심을 사로

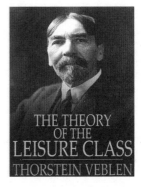

T. B. Veblen(1857~1929)

잡게 되는데, 그 가격이 하락하면 대중이 누구나 손쉽게 살 수 있게 되므로 다이아몬드에 대한 매력이 없어진다는 것이다. 말하자면, 남들보다 돋보이거나 뽐내고 싶어서 비싼 물건일수록 사려고 드는 인간의 심리를 경제용어로 베블런 효과라고 한다. 결국 베블런 효과는 주위 사람들에게 자신의 부를 과시하고 돋보이고 싶어서 고가의 옷이나 가전제품, 귀금속류, 자동차를 선뜻 구입하는 사람들의 소비 심리와 행태를 표현하는 말이다. 베블런 효과와 비슷한 것으로 '속물 효과(snob effect)'가 있는데, 이는 자기만이 소유하는 물건에 특별한 가치를 부여하는 소비 행태를 말한다. 남들이 사용하지 않는 물건, 즉 희소성이 있는 재화를 소비함으로써 더욱 만족하고 그 상품이 대중적으로 유행하기 시작하면 소비를 줄이거나 외면하는 행위를 말한다.

베블런 효과는 특히 갑자기 거액의 돈을 획득한 사람들에게서 흔히 찾아볼 수 있는데, 한순간에 갑부가 된 사람들은 자신의 사회적 열등감을 만회하기 위해 고가의 제품들을 닥치는 대로 구입하는 현상을 보이는 것이다. 필요에 의해서가 아니라 장식용으로 고급품의 가구를 사들이거나 값비싼 시계를 여러 개 구입하는 사람들이 이러한 부류에

속한다. 베블런 효과를 노리는 고가의 상품을 베블런 상품이라고 한다. 남을 지나치게 의식하거나 허영심이 많은 소비자일수록 베블런 효과에 크게 빠져들 수 있다.

2006년 우리나라에서 발생했던 억대 가격의 가짜 명품시계 사건은 베블런 효과를 아주 잘 보여주고 있는 사례에 해당된다. 스위스 명품시계라는 슬로건을 내건 '빈센트 앤 코'인데, 제품의 런칭 단계부터 100년 동안 유럽 왕실에서 판매되었던 명품시계의 이미지를 위해 유명 연예인들을 초청하는 럭셔리 파티까지 기획하여 화제가 되기도 했다. 런칭 파티 때 온 연예인들에게 무료로 시계를 나눠줌으로써 '파노플리 효과(effect de panoplie)'까지 더해져 '빈센트 앤 코'는 명실상부한 스위스 명품시계로 거듭나게 되었고, 이후 억대의 가격에도 불구하고 시계를 찾는 사람들의 발길은 끊이지 않았다. 몇 달 뒤에 경찰조사 결과 '빈센트 앤 코'는 국내에서 제조된 원가 10만원 정도의 시계로 가짜 브랜드라는 것이 밝혀졌다. 여기서 파노플리 효과란 사람들이 특정 상품을 소비할 때 비슷하거나 동일한 수준의 상품을 소비하는 사람들과 같은 집단 혹은 같은 부류라고 느끼는 환상을 가지게 되는 현상으로, 프랑스의 철학자이자 사회학자인 장 보드리야르(Jean Baudrillard)가 1980년대에 명명한 개념이다.

베블런 효과를 마케팅이나 광고에 이용하여 고급화와 차별화를 꾀하며 고가 정책을 추진하기도 한다. 유통가에서는 이른바 '귀족 마케팅'이라 하여 일반 손님 100명보다는 부자 손님 1명을 잡는 게 남는 장사라고 보고 VIP 고객을 잡기 위한 아이디어를 짜내느라 고심하고 있다. 부자 손님들이 좋아할 만한 상품, 좀 더 고급스러운 명품 브랜드를 서로 입점시키려고 치열한 경쟁을 벌이며, 백화점마다 명품관을 두고 있다. BMW코리아가 자사 제품을 '성공한 사람들이 타는 차'라고, 그리고 도요타코리아가 '렉서스를 타는 이는 모두 VIP다'라고 광고한 것은 베블런 효과를 이용한 예라 할 수 있다. 압구정동에 있는 한 고급의상실에서 코트 한 벌에 100만원의 가격표를 붙여 내놓았을 때 안 팔리던 것이 그 가격표를 1,000만원으로 바꾸어 붙였더니 쉽게 팔린 사례도 있었는데 베블런 효과에 해당하는 사례가 된다.

우리 사회는 외환위기 이후 계층 간 소득격차가 확대되는 가운데 소비의 양극화와 고급화 현상이 심화되고 있다. 최근의 불경기 속에서도 고소득층은 자신을 과시하기 위해 비싼 물건을 소비하고 있는 반면, 저소득층은 싼 물건에 집중하는 현상이 일어나고 있다. 즉, 고소득층의 비싼 물건에 대한 소비가 늘어나는 한편, 저소득층의 값싼 물건에 대한 소비 역시 증가하는 소비양극화 현상이 나타나고 있다. 경제가 불황임에도 고가의 제품은 오히려 더욱 잘 팔려나가고 있다. 특히 자존감이 높고 교육 수준이 높은 젊은 세대를 중심으로 하이클래스적인 이미지를 얻기 위해 무리를 해서라도 더 비싸고, 더 브랜드 있는 것만을 원하는 현상이 심화되고 있다. 베블런 효과는 소비양극화와 저소득층의 상대적 박탈감을 더욱 부채질하여 계층 간 갈등을 야기하고 사회통합을 저해할 수 있다.

어떻게 해서건 자신이 돋보이는 쪽으로 남들과 구별되고 싶은 욕망, 그리고 그 욕망에서 비롯된 명품 사랑을 잘못된 것이라고 말하기는 어렵지만, 혼자 사는 세상이 아니기 때문에 중요한 건 균형 감각이다. 속이 허할수록 겉에 더 신경을 쓰는 법이니 명품을 사랑하더라도 적당히 사랑해야 한다. 북유럽에서는 명품을 자랑하면 얼마나 자존감이 없으면 그러느냐고 모자란 사람 취급을 받는다고 한다. 우리의 시선이 비싼 것만 추구하는 것이 아닌 품질이 좋은 물건 쪽으로 옮겨갈 필요가 있다.

16
오셀로 신드롬
내 아내가 어떤 남자를 만나는 것 같아

영국의 유명한 극작가 윌리엄 셰익스피어(William Shakespeare)가 쓴 4대 비극 중 하나가 『베니스의 무어인 오셀로의 비극(The Tragedy of Othello, the Moor of Venice)』이다. 셰익스피어의 4대 비극은 주인공들이 갖고 있는 성격적 결함으로 인해 초래된 비극을 다루고 있는 것이 공통적인데, 오셀로는 질투로 인한 비극을 다룬 작품이다. 이 작품의 간단한 줄거리는 다음과 같다.

인자한 성품과 유능한 능력으로 명성이 높은 베니스의 장군인 무어인 오셀로는 공화국 원로원 의원의 딸인 아름답고 정숙한 데스데모나의 사랑을 받아 결혼하게 된다.

평소 오셀로 장군의 신임을 받던 이아고가 자신이 아닌 캐시오에게 부관자리를 빼앗기자 화가 난 나머지 준 오셀로에게 캐시오와 데스데모나가 부정(不貞)을 저지르고 있다는 모함을 하면서 이를 믿게 만들기 위해 가짜 증거를 만들어 캐시오를 없애버리려고 한다.

이아고의 간사한 꾀에 넘어가 의심과 질투에 사로잡힌 오셀로는 사랑하는 아내 데스데모나를 침실에서 교살한다. 그 직후 이아고의 간계는 드러나 사형에 처해지지만, 진실을 알게 된 오셀로는 괴로워하다가 스스로 목숨을 끊고 만다.

여기서 따온 것이 '오셀로 신드롬(Othello syndrome)'으로, 명확한 증거 없이 배우자의 불륜을 의심하고 이 때문에 자신이 피해를 입고 있다고 생각하는 증상을 말한다. 오셀로 신드롬은 배우자의 정조(貞操)를 의심하는 망상성 장애의 하나로 일반적으로 의처증이나 의부증으로 잘 알려져 있으며, 이 증상이 심해지면 배우자가 부정하다는 증거를 찾으려고 억지를 부리기도 한다. 비이성적으로 생각한다는 면에서 '부정망상(infidelity delusion)'이라고도 불린다. 오셀로 신드롬에서 갖는 질투는 일반적인 보통의 질투 감정과는 다르다. 실제로 파트너의 불륜은 사실이 아니라 자신의 망상에 의해 유발된 것이다.

오셀로 신드롬을 앓고 있는 사람은 여자보다는 남자들에게 많이 나타나며 대부분 꼼꼼하고 편집증적인 성격일 가능성이 높다. 편집증은 타인의 행동을 의심하고 의도를 부정적으로 생각해 적대적이고 방어적이며 친밀감을 회피하는 비타협적인 특성으로 이러한 모습이 배우자에게 나타날 가능성이 있다. 그뿐 아니라 어린 시절 부모로부터 버림받는 극도의 공포 또는 배신을 경험한 경우, 배우자에 대한 열등감이 크거나 자존감이 낮은 경우, 질투 및 독점력이 강한 경우, 경제적 능력이 떨어지는 경우 등으로 인해 오셀로 신드롬이 나타날 수 있다.

오셀로 신드롬을 보이는 사람들은 배우자가 부정한 행동을 하여 자신이 피해를 입고 있다고 느낀다. 사소한 배우자의 행동조차 배신의 증거라고 생각한다. 예를 들어 옷차림에 신경을 쓰거나 머리를 감을 때에도 불륜 상대에게 잘 보이기 위한 행동이라고 착각한다. 또한 그들은 지속적으로 배우자에게 심문을 하면서 상대가 자신에게 충실한지 확인하고, 배우자가 집 밖으로 나갈 때에는 과도하게 신경을 쓰고, 누구와 만났는지 어디를 갔는지 무엇을 먹었는지 무슨 얘기를 했는지 지속적으로 탐문하고, 정기적으로 배우자의 휴대폰이나 이메일과 가방 등을 습관적으로 점검하고, 명확한 증거와 근거를 제시하더라도 확실하게 믿지 않은 경우가 많고, 배우자가 말하는 모든 것에 의심을 하며, 질투심을 통제하지 못하는 등의 증상을 보인다. 심한 경우엔 배우자에게 폭력을 행사하고 강박적인 스토킹(stalking)으로 이어질 수 있다. 이처럼 오셀로 신드롬을 갖고 있는 사람들은 본인 스스로 배우자의 부정적인 행동에 대한 증거를 찾고자 애쓰며, 배우자가 불륜을 저질렀다는 자신의 망상을 뒷받침할 수 있는 증거를 찾기 위해 도청, 녹음, 비디오 촬영, 미행, 폭력, 협박 등 망상에 따른 행동이상을 보인다.

배우자에게만 집착하고 다른 문제에 관해서는 정상적인 행동을 보이는 경우가 많아 사랑이 지나치거나 질투심이 많아서라고 보고 쉽게 넘어가는 경향도 있지만, 오셀로 신드롬은 명확한 증거도 없이 배우자를 지속적으로 의심하는 망상장애의 일종이기 때문에 방치할 것이 아니라 전문가의 치료를 받아야 한다. 그냥 방치해두었다가는 당하는 사람이 너무 고통스러울 뿐만 아니라 극단으로 치달으면 배우자를 살해할 수도 있는 심각한 질환이기 때문이다. 당사자끼리는 절대 해결이 불가능하고, 자녀가 나선다고 해도 해결하기 어렵다. 충동을 조절하고 피해 의식을 갖지 않도록 정신성 약물치료와 함께 본인이 왜 그런 망상을 가지게 되었는지 정신분석학적 치료와 환자가 자신의 왜곡된 행동을 초래하는 생각과 믿음을 수정하도록 하는 인지행동치료가 필요하며, 부부치료 및 가족치료를 병행해야 하기도 한다.

17

외상 후 스트레스 신드롬
지난번 발생한 사고의 순간이 계속 떠올라 고통스러워요

트라우마(trauma)는 '상처'라는 의미의 그리스어인 traumat에서 유래한 말로 본래 외상(外傷)을 뜻하지만 심리학과 정신의학에서는 주로 심리적, 정신적인 외상을 일컫는다. 전쟁이나 자연재해, 대형사고와 같은 대규모 참사에서부터 타인에게 당한 폭력이나 괴롭힘, 강간 등 신체적·성적·정서적 학대 모두가 트라우마를 일으킬 수 있다. 이러한 트라우마는 갑작스럽게 일어나고, 경험하는 사람에게 심한 고통을 주며, 일반적인 스트레스 대응 능력을 압도하는 경우가 많다. 뿐만 아니라 트라우마는 선명한 시각적 이미지가 오랫동안 기억되며 당시와 비슷한 상황이나 분위기, 이미지가 반복될 때 불안감과 사건 당시의 감정을 그대로 느끼게 되는 경우가 많다.

트라우마는 '외상 후 스트레스 신드롬(post-traumatic stress syndrome)'과 같은 정신장애를 유발하기도 한다. 외상 후 스트레스 신드롬이란 생명을 위협할 정도의 극심한 트라우마를 경험하고 나서 발생하는 심리적 반응, 즉 강렬한 정신적 쇼크나 스트레스가 장기기억으로 남아서 사소한 계기로 기억이 되살아나 고통을 느끼는 일종의 불안장애이다. 여기서 심리적 외상이란 충격적이거나 두려운 사건을 당하거나 목격하는 것을 말한다. 외상 후 스트레스 신드롬 환자는 그런 외상이 지나가더라도 계속해서 당시의 충격적인 기억이 떠오르고 그 외상을 떠오르게 하는 활동이나 장소를 피하게 된다. 또한 신경이 예민해지거나 집중을 하지 못하고 수면에도 문제가 생기며, 앞으로 닥칠 일에 대한 통제력을 상실하거나 상실할 것 같은 공포감을 느낄 수도 있다.

심한 외상을 겪은 사람들은 해리현상(dissociation, 무의식적 방어기제의 하나로 한 개인에게 있어 모종의 일련의 심리적 또는 행동적 과정을 개인의 정신활동에서 격리시키는 것)이나 플래시백(flashback, 과거의 심리적 외상과 관련한 어떤 것을 접했을 때 그 기억에 강렬하게 몰입되어 그 당시의 감각이나 심리상태 등이 그대로 재현되는 증세)이 나타날 수 있다. 심각한 경우에는 환자가 환각과 현실을 구별하지 못하고 무심코 주변의 인물을 공격하려 드는 경우도 종종 찾아볼 수 있는데, 특히 전쟁 트라우마를 겪은 환자들에게서 이런 증세를 찾아볼 수 있다. 전쟁 당시 느꼈던 압박감이 그대로 재현되면서 공격적인 태도가 표출되는 것이다. 연관 증상으로는 공격적 성향, 충동조절의 어려움, 우울증, 집중력 감소 및 기억력 저하 등의 문제가 나타날 수 있다. 괴로운 기억을 둔화시키기 위해 알코올이나 다른 약물을 남용하기도 한다.

이후 대부분은 스트레스 반응을 겪게 되는데, 이러한 반응은 개인의 나약함과는 관련이 없고 며칠 또는 몇 주까지도 지속되지만 대부분은 시간이 지나면서 천천히 나아진다. 회복은 항상 진행형이다. 다시 말해, 갑자기 모든 것이 완치된다거나 사고를 완전하게 잊게 되는 것이 아니다. 대다수는 외상으로부터 자연스럽게 회복하게 되지만, 만약에 스트레스 반응이 대인관계나 직장, 중요한 활동 등에 큰 지장을 줄 정도로 심하다면 심리치료 전문가와 상의해야 한다.

그러나 무엇보다도 스스로의 마음가짐이 중요하다. 트라우마 증세가 있고 플래시백 현상이 나타난다고 해서 미친 것이 아니라 정상적인 것이며 치유해야 할 부분일 따름인 것이다. 그러므로 심리적 외상, 즉 트라우마 경험을 전화위복(轉禍爲福)의 기회로 삼는 것이 현명한 처사다. 충격적인 트라우마를 겪고 나면 모든 것이 압도적이면서도 동시에 무의미하게 느껴질 수 있다. 아무것도 하려고 하지 않고 아무 소용이 없다고 생각하게 되는데, 문제는 일을 적게 할수록 기분이 더 나빠지고 압도감과 무의미감이 더 커져 해야 할 일이 밀려 쌓이다 보니 어디서부터 시작해야 할지 엄두를 내지 못한다. 이러한 수렁에서 빠져나오기 위해서는 먼저 하루 계획(아침, 점심, 저녁에 해야 할 일)을 대강 세워 실천해보고, 다음엔 일주일 계획을 사전에 세워 실천해보는 것이 좋다. 이때 실천하지 못한 것에 대해 책망하기보다는 실천한 것에 초점을 두고 스스로 축하해주어야 한다. 실천하지 못한 것은 좀 더 작은 단계로 쪼개어 다음 주 계획에 반영하도록 한다.

트라우마 증상으로 인한 플래시백은 끔찍하게 불쾌하고 심지어 무시무시할 수도 있다. 이에 대처하기 위한 한 가지 방법은 그때와 지금을 분리해서 별개로 생각하는 것이고, 또 다른 방법으로는 불가능하다고 여긴 부정적인 생각을 스스로 통제할 수 있다고 인식하는 것이다. 플래시백이 나타나기 시작할 때 이를 막기 어려울 것 같으면 마치 영화의 장면처럼 여기고, 이때 수동적인 관람객이 아닌 감독자의 자세로 영화를 보라. 실제의 사건이 아닌 영화라고 여기면서 플래시백을 다루고 수정하는 것이다. 비록 그 사건이 일어났지만, 지금 머릿속을 꿰뚫고 있는 것은 마음이 상상하고 있는 것이라고 스스로에게 말하도록 한다. 그 특정한 그림을 다시 볼 필요가 없다는 선택권을 자신에게 주고, 대신 다른 결말을 개발하는 데 전념하도록 한다. 어떤 사람들은 동일 장면이나 사건을 작고 멀리 떨어져 있도록 거리를 바꾸기도 하고, 어떤 사람들은 적군을 광대처럼 상상함으로써 우스꽝스럽게 보이게 바꿀 수도 있다. 또 다른 어떤 사람들은 따뜻함과 지지를 받고 있다는 느낌을 주기 위해 그 장면이나 사건에 안락함을 주는 인물이나 물건을 배치할 수도 있을 것이다. 심상 재구성(imagery rescripting)이라고 불리는 이 기법의 중요한 점은 실제 사건이 일어났다는 것을 결코 부정하지 않는다는 것이다. 행하고 있는 것은 상상력으로 창조되고 있을 뿐이지 계속 예전처럼 되살려야 할 이유가 없다. 마음속에서 보는 것을 선택할 수 있고, 어떤 면에서 더 기분이 좋은 것을 선택할 수 있다. 이처럼 발생한 트라우마에 대해서 일련의 구조화되고 안전한 틀 안에서 외상적 사건과 기억을 고쳐 쓰는 과정인 심상 재구성을 통해 벗어나도록 해야 한다.

심리적 충격이나 스트레스를 주는 삶의 사건으로부터 잘 회복한 사람들은 그 사건으로부터 교훈을 얻어 지금은 중요한 깨우침으로 여긴다고 말한다. 그래서 자신의 세상에 많은 변화를 주려고 하고, 자신을 강하고 현명한 사람으로 바라보며, 자신의 삶에 새로운 가치를 부여한다. 이것을 '외상 후 성장(post-traumatic growth)' 혹은 '이점 발견하기(benefit finding)'라고 부르는데, 이는 신체적인 손상 또는 생명에 대한 불안 등 정신적 충격을 수반하는 사고를 겪은 후 회복 상태뿐만 아니라 이를 통한 긍정적 변화를 가리킨다. 다시 말하면, 외상 후 성장이란 역경이나 시련의 결과로서 경험되는 세상에 대한 생각과 세계와 관계하는 방식에 있어서 삶을 긍정적으로 변화시키는 심리적 변화를 말한다.

뒤집어 말하면, 삶에 있어서 성장과 학습의 최적한 수준을 성취하기 위해서는 어느 정도의 역경이 필요하고 중요하다는 것이다. 위기와 역경에 처해 있을 때 이를 믿거나 인정하는 것이 힘들 수도 있지만, 프리드리히 니체(Friedrich Nietzache)의 말처럼 "나를 파괴하지 못한 것은 나를 더 강하게 단련해 준다." 우리는 힘든 일을 겪은 후에야 보다 강해지고 보다 현명해진다. 힘든 시기를 거친다고 누구나 다 강인해지는 것은 아니다. 스스로 그 힘든 시기를 견뎌내고 이겨내기 위해 노력하는 과정에서 더 단단해지는 사람도 있고 그렇지 않은 사람도 있다. 고난과 역경을 어떻게 받아들이느냐에 따라 이후의 삶이 달라질 수 있다. 힘들어도 웃고 인내심과 용기를 잃지 않고 헤쳐나간다면 그 과정에서 숨어 있던 잠재력을 깨달을 수 있다. 우리는 누구나 정도의 차이는 있을지언정 스트레스와 트라우마를 피할 수 없다. 그렇다면 이를 전화위복, 즉 스트레스와 트라우마로 인한 고통과 위기를 기회와 성장의 디딤돌로 삼는 지혜가 필요하다.

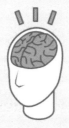

사회 환경에 영향을 받는 심리

18
메아리방 효과
소셜미디어 여론이 극단적으로 대립하는 까닭

　요즘 우리 사회는 보수와 진보, 우파와 좌파가 상생을 하고, 조화를 이루기는커녕 서로 극단적으로 대립하고 있고, 여기에 젠더갈등, 세대갈등, 지역갈등, 계층갈등, 노사갈등, 이념갈등 등이 더해져 두 진영으로 쪼개져 대립과 갈등이 첨예화되고 있다. 장외 대결, 의견 대립, 상대편의 무시와 외면, 더 나아가 상대편을 짓밟는 양상을 보이고 있어 그야말로 사회 갈등과 분열이 심화되고 폭발되고 있는 양상이다. 갈등이야 과거에도 있어 왔지만 지금처럼 이렇게 심각하지는 않았던 것 같다. 자신의 입장이나 생각과 다르면 서슴지 않고 육두문자를 내뱉거나 인신공격으로 받아치는 지경이다. 이런 현상을 어떻게 설명할 수 있을까? '메아리방 효과(echo chamber effect)'에 주목해보자. 메아리방을 다른 말로 반향실이라고 하기 때문에 메아리방 효과는 '반향실 효과'라고도 불린다.

　메아리방(반향실)은 소리가 메아리처럼 돌아오기만 하는 작은 방으로, 닫힌 방 안에서 이야기가 전파되면 그 이야기가 방 안에서만 울려 퍼지게 된다. 메아리방 효과는 닫힌 방 안에서 같은 성향과 뜻을 가진 사람들의 소리만 듣다 보면 그것이 전부라고 여기게 되는 것, 즉 특정한 정보나 사상이 일단의 사람들 사이에서 돌고 돌면서 관점이 다른 외부 정보의 유입을 막아 그 집단에 속한 사람들이 왜곡된 관점만을 갖게 되는 것을 의미한다. 다시 말해서, 메아리방 효과란 같은 생각을 가진 사람들끼리만 의사소통을 반복하게 되면 동질성 추구가 심화·강화되고 의견이 한쪽으로 쏠리게 되어서 전체를 바라보지 못하는 현상을 말한다. 인터넷 커뮤니티 또는 사회관계망서비스(SNS) 등에서 자신의 의견이나 생각과 비슷한 정보만을 믿고 공유하다 보면 자신의 믿음이 강화되고, 메아리방 안에서 자신의 신념과 유사하지 않으면 중요한 정보로 취급하지도 않게 되어 진실은 저 멀리 있게 된다. '가짜 뉴스'가 판치는 이유 중 하나가 바로 이러한 메아리방 효과 때문이다.

　메아리방 효과와 관련해서『워터쿨러 효과』의 저자이자 루머 전문가인 미국 로체스터대학교 심리학과 니콜라스 디폰조(Nicholas Difonzo) 교수는 재미있는 실험 결과를 발표했다. 공화당 지지자와 민주당 지지자들을 별도의 그룹으로 나눈 뒤, 공화당 지지자 그룹에겐 "민주당 지지자들은 자선을 덜 한다."라는 루머를, 그리고 민주당 지지자 그룹에겐 "공화당 지지자들은 교육을 덜 받은 사람들이다."라는 루머에 대해 토의하게 했다. 그 결과, 각 그룹은 상대 그룹에 대한 그 같은 루머에 대한 신념이 더욱 강화되었다고 한다. 그런데 그다음에 공화당 지지자와 민주당 지지자들을 섞어 하나의 그룹으로 만들어 토의하게 했더니 그 같은 현상이 발생하지 않았다고 한다. 참고로 '워터쿨러 효과(water cooler effect)'란 사무실 한편에 물이나 음료를 마실 수 있는 공간이 있으면 이 장소에서 사람들이 편안하게 모여 대화를 할 수 있게 됨으로써 사내 의사소통이 활발해지는 현상으로, 정보 통신 분야에서는 SNS로 이야기를 주고받으면서 다른 미디어 소비도 촉진된다는 뜻으로 쓰는 말이다. 예를 들면, 트위터나 페이스북으로 특정 TV 프로그램에 대한 정보를 주고받으면 프로그램 시청률도 올라가는 워터쿨러 효과가 나타난다.

또한 『생각은 죽지 않는다』의 저자이자 기술 과학 분야의 저널리스트와 칼럼니스트로 활동하고 있는 캐나다 출신의 클라이브 톰슨(Clive Thompson)은 사람들은 정치적인 견해가 비슷한 사람과 함께 있을 때 편안한 느낌을 갖게 되는데, 인터넷이 그런 사람들을 찾기 쉽게 해주고 이는 메아리방 효과를 낳게 된다고 하였다.

디지털 시대인 오늘날, 이러한 메아리방 효과는 사람들이 보다 많이 그리고 자주 연결되면서 대량의 데이터를 쏟아내고 활용할 수 있는 환경에 놓이다 보니 기계학습 알고리즘(algorithm)에 의해 더욱 증폭되고 있다. 알고리즘이란 어떠한 주어진 문제를 풀기 위한 절차나 방법을 말하며, 컴퓨터 프로그램을 기술함에 있어 실행 명령어들의 순서를 가리킨다. 페이스북(Facebook)의 뉴스 피드(news feed, 투고된 뉴스의 내용을 한 뉴스 서버에서 다른 뉴스 서버로 전달하는 것) 게시글 노출 알고리즘은 사용자의 선호와 맞는 피드를 주로 보여주고 있다.

미국 온라인 진보운동 단체인 무브온(MoveOn.org)의 이사장 엘리 프레이저(Eli Praisa)는 그의 저서 『생각 조정자들』에서 자신이 정치적으로는 진보적인 성향을 갖고 있지만 보수적인 사람들의 의견을 듣고 싶어 실제로 친분이 없는 보수주의자들과 페이스북에서 친구로 등록했으나 페이스북은 그가 여전히 진보적인 친구들을 더 자주 클릭하고 있다는 사실을 계산하고서 그들의 링크를 올려주는 반면, 보수적인 친구들의 글이나 레이디 가가의 최신 비디오 파일과 같은 내용은 그에게 링크해주지 않았다는 자신의 경험을 기술하고 있다. 구글(Google)은 사용자의 관심사를 미리 파악하고 이를 검색에 활용한다. 구글의 검색 엔진이 개인화된 알고리즘을 적용하여 검색자가 선호할 것으로 생각하는 결과를 보여주기 때문에 누가 검색하느냐에 따라 동일한 단어로 검색해도 결과가 달라진다. 유튜브(YouTube)도 예외가 아니어서 추천 영상을 계속 누르다 보면 점점 더 극단적인 견해를 이야기하는 영상으로 이동하게 된다. 알고리즘이 사용자들이 좋아할 콘텐츠를 추천하다 보면 상호 이해와 합의를 이야기하는 콘텐츠는 점점 눈에 띄지 않게 되는 것이다.

메아리방 효과는 사용자가 관심을 갖지 않는 콘텐츠를 걸러서 보여줌으로써 클릭이나 페이지 스크롤을 줄여준다는 장점이 있는 반면, 자신과 다른 발상을 하는 사람들의 의견을 참조함으로써 생각의 폭을 넓혀갈 수 있는 기회를 놓치게 된다는 단점을 갖고 있다. 특히, 자기 편 집단의 결속력이 강하면 집단 애착(in-group love)이 생겨나 문제를 더욱 악화시킬 수 있다. 이런 경우 집단이 구성원들끼리 상호작용이 활발해지는 메아리방 역할을 해서 자신들의 옳음을 확신하고 스스로 예찬하는 이른바 나르시시즘(narcissism)에 빠져들게 하고, 자신들이 가진 우려나 신념을 키워 결국 다른 사람들에 대한 증오심과 공격행동으로 발전시키는 경향을 보이기도 한다. 또한 비슷한 생각을 갖고 있는 사람들이 모여 이야기를 나누면 확실치 않거나 문제가 있거나 심지어 터무니없는 거짓도 사실이 될 수 있다. 즉, 사람들은 보고 싶은 것만 보고 자신의 생각과 같은 사실만 찾으며 그렇지 않은 것은 무시하는 이른바 선별적 노출(selective exposure)이 발생할 수 있다.

이러한 메아리방 효과가 정치적으로나 사회적으로 광범위하게 작용되면 서로 다른 의견과 생각이 공유되거나 중화되지 못하고 양극단으로 쏠리게 되어 사회적 공감대 형성이 점점 더 어려워질 수 있다. 다양한 관점의 의견이나 생각을 접할 수 있는 기회를 원천 차단하여 확증편향(confirmation bias)을 심화시키기 때문이다. 확증 편향이란 원래 가지고 있는 생각이나 신념을 확인하려는 경향성으로 소위 '보고 싶은 것만 보는 것'을 말한다. 별다른 의심 없이 다른 사람들도 자신과 같은 생각일 것이라 믿게 되고, 자신과 반대되는 의견에 대해선 이해보다는 배척을 앞세우게 된다.

지금 둘로 쪼개져 두 진영이 극단적으로 대립하고, 남이 할 때는 비난하던 행위를 자신이 할 때는 합리화하는 태도를 보이는 소위 내로남불('내가 하면 로맨스, 남이 하면 불륜'의 줄임말로, 남의 잘못에는 가혹한 잣대를 들이밀면서 정작 자신이나 같은 편의 잘못에는 너그러운 이중 잣대를 의미함)이 부끄럽지 않게 행해지는 우리 사회와 정치의 모습은 어쩌면 인터넷 등 가상 세계에 익숙한 디지털 시대에서 같은 성향의 사람들을 하나로 묶어주고 다른 성향의 사람들과 점점 멀어지게 해 결국 편협한 사고만 갖도록 조정하는 알고리즘에 의해 빚어진 메아리방의 확산 때문에 생긴 현상일지 모른다. 앞으로 기술 발전으로 인해 알고리즘이 더욱 정교해져 여론 편향과 사회 분열이 더 극심해지고 양 진영 간의 대립과 갈등이 농후해질 가능성이 크다. 스스로 생각하기보다 알고리즘에 빠져서 보고 싶은 것만 보고 듣고 싶은 것만 들으며, 자신의 생각에 동의하면 내 편이고 자신의 생각과 다르면 적으로 몰아세우는 자세와 태도를 가지게 하고, 전체를 바라보지 못하고 편협하고 왜곡된 신념과 관점을 취하게 하는 메아리방 효과를 그 어느 때보다 지금 경계해야 할 때다.

우리 모두가 메아리방 효과에서 벗어나야 개인적으로나 사회적으로 희망과 발전을 기약할 수 있다.

19
립스틱 효과
불황기의 소소하지만 확실한 만족감

경제 불황에는 상대적으로 소비 심리가 위축되기 마련이다. 하지만 경제가 어려울 때 립스틱과 같은 소비가 많아지는 저가 제품이 있다. 경기 불황일 때 저가임에도 소비자를 만족시켜줄 수 있는 상품이 잘 판매되는 현상을 '립스틱 효과(lipstick effect)'라고 한다. 이것은 대공황기인 1930년대 미국 경제학자들이 만든 용어로, 소비경기가 좋지 않은 상황에서 립스틱 같은 저가 미용품 매출은 오히려 증가하는 현상을 의미한다. 특히 여성 소비자의 어려운 경제여건을 나타내는 것으로, 경기 불황기에 돈을 최대한 아끼면서도 품위를 유지하려는 태도를 의미한다. 즉, 립스틱 효과는 어려운 시기일수록 사람들은 가장 저렴한 비용으로 품위를 유지하고 사치심을 충족할 수 있는 수단을 찾는다는 심리에서 비롯된 것이다.

'불황일수록 여성들의 빨간 립스틱은 잘 팔린다'는 속설도 있는데, 이는 화장품 지출을 줄이려는 여성이 빨간색 계통의 립스틱만으로도 화사한 얼굴을 연출할 수 있어서 빨간색 립스틱을 선택한다는 해석이다. 립스틱은 여성들의 메이크업 제품 중 가장 화려한 색을 가지고 있고, 립스틱만 발라도 분위기를 바꿀 수 있는 효과가 있다. 즉, 돈을 최대한 아끼면서도 품위를 유지하려는 소비자들의 심리가 반영된 것이다. 립스틱 효과와 비슷한 것으로 '미니스커트 효과(miniskirt effect)'도 있다. '불황일수록 여성의 치마 길이가 짧아진다'는 속설에서 생긴 용어로, 원단이 적게 들어서 가격이 상대적으로 저렴할 것이라는 심리효과가 작용하여 불황기에 주머니가 가벼워진 여성들이 선호하게 된다는 해석이다. 미니스커트는 돈을 아끼면서도 사람들의 이목을 끌 수 있고 무거운 사회적 분위기를 환기시키는 효과가 있다.

    립스틱이 여성의 기호품이라면, 남성의 기호품은 넥타이이다. 매일 다른 디자인으로 여러 벌의 양복을 입은 것 같은 효과를 내는 넥타이가 불황에 잘 팔린다는 것이다. 여성의 경우 불황이라 명품가방은 못 사도 립스틱 정도는 사야겠다는 생각이 들고, 남성의 경우 비싼 차는 못 사도 넥타이 정도는 사야 한다는 심리에서 이런 소비패턴이 생겨난 것이다. 그래서 립스틱 효과를 '넥타이 효과(necktie effect)'라고도 한다. 최근에는 립스틱 효과를 넘어 여름에만 반짝 팔리는 상품으로 인식되었던 네일 제품의 판매량이 증가하면서 이른바 '매니큐어 효과(manicure effect)'라고 해서, 립스틱 효과 기능을 매니큐어가 대체하고 있는 추세다. 매니큐어가 립스틱에 비해 상대적으로 저렴하면서도 심리적 만족감을 극대화할 수 있기 때문이다.

    한편, 소비를 위해 돈을 쓰는 립스틱 효과와 달리 소비를 줄여 돈을 모으는 효과는 무엇일까? 바로 '카페라테 효과(caffe latte effect)'이다. 매일 마시는 커피에 소비하는 돈을 차곡차곡 모으면 목돈을 만들 수 있다는 의미의 경제 용어이다. 카페라테 한 잔 가격이 4,600원이라면, 30

년 동안 하루도 빠짐없이 커피를 마신다고 가정을 한 후 계산을 해보면 50,370,000원(4,600원×1년 일수 365일×30년)이라는 가격이 나온다. 쉽게 말하면 하루에 마시는 커피를 줄이고 물을 마신다면 30년 동안 5천만 원이라는 목돈을 마련할 수 있다는 것이다. 이 카페라테 효과는 적은 돈의 소비를 줄이는 것 또한 큰돈을 모으는 방법이 될 수 있음을 보여주는 아주 긍정적인 효과라고 볼 수 있다.

　요컨대, 립스틱 효과는 경제 불황기의 어려워진 주머니 상태에서 벗어나고자 하는 인간의 심리를 부분적으로 표현한 것이라고 할 수 있다. 경제가 어려우면 자연스레 소비자들의 소비 심리도 위축된다. 하지만 그렇다고 해서 소비욕구까지 줄어드는 것은 아니기 때문에 미래에 대한 확신이 적은 불황기에는 값비싼 화장품을 사지는 못할지언정 비교적 저렴한 립스틱과 같은 상품을 구매함으로써 심리적인 만족을 채우려 하는 것은 어찌 보면 당연한 결과인지 모른다. 어차피 대면해야 할 상황이라면 불황의 터널을 지날 동안 립스틱이 소비자들의 좋은 친구가 되어주기를 바라야겠지만, 앞으로는 경제 호황과 더불어 립스틱 효과가 아닌 자신에게 맞는 현명한 소비를 하고 작은 소비들을 하나하나 줄여 자신에게 꼭 필요한 소비만을 하는 알뜰한 소비습관을 들이고 자기치유를 위한 소비가 늘어나기를 기대해본다.

20

제3자 효과
메시지의 영향력에 대한 이중 잣대

제2차 세계대전 중, 태평양의 한 전투에서 일본군은 미군 흑인 병사들에게 자신들은 유색인과 전쟁할 의도가 없으니 투항하라는 삐라를 뿌려 선전하였다. 곧 대대적인 공격이 있을 텐데 백인 장교들 밑에서 총받이가 되지 말고 투항하면 안전을 보장한다는 내용이었다. 그 선전물을 접한 백인 장교들은 흑인 사병들이 삐라를 읽고 동요하며 탈주자가 생길 것을 우려하여 다음 날 바로 부대를 철수시켰다. 사실 흑인 사병들은 크게 영향을 받지 않았는데 백인 장교들이 지레 걱정을 한 것이다.

1983년 미국 프린스턴대학교 사회학자 필립스 데이비슨(W. Phillips Davison)은 이 사례에서 아이디어를 얻어서 대중 매체가 수용자에게 미치는 영향과 관련한 '제3자 효과(third‒person effect)' 이론을 발표하였다. 그는 사람들이 미디어 메시지가 자신에게는 영향력을 미치지 않는다고 지각하지만 제3자인 타인에게는 상대적으로 더 큰 영향력을 미친다고 지각하는 경향이 있다고 지적하면서, 미디어의 영향력에 대한 이와 같은 편향된 지각이 궁극적으로는 사람들의 태도와 행동에 변화를 가져올 수 있음을 시사했다.

이 이론의 핵심은 사람들이 대중 매체의 영향력을 차별적으로 인식한다는 데에 있다. 곧 사람들은 수용자의 의견과 행동에 미치는 대중 매체의 영향력이 자신보다 다른 사람들에게서 더 크게 나타날 것이라고 믿는 경향이 있다는 것이다. 다시 말해서, 제3자 효과란 설득적 메시지에 노출된 사람들은 남이 자신보다 더 그 메시지의 영향을 받을 것이라고 생각하는 경향이 있음을 가리킨다. 예를 들어, 선거 때 어떤 후보에게 탈세 의혹이 있다는 신문 보도를 보았다고 하자. 그때 사람들은 후보를 선택하는 데에 자신보다 다른 독자들이 더 크게 영향을 받을 것이라고 여긴다.

제3자 효과는 TV 폭력물이나 성적 노출이 많은 영상 등 주로 부정적인 메시지에 대해 많이 나타난다. 이런 자극적 메시지에 자신은 별로 큰 영향을 받지 않지만 다른 사람들은 영향을 많이 받을 것이라고 생각하는 것이다. 그러나 긍정적인 메시지에 대해서는 오히려 반대의 현상이 나타나는 경향이 있다. 즉, 좋은 일에 관하여 자신은 관심이 많지만 다른 사람들은 그렇게 관심이 많지 않을 것이므로 기대만큼 큰 영향을 미치지 않을 것이라고 여기게 된다. 굳이 구분한다면 후자의 경우는 역 제3자 효과 혹은 제1자 효과라고 부를 수 있다. 왜냐하면 메시지의 효과가 자기 자신에 더 크게 미친다고 믿는 현상이기 때문이다.

이처럼 제3자 효과는 대중 매체가 전달하는 내용에 따라 다르게 나타난다. 예를 들어, 대중 매체가 건강 캠페인과 같이 사회적으로 바람직한 내용을 전달할 때보다 폭력물이나 음란물처럼 유해한 내용을 전달할 때, 사람들은 자신보다 다른 사람들에게 미치는 영향력을 더욱 크게 인식한다는 것이다. 자신은 왜곡된 보도를 보아도 그것을 인식할 수 있는 분별력을 가지고 있으나 일반 사람들은 그 보도를 보고 그대로 믿어 잘못된 판단을 할 것이라고 생각하는 경우, 부모들이 TV 뉴스에서 보도되는 아이들의 일탈행동을 접하면서 과거나 지금이나 아이들이 비행을 일으켜 참 문제라고 생각하지만 정작 자기 아이만큼은 절대로 그렇지 않다는 환상에 사로잡혀 있는 경우도 이에 해당된다. 이러한 인식은 수용자의 구체적인 행동에도 영향을 미쳐 제3자 효과가 크게 나타나는 사람일수록 내용물의 심의, 검열, 규제와 같은 법적 및 제도적 조치에 찬성하는 성향을 보인다. 결국 제3자 효과는 사람들이 대중 매체의 영향력을 평가할 때 일반 사람들에 대한 영향력과 자기 자신에 대한 영향력에 대하여 이중적인 잣대를 사용하는 경향을 말한다.

제3자 효과 이론은 사람들이 다수의 의견처럼 보이는 것에 영향을 받을 수 있다는 이론과 연결되면서 여론의 형성 과정을 설명하는 데에도 이용되었다. 이 설명에 따르면, 사람들은 자신은 대중 매체의 전달 내용에 쉽게 영향을 받지 않는다고 생각하면서도 다른 사람들이 영향을 받을 것을 고려하여 자신의 태도와 행위를 결정한다. 즉, 다른 사람들에게서 소외되어 고립되는 것을 염려한 나머지 자신의 의견을 포기하고 다수의 의견이라고 생각하는 것을 따라가게 된다는 것이다.

제3자 효과는 메시지에 작용하는 여러 변인들 가운데 하나에 지나지 않으며 인간 의식의 불합리성을 드러내는 현상이다. 그러므로 제3자 효과에 대하여 과소평가도 과대평가도 하지 말고 현실을 직시하면서 메시지의 바람직한 소통과 효과를 향하여 노력하는 자세가 필요하다. 그리고 우리 자신이나 주변에서 제3자 효과의 존재를 알지 못해서 피해를 보거나 역으로 지나치게 민감하여 판단과 태도와 행동의 불합리를 초래하는 일은 없는지 돌아보아야 한다. 남을 전혀 의식하지 않고 독불장군처럼 자기 고집만 부려서도 안 되지만 남의 눈치만 보면서 자기정체성을 버리고 따라 하는 것도 바람직하지 않다.

21
고립 효과
공간의 제한을 받으면 짜증이 난다

　　인간이 일상생활을 영위하기 위해서는 일정한 크기의 개인적 공간
이 필요하다. 개인의 프라이버시를 지키고 인간의 존엄성을 보장받을
수 있으려면 약 10㎡(대략 3평) 정도의 공간이 필요하며, 이를 권리적
공간이라고 한다. 이러한 권리적 공간을 침해당하면 심각한 스트레스
증상을 유발할 수 있디. 남극 기지에 파견된 연구원, 작은 막사나 초소
에서 경계근무를 하고 있는 군인들, 잠수함을 타고 오랫동안 해저에서
생활하는 사람들, 우주인으로서 우주선 안에서 생활하는 사람들, 오랜
기간 단체합숙을 하는 사람들, 좁은 자취방이나 하숙방을 여러 명이 같
이 사용하는 사람들처럼, 좁은 공간에서 함께 생활할 때는 사소한 일에
도 감정이 쉽게 상하고 예민해지며 다툼이 일어나는 등의 이상심리와
난폭한 행동이 나타날 수 있다.

　　실제 남극에서 발생한 한 사례를 간단히 살펴보면 다음과 같다.
2009년 7월 21일 남극에 있는 세종과학기지에서 무서운 난투극이 벌어졌다. 계약직 조리사로 있던 A씨가 총무직 행정을 담당하고 있던 박모 씨로부터 무차별 폭행을 당했다. 피해자 A씨는 기지 밖으로 도망가면 영하 70도의 눈보라 속에서 죽을 수밖에 없는 상황에서 식품창고에 숨어있었다고 한다. 이 사건은 결국 박모 씨가 직위 해제되고 징역 1년 6월에 집행유예 3년의 판결을 받은 것으로 일단락되었다. 이 사건이 발생한 드러난 원인이 있겠지만, 심리학적 견지에서 보면 남극기지처럼 주위로부터 고립되어 상당한 기간을 함께 지내야 하는 극한 상황에서 다수의 사람들이 밀집해 지내다 보면, 서로 스트레스가 극대화되고 이유 없이 짜증을 내거나 폭력적으로 변하는 일이 흔해지기 때문에 제한되고 고립된 상황이 사건을 유발시킨 드러나지 않은 원인일 수도 있다.

이처럼 외부와 고립된 채 좁은 공간에서 합숙이나 단체생활을 할 때 사소한 일로 싸우거나 말다툼이 일어나고 심리와 행동이 격해지고 난폭해지는 현상을 심리학에서는 '고립 효과(isolated effect)' 혹은 '고립 신드롬(isolated syndrome)'이라고 한다. 사람들은 일정 크기 이상의 공간에 서로 공존해야 하는데, 많은 사람이 좁은 공간에 함께 있게 되면 정신적 스트레스를 받는다는 것이다. 처음에는 답답하고, 마음이 무거워지며, 초조와 불안, 외로움, 답답함 등이 뒤섞이다가 이내 격한 심리적 및 행동적 반응을 나타내기도 한다. 이런 현상이 남극에 파견된 연구원들과 군인들에게서 많이 발생하였기 때문에 '남극형 신드롬(winter-over syndrome)'이라 불리기도 한다.

고립 효과는 인간으로서의 권리적 공간을 침해당했을 때 발생되는 심각한 스트레스 증상인 것이다. 고립 효과는 영화에서 등장인물이 작은 공간에 갇히거나 벗어날 수 없을 때 감정이 격해지고 폭력적으로 변하는 모습을 볼 수 있다. 좁고 격리된 상황에 처하다 보면 자신이 인지한 공간만큼 마음의 여유도 작아져 평소라면 이성적으로 생각할 일들을 감정적으로 일을 처리하게 된다.

이렇게 사람들은 좁은 공간에서 많은 시간을 함께 보내면 사소한 일에도 신경이 예민해지고 다툼이 일어나기 쉬워진다. 평소 같으면 잘 넘길 수 있는 작은 문제에도 감정과 행동이 격해지기도 한다. 명절에 친척들이 많이 모이면 처음엔 반갑고 즐겁다가 북적거리는 시간이 길어지면 신경이 날카로워지고, 사랑하는 남녀가 연애할 땐 헤어지기를 마냥 아쉬워하다가도 막상 결혼하여 한 공간에 살게 되면 심리적 다툼과 갈등이 생기고, 친한 친구 역시 같은 방을 오래 같이 쓰다 보면 미묘한 갈등이 생기며, 최전방의 군부대에서 사고가 가끔씩 일어나는 것 등도 고립 효과와 무관하지 않을 것이다. 이러한 고립 효과는 좁은 환경과 일정 공간 속에 오랜 시간 여러 사람이 함께 있으면 교류와 관심의 범위가 제한되면서 여러 복합적인 이유가 작용하여 감정이 극단적으로 치닫게 되는 결과다.

그러므로 사람들이 생산적이고 창조적이기 위해서는 일정 면적 이상의 공간에서 소통과 교류가 이루어져야 한다. 여러 명이 함께 사용하는 학교의 교실과 기업체의 사무실은 공간에 대한 심리적 반응을 고려한 공간 배치와 환경 조성이 필요하다. 가정에서도 공간에 대한 배려가 필요하다. 자녀에게 일정 공간을 마련해주고, 부부간에도 서로의 공간을 인정해 줄 필요가 있다. 긴 세월을 함께 한 부부에게도 좁은 공간에서 하루 종일 같이 지내는 것은 갈등과 싸움의 신호탄이 될 수 있다.

고립 효과는 물리적으로 좁은 공간에 단절된 것보다는 그로 인한 심리적인 스트레스 요인이 크기 때문에 단순한 물리적 공간의 크기뿐만 아니라 경쟁이 아닌 협업, 삭막하고 위협적인 분위기보다는 안전하

고 즐거운 분위기 조성 등 심리적 공간의 크기를 넓혀가는 노력이 필요
하다.

22
플린 효과
환경이 지능발달에 영향을 미친다

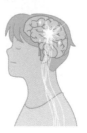

1905년 프랑스의 알프레드 비네(Alfred Binet)에 의해 처음으로 지능검사가 제작된 이후 지능의 측정과 발달에 대한 연구가 활발히 수행되었다. 미국 육군에서는 제1차 세계대전이 일어나자 참전할 군인을 선발하는 데 지능검사를 활용했다. 당시 백인 신병 지원자가 흑인 신병 지원자보다 지능지수 IQ가 평균 15점 정도 높게 나왔다. 일부 학자들은 그 결과를 인종학적인 관점으로 보면서 우생학의 증거라고 여겼다.

그런데 1980년대 초반 뉴질랜드 오타고대학교 정치학자이자 지능 연구자인 제임스 플린(James R. Flynn) 교수는 흑인이 백인보다 선천적으로 열등하다는 주장을 반박하기 위해, 그리고 '우리는 과연 과거 세대보다 똑똑할까?'라는 자신이 갖고 있는 궁금증을 해결하기 위해 국가별 지능지수의 변동 추세를 조사했다. 미국의 신병 지원자들의 지능검사 결과를 분석해 신병들의 평균 IQ가 백인 신병이건 흑인 신병이건 10년마다 3점씩 올라간다는 사실을 발견했으며, 1987년 유럽, 호주, 뉴질랜드, 일본 등 14개국으로 대상을 확대 실시한 조사에서도 비슷한 결과를 얻었다. 벨기에, 네덜란드, 이스라엘에서는 한 세대, 즉 30년 만에 IQ가 평균 20점이 올랐고, 13개국 이상의 개발도상국에서도 10년간 IQ가 평균 5~25점 증가하여 그 증가 속도가 더 빠르다는 것을 확인했다. 그래서 플린은 20세기부터 전 세계에 걸쳐 지속적이고 장기적으로 관측되는 지능지수가 상승한다고 주장하였고, 이처럼 세대가 진행될수록 지능검사 점수가 높아지는 현상을 그의 이름을 따서 학계에서는 '플린 효과(Flynn effect)'라고 명명하였다.

J. R. Flynn(1934~2020)

하지만 플린 효과의 핵심인 'IQ의 증가가 실제적인 지적 능력 향상인가?' 하는 점에선 전문가들 사이에서 의견이 엇갈렸다. 플린은 데이터를 보다 자세하게 분석한 결과, 실제로 상승한 것은 도형 해독력과 같은 시각 정보를 처리하는 능력에 국한되고, 오히려 단어 사용과 관련된 언어 능력은 점점 저하되고 있음을 발견하였다. 그리하여 플린은 지능지수의 증가가 지적 능력의 발달에서 기인한다기보다는 정신적 활동을 점점 더 많이 요구하는 현 사회현상의 반영이라고 결론을 내렸다. 이와 유사하게 2006년 영국 런던대학교 응용심리학과 마이클 셰이어(Michael Shayer) 교수가 발표한 연구 결과에서도 요즘 아이들이 15년 전의 아이들에 비해 IQ는 더 높지만 개념이나 사고 문제를 해결하는 인지능력은 오히려 떨어진 것으로 밝혀졌다.

전문가들은 이러한 현상의 요인으로 영화와 TV와 같은 대중 매체의 발전, 인터넷과 컴퓨터 게임, 교육의 개선과 확대, 의학 발전과 영양의 질적 성장을 꼽고 있으며, 세대에 걸쳐 환경이 변화한 결과로 인해 지능검사 점수가 높아진 것이라고 주장한다. 즉, 현세대들이 과거 세대들보다 다양한 매체의 발달과 인터넷 및 컴퓨터 게임의 보급으로 인해 시각 정보를 처리하는 속도가 빨라지고, 교육의 기회 확대와 교육의 질 향상으로 인해 문제를 해결하는 능력이 향상되었으며, 의학 발전과 영양의 질적 성장에 따른 건강한 생활환경으로 말미암아 뇌기능이 향상되었기 때문에 그 결과로 지능지수가 상승되었을 것이라는 게 전문가의 의견이다. 일부 학자들은 반복해서 실시한 지능검사의 연습 효과도 영향을 미쳤을 것이라고 보고 있다.

그러므로 플린 효과는 단순하게 보면 이전 세대에 비해 새로운 세대가 더 똑똑해지는 것 같아 보이는 현상이지만, 자세히 들여다보면 지능지수가 고르게 성장한 것이 아닌 특정 부분만 좋아지는 것이며 또한 새로운 세대들이 놀며 자라나는 환경이 지능검사에서 측정하고 있는 것을 해결하는 데 유리할 따름이다. 즉, 플린 효과는 지능지수의 상승을 의미하는 것이지 실질적인 지능의 향상을 의미하는 것은 아니다. 이처럼 플린 효과의 진정한 의미는 인류 세대가 거듭될수록 더 똑똑해지는 것이 아닌 적응해야 하는 사회 환경에 따라 지능도 빠른 속도로 변화하는 것이라고 볼 수 있다.

지능검사는 사람의 다양한 능력 가운데 일부만을 측정할 뿐이며, 더구나 요즘은 IQ가 생물학적으로 결정되기보다는 노력과 교육을 통해 얼마든지 변화할 수 있다고 본다. 즉, 지능과 능력은 고정적이고 불변적인 것이 아니라 노력에 의해 얼마든지 성장하고 변화한다는 성장 신념(growth mindset)이 크게 부상하고 있다. 또한 성공을 위해선 IQ보다 목표를 향한 끈기와 열정의 의미를 갖고 있는 그릿(Grit)이 더 요구된다. 이제 IQ로 사람을 판단하지 말자!

23

수면자 효과

근거 없고 악의적인 헛소문이 번지는 이유

회사에서 회의시간에 홍 대리가 아주 참신하고 기발한 아이디어를 하나 제안했다. 그러나 홍 대리의 상사인 윤 팀장은 이에 전혀 관심을 보이지 않고 무시해버렸다. 그런데 두 달 정도 지난 후에 지난번과 비슷한 주제로 회의가 열렸다. 회의 중에 윤 팀장이 홍 대리한테 갑자기 좋은 아이디어가 하나 떠올랐다고 하면서, 지난번에 홍 대리가 제안했던 바로 그 아이디어를 꺼내놓는 것이었다. 이런 황당한 일이 어떻게 일어날 수 있을까? 두 달의 시간이 지난 후에야 홍 대리의 아이디어가 윤 팀장에게 꽤 매력적인 것으로 지각된 이유는 그 아이디어를 제안한 사람이 홍 대리라는 사실을 잊어버렸기 때문이다. 즉, 윤 팀장의 머릿속에는 신뢰성이 낮은 홍 대리는 지워지고 그가 제안한 아이디어의 내용만 남게 된 것이다. 윤 팀장처럼 우리는 누구나 한 번쯤 남한테 들은 이야기를 누가 했는지 기억하지 못하고, 그 이야기를 해줬던 바로 그 사람에게 다시 말한 민망한 경험이 있을 것이다. 이와 관련된 심리학 용어가 '수면자 효과(sleeper effect)'이다.

미국 예일대학교 사회심리학자 칼 호블랜드(Carl I. Hovland)와 그의 동료들은 1949년 후반 미군에 징집된 사람들을 대상으로 육군에서 만든 제2차 세계대전 당시 연합군을 지지하는 내용의 선전용 영화를 보여 주었다. 그리고 5일이 지난 후와 9주가 지난 후의 태도를 측정했다. 5일이 지난 시점에는 영화를 본 집단이나 안 본 집단이나 태도상에 별 차이가 없었다. 그러나 9주가 지난 후에는 영화를 본 집단이 영화를 안 본 집단보다 연합군에 대해 한결 호의적인 반응을 보였다. 이는 시간이 오래 지나면 출처에 대한 기억이 부실해져서 정보의 신빙성과 상관없이 메시지의 내용만을 기억하게 되고, 이런 과정으로 신빙성이 낮은 정보가 점차 설득력을 얻게 되기 때문이다. 이에 호블랜드는 신뢰도가 낮은 출처에서 나온 메시지 혹은 동의하는 정도가 낮은 메시지의 설득 효과가 시간이 지남에 따라 감소하는 것이 아니라 오히려 증가하는 현상을 수면자 효과라고 명명하였다.

이처럼 수면자 효과는 처음에는 정보의 출처가 못 미더워 메시지를 무시하다가도, 시간이 경과하면서 메시지의 출처는 기억되지 않고 메시지의 내용만 기억되어 신뢰성이 낮은 정보가 점차 설득 효과를 가지게 되는 것이다. 그래서 과거 다른 사람이 한 말을 어느 정도 시간이 흐른 후 마치 자기 의견인 것처럼 말하게 된다는 것이다. 즉, 시간이 지나면서 메시지의 출처에 대한 기억은 사라지고, 그 메시지에 대한 태도는 긍정적으로 변할 가능성이 있다는 것이다. 이와 같은 현상을 수면자 효과라 부르는 이유는 시간이 경과하면서 정보만 기억에 남고, 정보의 출처 및 정보의 전달원에 대해서는 마치 꿈을 꾼 것처럼 희미해지기 때문이다. 이러한 수면자 효과가 일어나는 원인은 정보의 출처와 정보 자체가 시간이 지나면서 서로 분리되기 때문이며, 또한 인간의 기억이 정보의 내용보다 그 출처를 더 빨리 망각하기 때문이다.

수면자 효과는 우리의 생활 곳곳에서 영향을 미치고 있다. 스스로 생각해냈다고 여긴 아이디어가 알고 보니 이전에 다른 사람이 말한 것이었던 적이 있을 것이다. 이것이 바로 수면자 효과로 핵심 아이디어만 무의식 속에 저장되고 아이디어를 낸 사람은 잊히면서 벌어진 일이다. 직장이나 학교에서 집단 따돌림이 발생하는 이유 중 하나가 유언비어 때문이다. '누가 그러던데, 어디서 들었는데'와 같은 출처가 명확하지 않은 말들이 금방 사실이 되어 누군가 따돌림을 받는 이유가 되어 있기도 하는데, 이는 수면자 효과가 작용한 것이다.

누군가가 장난삼아 인터넷에 터무니없는 정보를 올려놓는다. 처음에는 사람들이 '에이 설마' 하는 생각으로 반신반의하지만 어느새 이 정보가 퍼져나가면서 하나의 사실인 양 받아들여지는 경우가 많다. 이것은 바로 수면자 효과로 인해 나타나는 현상이다. 수면자 효과는 '소문은 자고 일어나면 어디서 들었는지 잊어버린다'라는 한 외국의 속담에서 비롯된 이름이기도 하다. 이렇게 거짓 또는 사실과 관련 없는 정보가 망각과정을 거치면서 정보의 출처는 사라지고 정보만 남아 사실화되는 것이 수면자 효과인 것이다.

수면자 효과가 가장 많이 활용되는 곳은 광고 분야이다. 광고가 방영된 후 그에 따른 효과가 즉각 발생하는 일은 드물지만, 점차 시간이 지나면서 소비자는 광고에서 보았던 제품의 효과에 대한 긍정적인 메시지만 기억하게 된다. 그래서 소비자는 광고 상품을 사게 되고 기업은 매출로 이어지게 되는 것이다. 선거운동에서 흑색선전을 하는 이유도 수면자 효과와 관련이 있다. 시간이 지나면서 유권자는 흑색선전의 출처는 잊고 머릿속에 입력된 부정적인 내용만 기억하게 되어 상대 후보에 대한 부정적인 이미지를 갖게 될 수 있다.

이와 같이 수면자 효과는 근거 없고 악의적인 헛소문이 우리 사회에 번지는 것을 돕는 작용을 할 수 있다. 차후 거짓 정보가 정정되더라도 해당 정보가 거짓이었음을 곧 잊어버리고 사람들의 기억 속에는 최초의 거짓 정보만이 남게 된다. 게다가 최근 SNS가 급속히 발달하며 누구나 거짓 정보를 양산할 수 있게 되어 이러한 흑색선전이 더욱 남발될 수 있는 현실이다. 그러므로 거짓 정보에 속아 넘어가기 쉬운 요즘, 한 번쯤은 수면자 효과 때문에 속고 있는 것은 아닌지 의심해 보아야 할 것이다. 소문과 루머가 무서운 이유는 출처를 모르기 때문이다. 사실 여부를 먼저 확인하거나 정확한 출처를 확인하려는 태도가 더욱 중요해진 세상이다.

한편, 수면자 효과는 심리학에서 다음과 같은 의미로 쓰이기도 한다. 우리는 기분이 나쁘거나 화가 났거나 좋지 않은 일을 당했을 때, 잠을 자거나 시간이 지나면 마음이 진정되고 감정이 잠잠해지며 분노나 흥분이 감소되는 것을 느낄 수 있다. 일이 잘 풀리지 않을 때, 잠시 여행을 다녀오거나 바깥공기를 쐬며 산책을 하면 좋은 아이디어가 떠올라 일이 잘 풀리기도 한다. 이렇게 심리적으로 문제가 생겼을 때, 시간이 지나 해결에 이르거나 문제가 해결되지는 않더라도 이성적으로 침착하게 받아들일 수 있는 것을 수면자 효과라고 한다. '일단 화를 피하고 보자'라는 말이 있듯이 불길 같은 감정에 휩싸인 사람과는 아무리 이성적으로 대화를 시도해도 이미 불길에 싸인 감정 때문에 돌아오는 것은 분노의 화살뿐이다. 이땐 일단 자리를 피하고 시간이 흘러 불길이

잠잠해지기를 기다렸다가 나중에 차근차근 일을 풀어가는 것이 지혜로운 대책이다.

24
베르테르 효과
자살 모방과 전염이 증가하는 현상

자신들의 삶에 더 이상 의미를 못 느끼고 스스로 목숨을 끊는 사람들이 갈수록 크게 늘고 있고 유명인들의 자살이 잇따르고 있다. 사람들은 자신이 닮고자 하는 이상형이나 사회에 영향을 미치는 유명인이 자살할 경우에 이후 이와 유사한 방식의 모방 자살(copycat suicide) 혹은 자살 전염(suicide contagion)이 증가하는 현상이 일어나는데, 이를 '베르테르 효과(Werther effect)' 혹은 '베르테르 신드롬(Werther syndrome)'이라고 한다.

미국 캘리포니아대학교 사회학자 데이비드 필립스(David P. Phillips) 박사는 20년 동안 미국에서 발생한 자살 통계를 면밀히 분석한 결과, 유명인의 자살 사건이 언론에 보도된 이후 일반인의 자살이 급증하는 양상을 발견했다. 이러한 현상을 독일의 문호, 요한 볼프강 폰 괴테(Johann Wolfgang von Goethe)가 1774년에 펴낸 소설 『젊은 베르테르의 슬픔』에서 주인공 베르테르가 약혼자가 있는 로테라는 여인을 사랑하지만 그녀가 자신의 사랑을 받아들이지 않자 깊은 실의에 빠진 뒤 권총으로 자살하는 내용을 모방한 자살이 전 유럽의 젊은이들로 확산된 것에 비유해 베르테르 효과라고 명명하였다. 당시 자살자들은 소설 속의 베르테르처럼 정장을 하고, 부츠, 파란 코트, 노란 조끼를 착용한 뒤 책상 앞에 앉아 권총 자살을 하는 등 베르테르의 모든 걸 흉내 냈다.

유명인이 자살하면 이 사실이 언론에 반복적으로 노출이 되며 자살한 유명인이 자신과 같은 비슷한 어려움에 처해 있는 경우 심리적으로 영향을 더 크게 받을 수 있다. 평소에 우울증 증세를 보이지 않다가도 언론 보도에 자극을 받아 자살 시도를 할 가능성이 있다. 자살한 유명인과 같은 방법으로 자살을 시도하거나 자살을 위해 같은 장소를 찾기도 한다. 록스타 엘비스 프레슬리(Elvis A. Presley)의 죽음 이후 그를 추모하는 자살 행렬이 있었으며, 영화배우 장국영(張國榮)이 투신자살하자 그가 몸을 던진 홍콩의 만다린 오리엔탈 호텔에서 일반인이 목숨을 끊는 경우도 발생했다.

미국 애리조나주립대학교 심리학자 로버트 치알디니(Robert B. Cialdini) 교수는 이러한 베르테르 효과가 나타나는 이유를 사람들이 처해 있는 상황에서 적절한 행위가 무엇인지를 판단하기 위해 자기와 유사한 처지에 있는 비슷한 사람들이 어떻게 행동하는지를 관찰하고 단서를 삼기 때문이라고 설명했다.

많은 임상심리사들은 베르테르 효과의 가장 큰 원인으로 은폐 집단들을 지적한다. 기자들의 통제되지 않은 보도 행태가 제2, 제3의 자살자들을 양산하고 있다는 것이다. 그와 반대로 자살 사건을 다룰 때 자살예방 프로그램을 보도하면서 '자살하지 말라'는 메시지를 반복적으로 보여주고, 자살예방센터의 전화번호를 알려주고, 상담심리사의 면담을 프로그램에 포함하고, 자살을 원하는 청소년들과 젊은이들의 문의에 상담해주는 전화 서비스를 운영하면 방송국이 서비스하던 지역에서는 베르테르 효과가 거의 나타나지 않았다는 것이다.

따라서 모방 자살을 불러오는 베르테르 효과를 제어하기 위해서는 보다 조심스럽고 윤리적인 언론의 보도 원칙이 요구된다. 보도를 어떻게 하느냐에 따라 이후 자살률에 큰 차이를 보이기 때문에 각 미디어는 '파파게노 효과(Papageno effect)'를 적극 활용해야 한다. 파파게노 효과란 언론이 자살에 대한 보도를 자제하거나 신중한 보도를 함으로써 자살률을 낮출 수 있다는 긍정적 효과를 뜻하며, 이는 모차르트의 오페라 <마술피리>에 나오는 캐릭터인 파파게노가 연인과의 이루지 못한 사랑을 비관해 자살하려 할 때 요정의 도움으로 죽음의 유혹을 극복하고 연인과 재회한다는 일화에서 유래된 것이다.

우리나라에서는 자살에 대한 올바른 보도를 위해 보건복지부와 중앙자살예방센터, 한국기자협회가 새롭게 개정된 자살보도 권고기준 3.0을 2018년 7월 31일 발표했다. 새로운 권고기준은 관련 보도 시 준수해야 할 내용을 구체적으로 담고 있다. 이에 따라 자살 관련 보도를 할 때는 기사 제목에 '자살'이나 자살을 의미하는 표현 대신 '사망', '숨지다' 등의 표현을 사용하고 구체적인 방법, 도구, 장소, 동기 등은 보도하지 않을 것을 권고했다. 또 관련된 사진이나 동영상은 모방을 부추길 수 있으므로 유의해 사용하고 행위를 미화하거나 합리화하지 말고 그로 인해 발생하는 부정적인 결과와 예방 정보를 제공하도록 했다. 이와 함께 고인의 인격과 유가족의 사생활을 존중하고, 특히 유명인 관련 보도를 할 때 이 기준은 더욱 엄격하게 준수해야 한다고 강조했다.

자살은 원인이 어떻든 본인의 선택에 의한 것이다. 남이 자살하는 것을 보고 따라 '자살'할 것이 아니라 '살자'를 선택하도록 생각과 관점을 전환해 보라. 자살을 거꾸로 읽으면 살자가 되듯이 생각과 관점을 바꾸면 세상이 다르게 보이고 인생이 달라지게 된다.

25
스트루프 효과
고객이 북적거리는 장면을 노출시켜라

사람에게는 크게 두 가지 종류의 주의력이 있다. 하나는 능동적이며 의도적으로 일어나는 의식적 주의력이고, 다른 하나는 수동적이며 무의식적으로 일어나는 자동적 주의력이다. 이와 관련된 간단한 실험을 해보자. 빨강, 초록, 파랑, 검정의 단어를 각각 해당되는 같은 색상으로 써보고 단어들의 색상을 빨리 말해보라. 다음엔 빨강, 초록, 파랑, 검정의 단어를 각각 해당되지 않는 다른 색상으로 써보고(예: 빨강이란 단어를 초록색으로 씀) 단어들의 색상을 빨리 말해보라.

이에 대한 두 반응의 차이를 확실히 느낄 수 있을 것이다. 첫 번째는 단어가 나타내는 색상과 단어의 색상이 동일하고, 두 번째의 경우는 단어가 나타내는 색상과 단어의 색상이 다르다. 첫 번째보다 두 번째의 경우에 반응 시간이 오래 걸리게 된다. 빨강, 초록, 파랑, 검정과 같은 단어와 이 단어가 나타내는 의미인 실제 색상이 일치하지 않을 경우, 즉 빨강이 빨간색으로 프린트되어 있지 않고 검은색으로 인쇄되어 있을 경우에 글자의 색상을 말하는 데 더 오랜 시간이 걸리며 잘못 말하게 된다.

이런 결과가 나타나는 이유는 단어를 읽으라고 요구하지도 않았고 응답자 역시 그 단어를 읽으려고 하지 않았지만, 무의식적으로 일어나는 자동적 주의가 의식적 주의에 영향을 미치기 때문이다. 즉, 단어의 색상을 말하려는 의식적 주의와 동시에 단어를 무의식적으로 읽으려는 자동적 주의가 일어나 의미간섭이 생겨 정보처리를 지연시키기 때문이다. 이처럼 과제에 대한 반응 시간이 주의력에 따라 달라지는 것, 특히 색상을 글로 나타냈을 때 이 글자가 나타내는 의미와 색상이 일치하지 않을 때 글자 색을 말하는 데 오래 걸리거나 잘못 말하게 되는 현상을 '스트루프 효과 (Stroop effect)'라고 한다. 이것은 존 스트루프 (John R. Stroop)의 <시열 언어 반응 과제에서의 간섭에 대한 연구>에서 글자의 의미와 색이 일치하지 않는 경우에 색상을 말하는 데 상당한 지연이 일어났음을 발견한 실험 결과에서 연유한 것이다.

J. R. Stroop(1897~1973)

『웹 심리학』이란 책을 쓴 가와시마 고헤이(川島康平)는 '인기 있는 미용실'이란 수식어를 갖고 싶다면 웹사이트에 사람들이 북적거리고 많은 사람들이 자리에 앉아 있는 사진이나 직원들이 활짝 웃고 있는 긍정적인 이미지를 올리라고 주문한다. 이는 사람이 가지는 오감 중 웹사이트에서 직접 자극을 줄 수 있는 것은 시각과 청각뿐이기 때문이며, 제한된 표현 방법 속에서 각각의 정보가 나타내는 명확한 논리에 따라 효과적인 표현이 되기 때문이라는 것이다. 즉, 스트루프 효과에 의해서 사람이 북적거리고 대기자가 많은 미용실 웹사이트를 본 고객은 미용사의 실력을 실제 알지는 못하지만 사람이 많고 대기자가 많다는 것은 그만큼 실력이 있고 좋은 미용실이라는 이미지를 형성하게 된다는 것이다.

보통 남자화장실은 파란색, 여자화장실은 빨간색으로 표지판에 표시되어 있다. 그래서 우리는 글이나 그림을 확인하지 않은 채 무의식적으로 색상만 확인하고 화장실에 들어가는 경우가 많다. 우리가 글자나 형태, 기호를 외면한 채 색상만 보고 서둘러 화장실을 찾아 들어가는 것은 '남자화장실 = 파란색, 여자화장실 = 빨간색'이라는 공식이 이미 우리의 뇌에 각인되어 있기 때문이다. 만약 남자화장실에 빨간색, 여자화장실에 파란색으로 표지판이 표시되어 있다면, 주의력에 대한 간섭효과가 작용하여 남녀가 화장실에 잘못 들어가는 일이 종종 발생하게 될 것이다.

스트루프 효과가 우리에게 알려주는 한 가지 사실은 사람의 뇌는 형태보다 색을 먼저 인식한다는 점이다. 따라서 색상의 중요성을 가늠해볼 수 있다. 이를 아이 방에 활용해보면, 아이의 특성이나 성향에 따라 조화되는 색상이 다르기에 색깔을 적절히 아이에 맞게 선택해서 아이 방을 꾸미면 아이의 상상력을 자극해주고 학습의욕을 높이는 데도 도움을 줄 수 있다는 사실이다. 예를 들어, 아이가 자제력이나 인내력이 부족한 편이라면 파란색을, 평소 침착함이 부족하고 피로가 많은 편이라면 심신을 편안하게 해주는 초록색을, 부정적인 성향이 강하고 결단력이 부족한 편이라면 희망적이고 활기를 돋우는 노란색을, 그리고 아이가 너무 내성적이거나 소심하다면 빨간색의 인테리어 소품 등을 활용해 아이 공부방을 꾸며주는 것이 좋다.

26
매몰비용 효과
뷔페식당에서 본전을 생각하는 심리

식당에 가니 손님들이 만원이라 길게 줄지어 기다리고 있지만 좀처럼 순서가 오지 않는다. 제시간에 식사하려면 그 순간 기다리는 것을 멈추고 다른 맛집을 향해 떠나야 마땅하지만 그동안 기다린 게 너무 아까워 더 시간을 허비하며 기다린다. 길을 걷다가 보면 구두 뒷굽 위로 빨갛게 피멍이 든 여성을 발견한다. 피가 날 정도로 고통스러울 텐데도 그걸 벗지 못하는 심리는 들인 비용이 아까워서이다. 또한 주가가 떨어졌는데 손절매를 하지 못하는 심리도, 이제 아무런 감흥도 일어나지 않는 오래된 연인을 계속 만나는 것도 그동안 들인 노력과 시간, 돈 때문이다. 이처럼 이미 지출되어 회수할 수 없는 비용을 매몰비용이라 하며, 이를 만회하기 위해 더 큰 손실을 무릅쓰는 현상을 '매몰비용 효과(sunk cost effect)' 혹은 '매몰비용 오류(sunk cost fallacy)'라고 한다.

매몰비용 효과와 관련하여 베스트셀러 『넛지』의 저자로 유명한 미국의 행동경제학자 리처드 탈러(Richard H. Thaler)가 진행한 실험이 있다. 그는 뷔페식당에서 돈을 내고 들어간 사람과 무료 식사권을 갖고 들어간 사람 중에 누가 더 많이 먹을지를 조사했다. 그 결과 돈을 낸 사람이 훨씬 더 많이 먹었다. 이를 본 탈러 교수는 인간에겐 어떤 행동을 적자로 마감하지 않으려는 심리가 있다고 분석했다. 즉, 포기하지 않으려는 마음이 추가로 손실이 발생함에도 매몰비용에 더 집착하게 만든다는 것이다.

이처럼 매몰비용 효과란 이미 지불한 비용이 아까워서 다른 합리적인 선택에 제약을 받는 것을 말한다. 다시 말해서, 무엇인가에 돈이나 시간 혹은 노력 등을 투입했다면 그것이 아까워 일단 그 무엇인가를 지속하려는 심리현상을 매몰비용 효과라고 한다. 매몰비용이 들어간 일에 대해 성공 가능성과는 관계없이 그 일을 지속하려는 현상이다.

콩코드(Concorde) 개발은 매몰비용에 집착해 비합리적 결정을 내린 매몰비용 효과의 대표적인 한 사례로 꼽히고 있다. 콩코드는 영국과 프랑스가 함께 개발해 1969년 선보인 초음속 비행기이다. 1976년부터 상업 비행을 시작했으나 소음과 연료 소모가 심한 데다 좌석 수가 100여 석 밖에 되지 않아 경제성이 없다는 평가를 받았음에도 불구하고 콩코드 프로젝트는 계속되었다. 결국엔 막대한 비용과 시간을 들인 끝에 2003년에야 운행이 중지되었다. 이런 이유로 매몰비용 효과를 '콩코드 효과(Concorde effect)'라 부르기도 한다.

이후 콩코드의 사례는 매몰비용에 대한 미련 때문에 손실을 감수하고 진행되는 프로젝트나 투자를 일컫는 용어로 사용되기 시작했다. 카지노에서 많은 금액을 잃고도 잃은 금액이 아까워서 계속 도박에 돈을 거는 사례도 매몰비용의 함정에 빠진 경우에 해당된다.

주식투자 분야에서 사용되는 용어인 손절매는 이와 반대로, 미리 예측했던 손실이 발생했을 때 향후 얼마간 수익의 가능성이 없지 않더라도 추세에 따른 더 큰 손실을 방지하기 위해 즉시 매도하는 투자의 원칙을 말한다.

금융자산으로 본다면 주식, 부동산 등 직접 투자 시 쉽게 손절매를 하지 못하다가 결국 더 큰 손해를 떠안고 손절매를 하는 경우가 많다. 내게 맞지 않은 펀드나 보험을 추천받아 가입했는데 알고 보니 좀 바로 잡아야겠다고 생각해서 뒤집고 싶다. 그렇지만 그동안 부었던 돈에서 손실이 생기니 그게 너무 아까워서 본전이라도 찾아야겠다는 심리 때문에 기회를 놓쳐 더 큰 손해를 보는 경우를 주변에서 흔히 볼 수 있다.

어찌 되었건 거액의 자금을 쏟아부었기 때문에 이미 매몰되어버려 되돌릴 수 없는 비용으로 그냥 끝장 한번 보자는 심리적 효과가 매몰비용 효과이다. 우리는 돈, 노력, 시간, 생각 등을 투입했다면 그것이 아까워서 지속하려는 경향이 있는데, 이것이 매몰비용 효과를 만들어 낸다. 이는 낭비했다는 생각과 본인의 과오를 인정하기 싫어하는 자기합리화로 인해 더욱 큰 피해를 초래할 수 있다.

남녀 간에 연애할 때에도 결혼할 타이밍이 있는가 하면 헤어져야 할 타이밍이라는 게 있다. 어느 정도 오래 사귀다 보면 문득 "아, 이건 좀 아닌 것 같아. 그만 헤어져야 서로에게 좋을 것 같은데... 하지만 그동안 오래 만나왔잖아. 내가 상대에게 주었던 사랑, 믿음, 노력, 그동안 쏟아부은 돈과 시간도 있는데..."라는 생각이 들고 내적 갈등이 생기는 경우가 있다. 그렇게 사랑하고 죽고 못 살던 연인들도 이런 계기가 생긴다면 여러모로 저울질을 하게 된다. 경제적인 부분과는 거리가 좀 있지만, 이 또한 매몰비용 효과로 설명할 수 있다.

우리는 자신이 가는 길이나 일이 잘못되었음을 발견하더라도 다시 시작하기에는 지금까지 기울였던 모든 것이 너무나 아깝다는 생각이 또 다른 생각을 하지 못하도록 붙들기도 한다. 이 매몰비용 효과에 직면한 개인이 지금까지 지나온 모든 일들이 모두 맞고 그 이상의 다른 최선의 방법이 없다면 굳이 그만둘 이유는 없을 것이다. 하지만 지금까지 들인 비용과 시간이 앞으로 가야 할 방향에 맞지 않고 다른 방향이 더 나은 최상의 방향이라면, 지금까지의 모든 것을 내려놓는 것이 앞으로의 일을 하는 데 오히려 더 현명한 처사라 할 수 있다. 포기한다고 무조건 손해만 보는 것은 아니다. 물론 투입했던 돈, 시간, 노력 등의 자원은 손실을 입을 수 있지만, 다른 측면으로 본다면 앞으로 더 나은 판단을 할 수 있는 기준과 값진 경험을 얻었으니 완전 잃은 것은 아니다.

27

정박 효과
협상의 실패자가 되고, 소비의 희생자로 남는 까닭

"파리의 에펠탑 높이가 200m보다 높을까 혹은 낮을까?" "만일 높다면 혹은 낮다면, 에펠탑의 높이는 어느 정도라고 생각하는가?" 이 질문에 대해서 사람들은 대부분 200m를 기준으로 높낮이를 판단하게 된다. 심지어 에펠탑을 직접 본 사람들도 크게 다르지 않다(실제 에펠탑의 높이는 324m이다). 에펠탑의 높이가 200m보다 높은지 낮은지를 먼저 물어봄으로써 많은 사람들은 자신도 모르게 200m를 기준으로 에펠탑의 높이를 위나 아래로 조절하는 사고 과정을 거치게 된다.

샌드위치 가게에서 직원이 "달걀 프라이를 1개 드릴까요? 아니면 2개 드릴까요?"라고 말하면 고객은 어떤 반응을 보일까? 대부분은 "1개만요" 혹은 "2개요"라고 대답할 것이고, 소수는 "달걀 프라이는 없어도 돼요"라고 대답할 것이다. 이처럼 고객은 직원이 제시한 정보에 따라 사고하거나 의사결정을 한다.

인간의 뇌는 어떤 상황이나 사물의 가치를 판단할 때 비교 대상을 찾는다. 그런데 적당히 비교할 만한 수치가 없는 경우엔 주어진 정보 내에서 판단하게 된다. 이때 주어진 정보는 타당성 여부와 상관없이 일종의 '닻(anchor)'으로 작용하여 판단기준이 된다. 이처럼 배가 닻을 내리면 움직이지 않거나 닻과 배를 연결한 밧줄의 범위 내에서만 움직일 수 있듯이 처음에 제시되는 인상적이었던 숫자나 사물이 기준점이 되어 그 후의 판단에 왜곡 혹은 선입관으로 작용해 편파적인 영향을 미치는 현상을 '정박 효과(anchoring effect)' 혹은 '닻 내림 효과'라고 한다. 다시 말해, 정박 효과란 마치 배가 정박할 때 닻을 내리고 그 주변에서 크게 벗어나지 않는 것처럼 우리의 판단이 사전에 주어진 기준을 중심으로 크게 벗어나지 못하는 경향을 말한다. 행동경제학 분야에서는 협상 테이블에서 처음 언급된 조건에 얽매여 크게 벗어나지 못하는 효과, 즉 최초 습득한 정보에 몰입하여 새로운 정보를 수용하지 않거나 이를 부분적으로만 수정하는 행동 경향을 정박 효과라고 부른다.

이 효과는 1974년 심리학자이자 행동경제학의 창시자 대니얼 카너먼(Daniel Kahneman)과 심리학자 아모스 트버스키(Amos Tversky)의 실험에서 유래한 것이다. 실험 참가자들에게 1부터 100까지 있는 행운의 바퀴를 돌려서 나온 숫자가 '유엔에 가입한 국가 중 아프리카 국가의 비율'보다 많은지 적은지 추측해 보라는 다소 황당한 질문을 하였다. 예를 들어, 행운의 바퀴를 돌려 50이라는 숫자가 나왔다면 아프리카 국가의 비율이 50보다 많은지 적은지 추측해 보는 식이었다. 그 결과 실험 참가자들은 대부분 행운의 바퀴를 돌려 우연히 얻은 숫자와 비슷한 수치로 질문에 답을 했다. 행운의 바퀴가 80을 가리키면 아프리카 국가의 비율은 70~90 사이라고 응답을 했던 것이다. 이 수치는 실제 아프리카 국가의 비율과는 전혀 상관이 없고, 참가자들은 우연히 얻은 숫자에 영향을 받아 답했을 뿐이다.

이 실험은 닻을 내리면 배가 아무리 멀리 움직인들 닻에 묶인 밧줄의 거리만큼 맴돌 듯이 의사결정을 하기 전에 얻은 첫 번째 정보에 따라 사고가 결정되는 것을 잘 보여주고 있다. 첫 번째 얻은 정보는 바다 밑바닥에 잠겨 있을 수 있으며 우리의 사고 역시 어딘가에 고정되어 왜곡된 선입견이 생겨날 수 있다는 것이다. 앞의 예에서 대부분 고객의 사고 범위가 '몇 개의 달걀 프라이가 필요한가'라는 쪽에 닻을 정하고 소수의 고객만 제3의 선택으로 달걀 프라이가 필요 없다고 생각하고 대답을 하는 것이다.

우리 주변의 일상에서도 동료에게 "커피 마실래?"라고 묻는 것보다는 "아메리카노? 아님 카페라테?"라고 물었을 때 함께 커피를 마실 가능성이 크고, 또한 "점심 먹을래?"라고 묻는 것보다는 "짜장면? 짬뽕?"이라고 물었을 때 혼자 점심 먹을 가능성이 줄어든다. 대형 마트나 편의점에서 1＋1 행사 제품을 보게 되면 필요한 물건이 아니면서도 1＋1 행사 제품에 눈이 가고 다른 제품보다 그 행사 제품을 사려고 하는 경향이 있다. 이러한 것은 모두 정박 효과가 작용하기 때문이다.

오늘날 정박 효과는 쇼핑, 비즈니스 상황, 주식거래, 학생평가 상황 등에 이르기까지 매우 광범위하게 적용되고 있다. 대형마트는 품목별로 다양하게 할인을 해주고 때로는 1＋1과 같은 행사와 '덤' 증정 같은 이벤트를 계속적으로 진행을 한다. 기존 가격을 아는 상태에서 할인된 가격으로 물건을 구입하면 구매자는 합리적인 소비를 했다고 생각하기 쉽기 때문에 이와 같은 방법으로 소비를 부추기는 것이다. 그래서 가격표에 원가를 보이게 한 후 그 밑에 할인가를 같이 보이게 하여 비교를 하게 하는 것이 바로 정박 효과이다. 비즈니스 파트너와 협상을 할 때도 먼저 가격 제시를 하는 사람에게 유리한 방향으로 조율될 가능성이 높다. 먼저 제시한 협상 가격이 기준이 되기 때문에 일부러 더 높은 가격을 불러서 상대방을 자극하는 방식이다. 상대방은 손해 보지 않는 장사를 하려고 높게 책정된 가격을 깎아서 비즈니스를 진행하게 된다. 특정 학생의 과거 성적은 교수가 그 학생의 새로운 수행 점수를 평가할 때도 기준점, 즉 닻으로 작용한다. 그래서 과거에 A를 받은 학생은 연속적으로 A를 받을 가능성이 높다.

사고에 닻을 내린다는 것은 받아들이는 정보의 양이 너무 적어 선입견에 치우치게 된다는 것이기 때문에 정박 효과를 피해야 한다. 인간의 뇌는 처리하는 정보가 적으면 적을수록 정보를 분별하는 능력이 약해지지만, 이와 반대로 많은 정보를 처리할 때는 뇌가 빠르게 회전하여 정보의 가치 여부를 판단하게 되어 사고에 닻을 내리는 것이 무의미해진다. 그러므로 평소 시야를 넓게 하여 끊임없이 배우고, 대량으로 정보를 수집하고, 다른 사람의 생각과 견해를 귀담아들어야 하며, 수집한 다양한 정보를 종합적으로 분석하여 이성적인 판단을 해야 한다.

28
가면 신드롬
내가 유능하지 않다는 걸 다른 사람들이 알아채면 어쩌지

성공했다고 여겨지는 유명한 영화배우나 가수 등 연예인들이 많은 성취를 이루었음에도 불구하고 힘들어하며 살아왔다고 실토하는 것을 더러 접할 수 있다. 이들은 자신의 성공이 능력이 뛰어나거나 열심히 노력해서가 아니라 운에 의해 얻어진 것이라고 믿고 있는데, 주변 사람들은 앞으로 더 큰 기대를 가진다는 것이다. 그러다 보니 남들이 생각하는 만큼 뛰어나지 않다고 생각하는 이들은 성공을 이룰수록 자신의 무능력이 드러날까 봐 이를 숨기고 남들이 눈치채지 못하게 주변 사람들을 속이고 불안해하며 지냈다는 것이다. 이런 불안 심리를 잘 설명하고 있는 것이 바로 '가면 신드롬(imposter syndrome)'이다.

사회적으로 성공하여 존경받는 지위나 신분에 도달한 사람들이 의외로 열등감을 느끼는 경우가 있는데, 이는 자신의 능력에 대해 의심을 갖고 있어서 사회적으로 과도하게 인정받는 것이 두렵고 언젠가는 무능함이 탄로 나지 않을까 걱정하기 때문이라고 한다. 이런 심리상태를

1978년 미국의 임상심리학자 폴린 클랜스(Pauline Clance)와 수잔 임스(Suzan Imes)는 '임포스터 신드롬'이라고 명명하였다. 우리말로는 '가면 신드롬' 혹은 '사기꾼 신드롬'이라고 한다. 이 신드롬은 신분을 속인 사기꾼(imposter)이 남들보다 인정받고 성공하는 것처럼 자신이 세상을 향해 사기 치고 있다는 느낌을 갖는 것을 의미하는 것으로, 충분한 능력을 소유하고 실제 많은 업적을 이루었음에도 불구하고, "이게 나의 참모습이 아닌데", "언젠가는 가면이 벗겨질 텐데", "언젠가는 내 실체가 드러날 텐데" 하면서 자신이 실질적으로 부족하고 언젠가는 자기의 부족함이 탄로 날까 봐 걱정을 하며 불안해하는 증상을 말한다.

이러한 가면 신드롬의 증상은 실제 높은 위치에 올라가 있는 사람들과 완벽한 모습의 결과만 보여주려 하는 사람들, 그리고 타인의 시선과 평가에 민감한 사람들에게서 많이 나타나는 경향이 있다. 가면 신드롬에 사로잡힌 사람들은 대부분 자신의 노력으로 성공과 훌륭한 업적을 일군 것이 분명한데도 운이 따랐다거나 타이밍이 절묘하게 맞았다거나 주변의 많은 사람들이 자신을 도와주어 성공을 이뤘다고 믿으며, 실제 자신의 노력과 성공을 과소평가하는 특징을 보인다. 그렇기 때문에 자신감을 갖지 못하고 언젠가 가면이 벗겨져 실체가 드러나지 않을까 불안해하고 괴로워한다. 완벽하지 않은 자신의 본 모습을 들킬까 봐 불안하기 때문에 도움을 달라고도 못한다. 결국에는 도움을 달라고도 못 하고 도움도 못 받는다.

또 경쟁이 치열하고, 노력하는 사람보다 능력을 타고난 사람을 선호하며, 자신의 의견을 말하는 것보다는 참는 것이 미덕인 사회적 분위기일수록 가면 신드롬의 증상이 나타나기 쉽다.

증상이 심할 경우 자신을 스스로 '사기꾼'으로 여기기까지 하며, 기대에 부응하지 못하는 것을 가장 두려워하고 힘들어한다. 충분히 결과를 낼 수 있는 실력이 되지만 사소한 실수나 운이 나빠 기대되는 수준에 미치지 못할 경우 극심한 불안에 시달리며 극단적 행동을 하기도 한다.

가면 신드롬을 가진 사람들은 감추고 있는 진짜 모습을 들키고 싶어 하지 않아 누구보다 부지런한 모습을 보인다. 항상 노력하고 몸을 쉬지 않고 혹사시킨다. 신경과민에 시달리거나 수면장애를 앓기도 하며 급격한 에너지 소진으로 무기력해지기 십상이다. 이들은 이러한 모습을 감추고자 두꺼운 가면을 쓰는 것이다.

대부분 이러한 가면을 쓰는 이유는 새로운 도전에 실패할 경우 받게 될 심리적 충격을 미리 방지하고 완화하기 위해 처음부터 자신에 대한 기대치를 낮추는 방어기제에서 비롯된다. 이런 가면을 쓰는 사람들은 보통 현재보다 더 많은 성취와 인정을 얻기 위해 남들보다 부지런하고 열심히 일하며, 상사나 다른 사람들이 원하는 답을 하면서 사기꾼 같은 기분이 든다고 여기는 경향이 많다. 거기에 자신의 매력을 활용하여 다른 사람에게 인정이나 필요한 도움을 받아 성취를 이루지만 막상 원하는 결과를 얻었을 때는 그것이 노력이 아니라 매력에 의해 이루어졌다고 생각한다. 그리고 자신감을 보이면 타인에게 거절당할 것이라는 비합리적 신념 때문에 자신감 보이기를 꺼려 한다.

이럴 때 효과적으로 대처하기 위해서는 과거의 성공경험을 글로 써보거나, 성취했던 일들을 다시 한번 돌아보면 많은 도움이 된다. 이를 통해 전에 이루었던 크고 작은 성공들이 운이나 우연이 아니고 자신의 노력과 실력에 기반하여 이루었음을 깨닫는 것이 무엇보다 중요하다. 또한 실패한 일이 있다면 자신의 실패를 있는 그대로 인정하고 도움을 청할 수 있도록 하며, 향후 어떻게 개선해 나갈지 심사숙고해 보는 것도 균형적인 사고를 위한 좋은 전략이라 할 수 있다. 영국의 임상 심리학자 제사미 히버드(Jessamy Hibberd) 박사는 '사기처럼 느껴지지 않고 가면 신드롬의 마음함정을 피하는 방법'이란 부제목을 가진 『가면 신드롬 치료』란 그의 저서에서 실패는 성공의 필수요소이며, 불편은 자기성장의 원동력이라는 사실을 인정하고 받아들이라고 제안한 바 있다. 그리고 마음을 열고 객관적이고 신뢰할 수 있는 사람들에게 피드백을 받거나 조언을 구하는 방법도 가면 신드롬으로부터 해방되는 데에 도움이 될 수 있다.

명성 있는 연예인들이 스스로 목숨을 끊는 사례가 심심찮게 발생한다. 이런 사람들이 가면 신드롬에 시달린 적이 많다고 한다. 이는 밖으로 자신의 실제 모습이 노출되는 것에 대한 두려움에서 비롯되는데, 자신에 대한 기대가 높은 사람일수록 실패에 대한 두려움이 크기 때문이다. 실패를 두려워하다 보니 최악의 상황을 생각하게 되므로 극단적인 선택을 하게 되는 경우가 발생하게 된다.

연예인들뿐만 아니라 대부분의 사람들이 실수 가득한 민낯을 드러내지 않고 가면 뒤에 숨어 혼자 완벽하게 해내려고 애쓴 순간들이 있을 것이다. 사람에겐 완벽이란 없다. 아무리 잘나 성공을 했다고 할지라도 그 이면에는 부족한 면이 많다. 그래서 가면 뒤로 도망치기보다는 '실수해도 괜찮아', '완벽하지 않아도 돼', '배울 점이 남아 있어' 하면서 오히려 실패와 실수를 두려워하지 않고 마주하는 것이 더 큰 성공으로 가는 길일지도 모른다. 위로가 필요한 시대를 살아가고 있는 우리에겐, 그 누구의 위로보다 자기 자신의 위로와 격려가 가장 필요하다. 그동안 참으로 잘 살아왔다고, 지금도 충분히 잘하고 있다고, 그래도 여전히 소중한 존재라고 말이다.

29

드메 신드롬
누난 내 여자니까

가수 이승기 씨의 <내 여자라니까> 노랫말에 "나를 동생으로만 그냥 그 정도로만 귀엽다고 하지만 누난 내게 여자야. 니가 뭘 알겠냐고 크면 알게 된다고 까분다고 하지만 누난 내게 여자야. 누나가 누굴 만나든지 누굴 만나 뭘 하든지 난 그냥 기다릴 뿐. 누난 내 여자니까 너는 내 여자니까 너라고 부를게. 뭐라고 하든지 남자로 느끼도록 꽉 안아줄게."라는 가사가 있다. 이 노래가 초대박이 나면서 대한민국의 남자들이 연상녀에게 '누난 내 여자니까 너는 내 여자니까'하고 부르며 고백하는 대국민 고백송이 되었다.

연상의 여자와 연하의 남자 커플을 주제로 다루는 대중가요와 드라마, 영화 등이 늘어나면서 연상연하 커플이 많아지는 풍조를 지칭하는 '드메 신드롬(Deme syndrome)'이란 말이 유행하게 되었다. 최근 드메 신드롬은 우리말로 '연하남 신드롬'이라고도 불린다.

드메 신드롬은 19세기 초 프랑스 파리에 자신보다 나이가 많은 연상의 여성에게만 사랑을 고백하고 다녔던 드메(Deme)라는 청년의 일화에서 유래된 것이다. 어느 날 드메는 소팽의 연인이자 소설가인 조르주 상드(George Sand)를 찾아가 자신이 찾고 있는 사랑이 어디에 있냐고 묻자 상드는 샘 속에 있을지 모른다고 대답했고, 그 순간 드메는 그 말을 믿고 샘에 뛰어들고 말았다고 한다. 이 일화에서 드메 신드롬이란 말이 생겼고, '사랑에는 나이가 없다!'고 외치는 여성의 나이가 남성보다 많은 커플, 즉 연상의 여성과 연하의 남성이 만나 결혼해서 사는 부부를 '드메 커플(Deme couple)'이라고 부르는 것도 여기서 유래된 것이다.

열거하지 않아도 연하남 혹은 연상녀와 결혼한 연예인들이 많고, 드라마나 영화 혹은 오락프로에서도 연상연하가 한자리를 꿰차고 있다. 한 케이블 TV에서는 연상녀−연하남 간 커플 매칭 프로그램을 방영해 눈길을 모으기도 했다. 인터넷에는 '연하남 사로잡기' 등 연상녀−연하남 커플로 가는 지름길을 안내하는 글들도 홍수를 이루고 있다. '연하의 피부가 좋다'라는 자극적이고 에로틱하며 어딘지 모르게 은밀한 여성화장품의 광고 카피나 '오늘 우연히 친구의 누나를 만났다…'라는 커피 광고도 있다. 이제 누나 같은 여자와의 사랑과 남동생 같은 남자와의 사랑이 낯설지 않고, 우리 주위에서 연상녀−연하남 커플을 쉽게 볼 수 있는 세상이다.

이런 드메 신드롬이 유행하는 배경 중 눈에 띄는 것은, 다시 말해 최근 연상녀−연하남 커플이 바람을 타고 있는 중요한 이유는 여성들의 경제력이 커졌다는 점이다. 전통적으로 여성들이 연상남을 선호한 데에는 연상남이 가진 경제력이 한몫했다고 할 수 있다. 하지만 사회에서 활발하게 활동하는 여성들이 증가하면서 자연스럽게 경제력은 물론 사회적 지위까지도 갖춘 여성들이 늘어나고 있다. 이런 여성들에게 경제력은 더 이상 남성을 연상과 연하로 가르는 기준이 될 수 없고, 본능적으로 모성을 그리워하는 젊은 남성들은 이런 연상녀에 대한 환상을 품게 된다.

TV 드라마나 영화 등에서 연상녀－연하남 커플을 숱하게 다루다 보니 자연스러운 시선으로 보게 되었고, 유명 연예인을 비롯해 주변에서 연상녀－연하남 커플을 너무 쉽게 볼 수 있을 정도가 되었다. 요즘 외모 관리나 패션, 운동 등과 같은 자기관리를 통해 젊은 모습을 좀 더 오래 유지할 수 있게 되면서 나이는 숫자에 불과하다는 말이 정말 현실에서 이루어지고 있다. 예전보다는 여성이 남녀관계에서 주도권이 많아졌고 연하의 남성과 만나면 능력 있다는 말을 듣기도 한다. 남성은 연상녀에 대해 이해심이 많아 따뜻할 것 같다는 기대를, 그리고 여성은 연하남과 사귀고 결혼하면 젊게 살 수 있을 것 같다는 기대를 갖기도 한다. 게다가 아내의 성공을 위해 남편이 뒷바라지하는 외조가 대세인 것도 드메 신드롬을 끌어올리는 또 다른 원동력이 되고 있다.

그런데 경제력과 외모가 매력적이라 나이 따윈 중요하진 않아 시작한 연상녀－연하남 커플의 경우 기대한 바가 어긋나거나 더 나은 외모나 경제력을 갖춘 상대가 대시를 할 경우 깨지기 쉬울 수밖에 없을 것이다. 또한 아직도 일부 두 집안 어른들을 포함한 주위 사람들이 연상녀－연하남 커플을 한순간의 불장난 정도로 여기고 얼마 오래 가지 못하고 헤어질 것이란 회의 어린 시선을 가지고 있는 것도 사실이다. 가수 윤민호 씨가 불렀던 <연상의 여인>이란 노랫말에 "내 젊음을 엮어서 내 영혼을 엮어서 사랑했던 여인. 연상의 여인. 못다 한 사랑이 못다 한 내 노래가 그리운 마음에서 당신 곁을 스치네."란 가사가 있듯이 연상녀 – 연하남 커플이 사랑의 결실을 보지 못하고 못다 한 사랑으로 끝맺는 경우도 많이 있다.

지금은 사랑엔 국경도 나이도 중요하지 않은 세상이다. 연상녀 – 연하남 커플이 정말 사랑한다면 서로에 대한 흔들리지 않는 믿음이 중요하고, 그 믿음이 바탕이 된 사랑이 오래 가며, 언젠가는 결실을 볼 수 있을 것이다. 이에 독일 기자 출신의 수잔느 발스레벤(Susanne Walsleben)은 자신의 저서 『연하남 신드롬』에서 "남녀관계, 부부관계를 유지시켜 주는 것은 집, 사회적 지위, 경제적 필요성 등이 아니다. 사랑이 계속 유지될 것인지 여부는 부부간의 믿음과 행복의 크기에 달려 있다. 나이는 아무런 문제가 되지 않는다."라고 말하고 있다. 따라서 연하남 혹은 연상녀에 대한 사랑이 한순간의 호기심이 아닌 진실하고 성숙한 사랑으로 발전되기를 바랄 뿐이다.

30
아도니스 신드롬
외모가 정말 멋졌으면 좋겠어!

　외모를 중시하는 사회풍조에 따라 주로 여성에게 강요돼 왔던 루키즘(lookism, 아름다운 외모가 좋은 것이라는 믿음에 기초해서 다른 사람을 판단하는 경향)이 남성에게까지 번지며, 여성뿐만 아니라 남성들도 외모에 관심을 갖고 관리하는 데에 많은 시간을 투자하는 등 외모에 대한 집착이 심해지는 추세다. 이에 실제로 남성 뷰티 관련 산업도 상당히 증가하였다. 미(美)의 대명사였던 여성의 영역에 꽃보다 아름다운 남성들이 대신할 정도이다. 그래서 최근 꽃미남(얼굴이 곱고 예쁘장하게 생긴 남자), 훈남(보는 사람으로 하여금 흐뭇하고 따뜻한 기분을 느끼게 하는 성품을 지닌 남자)에 초식남(초식동물처럼 온순하고 섬세함을 지닌 남자), 선남(성품이 착한 남자), 만찢남(만화를 찢고 나온 남자), 뇌섹남(뇌가 섹시한 남자) 등의 말들이 유행하고 있다. 몸짱이 되기 위해 헬스장을 다니고, 아름다워지기 위해 얼굴에 메이크업을 하거나 성형하는 남성도 있다. 그야말로 아름다움을 향한 남성의 욕망이 여성 못지않은 세상이다. 이제 더 이상 '남자들은 꾸미지 않는다'라는 말은 통용되지 않는 것 같다.

<뉴욕 타임스>의 칼럼니스트인 윌리엄 새파이어(William Safire)는 외모가 연애, 결혼은 물론 사회생활까지 영향을 미치기 때문에 남녀 구분 없이 외모를 관리하는 데에 많은 시간을 투자한다고 하였다. 아름다운 외모를 갖고 싶은 것은 누구나 갖고 있는 욕망이며 죄가 아니다. 따라서 남자가 외모에 관심을 갖는다고 해서 잘못되었거나 나쁜 것은 아니다. 하지만 그 정도가 지나쳐 일상생활에 문제가 되고 강박의 정도가 심해진다면, 이것은 외모에 관심을 갖는 것이 아닌 질병이 될 수 있다. 과도한 신체적 이미지를 중요시하여 지나친 몸매를 만들고 몸짱 만드는 데에 온갖 신경을 쓰다 보면 외모지상주의에 빠져 '아도니스 신드롬(Adonis syndrome)'을 겪을 수 있다. 이 신드롬은 남성이 외모나 몸매에 과도하게 집착한 나머지 자신보다 잘생긴 사람을 보면 질투와 부러움에 심한 두통을 겪기까지 하는 현상을 말한다.

이른바 외모 집착증을 가리키는 아도니스 신드롬은 그리스 신화에 나오는 미와 사랑의 여신 아프로디테(Aphrodite)로부터 사랑을 한몸에 받았던 미(美)소년인 아도니스의 이름에서 따온 것이다. 신화의 내용은 대략 다음과 같다.

아도니스가 태어나자 그의 아름다움에 반한 아프로디테는 젖먹이 아도니스를 상자 속에 넣어 지하세계 왕비 페르세포네에게 보살펴달라고 부탁했다. 그런데 페르세포네 역시 이 미소년에게 반해 그를 돌려주지 않으려 하자, 결국 주신 제우스는 아도니스에게 페르세포네와 3년, 아프로디테와 3년을 보내고 나머지 3년은 아도니스 스스로가 결정하도록 했다. 6년 뒤 아도니스는 아프로디테를 선택했고, 둘은 연인이 되어 함께 사냥을 즐기는 등 행복한 시간을 보냈다.

한편 아프로디테는 또 다른 연인으로 아레스를 두고 있었는데, 아프로디테와 아도니스의 사이를 질투한 아레스는 아도니스를 제거하기 위해 그가 혼자 사냥을 나간 틈을 타 멧돼지를 조종하여 그를 공격했다. 부상을 입은 아도니스는 죽음에 이르렀고, 이때 그가 흘린 피에서는 붉은 꽃이 피어나 바람이 스쳐 지나가면 꽃잎이 열리고 또 바람이 불면 꽃잎이 흩날렸다(그 꽃의 이름은 바람꽃, 오늘날의 아네모네이다).

아도니스의 죽음을 알게 된 아프로디테는 죽은 아도니스를 찾아 지하세계로 갔지만 이미 페르세포네가 아도니스를 차지한 상황이었다. 두 여신이 다시 한번 아도니스를 사이에 두고 싸움에 이르자 제우스는 다시 한번 일 년의 반은 아프로디테와 보내고, 반은 페르세포네와 보낼 것을 제안했으며, 아도니스가 이를 받아들여 그는 부활하게 되었다.

이러한 그리스 신화에 등장하는 아도니스의 이름에서 유래한 아도니스 신드롬이란 용어는 2001년 하버드대학교 의과대학 해리슨 포프(Harrison G. Pope) 교수의 저서 『아도니스 콤플렉스』에서 처음 등장한 것이다. 그는 심각한 신체변형공포증(dysmorphophpbia)을 겪는 미국의 300만 명 이상의 남성이 이 신드롬에 걸려 있다고 밝혔으며, 수많은 남성이 멋진 근육질 몸매를 가져야 한다는 강박에 빠져 있다고 주장하였다.

이처럼 외모에 콤플렉스를 느끼거나 남들보다 뒤떨어지는 것을 못견딜 정도로 외모에 집착하는 것은 망상장애나 외모에 심각한 결점이 있다고 믿는 신체이형장애(body dysmorphic disorder)로까지 빠지게 할 수 있다. 아도니스 신드롬에 걸린 사람은 외모를 치장하면 마치 자신의 가치가 높아진 것 같은 착각을 일으킨다. 그러나 실제로 아도니스 신드롬을 앓는 남자들 가운데는 자존감이 낮고 자기비하적인 경우가 많다는 것이 문제이다. 이들은 젊고 건강해 보이는 외모를 위해 근육질 몸매 혹은 모델처럼 마른 몸매에 집착하고, 심지어 성형중독에 시달리기도 하고, 자기보다 잘생긴 남성을 보면 질투심에 빠져 자기비하와 낮은 자존감을 갖게 된다.

외모에 대한 과도한 집착과 강박관념이 심해지면 우울증과 같은 문제가 발생하기도 한다. 2000년에 개봉한 영화 <아메리칸 사이코>에 등장하는 크리스찬 베일(Christian Bale)이 연기한 주인공 패트릭 베이트만은 하루 일과 대부분을 자신의 외모를 치장하는 데 보낸다. 헬스로 몸매를 만들거나 미용실에서 체계적인 스킨케어를 받는다. 또한 비싼 옷을 입고 향수를 뿌리며 자신의 외모에 집착한다. 결국 주인공은 자신이 가지고 있는 내적 열등감으로 인해 정신적 분열이 오고 급기야 살인까지 저지르게 된다.

낮은 자존감과 열등감은 외적인 것으로 채워질 수 없고, 왜곡된 사고와 신념은 결국 자신을 파멸에까지 이르게 한다. 외모도 능력이라 하지만 외모에 대한 과도한 집착은 자신을 옭아매는 코르셋이 되고, 내면을 가꾸지 못한 외관의 아름다움은 바람에 모든 것을 맡겨야 하는 운명의 바람꽃이다. 외모를 치장하며 스스로를 상품화시키고 타인의 시선에 맞추려고 하기보다는 있는 그대로 자기 자신을 사랑하며 내면에서 뿜어나오는 깊은 지성과 좋은 인성의 향기가 배어나는 남자가 진짜 남성의 미가 아닐까 싶다. 아무리 사회풍조가 외적인 모습을 추구하고 그것으로 판단하고 있을지 몰라도, 인간관계나 인생의 모든 잣대와 기준을 외모로 잡는 것은 결코 바람직한 일은 아니다. 남자든 여자든 정말로 아름다운 것은 내면에 있다는 것을 잊지 말아야 하겠다.

31
과잉적응 신드롬
내 인생에는 일밖에 없고 일 안 하면 불안해

2006년에 개봉한 데이비드 프랭클(David Frankel) 감독의 <악마는 프라다를 입는다>라는 영화를 본 적이 있는가? 이 영화에서 명문대학을 졸업한 앤디는 꿈꾸었던 저널리스트가 되고자 뉴욕으로 와서 여러 곳에 이력서를 제출하지만, 답변이 온 것은 세계 최고의 패션 잡지 매거진 '런웨이(RUNWAY)'에서 편집장 미란다의 두 번째 비서 역할뿐이었다. 사회부 기자가 되고 싶었던 앤디는 경력을 쌓기 위해 1년만 참고 견뎌보기로 하고 이 회사에 입사하면서 편집장이자 패션계의 전설 미란다를 만나 인생의 전환점을 맞이하게 된다. 앤디는 패션의 신세계를 맛보고 성취감을 경험하며 점점 워커홀릭이 되어가지만 소중한 것들에 대한 위기를 맞이하게 되면서 자신이 진정으로 원하는 것이 무엇인지를 찾아가게 된다. 한편, 패션에 대한 열정으로 가득 찬 편집장 미란다는 모든 것이 완벽해야 하고 자신의 직업 경력을 중요시 여겼지만 가정생활은 순탄하지 않았다. 일에서는 성공했고 존경받을 만한 사람이지만 가정에서는 형편없는 엄마이고 아내에 불과했다.

이 영화는 편집장 미란다를 일중독자로, 그리고 앤디를 일과 삶의 균형을 찾아 나서는 인물로 묘사하면서 우리가 가치를 어디에 두느냐에 따라 소중한 것을 잃게 될 수도 있고 지킬 수도 있다는 메시지를 던지고 있다. 일과 생활에는 적당한 균형이 필요한데, 이 균형이 깨져 일에만 집착하는 것을 '과잉적응 신드롬(hyper adaptation syndrome)'이라고 한다. 영화에서 묘사된 미란다처럼 실제로 직장에 다니는 사람들 중에는 극도의 심리적 압박감에 시달리는 경우가 많다. 과중한 업무 부담에 스트레스를 받고 경쟁적으로 실적 채우는 데에 급급하다 보니 이미 단순한 일중독의 단계를 넘어 과잉적응 신드롬에 시달리게 되는 것이다. 과잉적응 신드롬은 행동 표면적으로는 전투적 기세로 일을 하지만 심리 내면적으로는 엄청난 피해 의식과 무기력증에 사로잡혀 있는 증세를 말하며, 특히 40대 초반의 중간 관리자들에게 많이 나타난다.

과잉적응 신드롬은 '번아웃 신드롬(burn-out syndrome)'과 과중한 업무로 인해 생겨나는 증상이라는 점에서 공통점이 있다. 그러나 번아웃 신드롬이 한 가지 일에만 몰두하던 사람이 신체적·정신적인 극도의 피로감으로 인해 무기력증, 자기혐오, 직무 거부 등에 빠지는 증상이라면, 과잉적응 신드롬은 일에 매달려 자신의 삶보다 직장이 우선이고, 가족이나 친구보다 직장에서의 인간관계를 중시하고, 집안 행사도 자신이 하는 일에 방해가 될 것 같아 귀찮아하는 증상을 말한다.

이처럼 과잉적응 신드롬은 개인적 생활을 희생하면서 직장이나 업무에 지나치게 몰두하는 정신병리 현상으로 워커홀릭(workaholic, 일중독)이라고도 한다. 워커홀릭은 '일'이란 뜻의 'work'와 '중독' 상태를 뜻하는 접미사 'holic'을 합성한 용어로, 1960년대 미국의 심리학자 리처드 에번스(Richard I. Evans)가 석유회사 ESSO(현재 '엑슨 모빌') 사보와 가진 인터뷰에서 처음 사용했다. 의학적 정식 명칭은 일에 몹시 열중하는 사람이란 뜻의 에르고마니아(Ergomania)에 가까우며, 단지 일을 해야 한다는 강박감을 가진 상태를 뜻한다.

워커홀릭, 즉 일중독이라고도 불리는 과잉적응 신드롬을 겪는 사람들은 단순히 자신에게 주어진 업무를 충실하게 수행하는 것을 넘어서, 자신과 가족의 삶이나 행복보다는 항상 일을 더 우선시하고 친구나 주변보다는 직장에서의 인간관계와 성과를 더 중요하게 생각한다. 그래서 일 외에 다른 일 때문에 시간을 뺏기는 것을 귀찮아하고 피하려 하며, 쉬는 날에도 일부러 일을 만든다. 일하지 않으면 불안하고 외로움을 느낀다. 자신의 가치가 떨어진다고 생각하기에 더욱더 일에 몰두하거나 집착한다. 일중독에 빠진 사람들은 대부분 중국 진시황처럼 내가 아니면 이 일을 할 수 없다는 사고에 사로잡혀 있다. 진시황은 하루에 결재할 서류를 저울로 달아 정량(120석)이 될 때까지 쉼 없이 일을 탐했고, 남을 믿지 못해 정사를 혼자 처리해야 직성이 풀리는 사람이었다고 한다. 그야말로 오로지 일! 일! 일! 자기 인생에는 일밖에 없다고 생각한다.

어떻게 하면 일할 수 있는 시간을 더 확보할 수 있을지 생각하거나, 작정했던 시간을 훨씬 넘겨서 일하거나, 죄책감·불안감·우울감·무기력감을 줄이기 위해서 일을 하거나, 다른 사람에게 일을 줄이라는 말을 들은 적이 있으나 귀담아서 듣지 않거나, 일 때문에 취미·여가·운동을 미루거나, 일을 너무해서 건강이 나빠진 경우가 있거나, 일을 못하게 하면 스트레스를 받거나, 주말 혹은 퇴근해서 집에 있어도 업무에 대한 생각에 빠지는 경우가 많거나, 집에 있는 것보다 회사에 있는 것이 오히려 마음이 편하지 않은가? 네 가지 이상 그렇다고 한다면 일중독일 가능성이 높다.

일중독에는 네 가지 유형이 있다. 밤낮을 가리지 않고 강박감에 사로잡혀 일에만 매달리는 계속형의 일중독자, 일을 조절하지 못하고 자꾸 미루다가 다급해질 때 몰아서 하는 폭식형의 일중독자, 쉽게 싫증 내고 끊임없이 자극을 추구하는 주의력 결핍형의 일중독자, 그리고 자신의 일을 음미하며 가급적 많은 일을 만들어 오래 일하는 감상형의 일중독자가 있다. 이들 모두 자신의 정체성을 일을 통해 찾으려 하기 때문에 늘 채워지지 않는 허전함으로 일중독에 빠질 수밖에 없는 것이다.

물론 대부분의 직장인이 자신의 의지로 일에 매달린 게 아니라 가족이 더 잘 살기 위해, 더 나은 삶을 위해 열심히 일한 게 일중독이란 결과를 가져온 경우도 있다. 이처럼 자신의 의지와 상관없이 일중독이 되는 현상을 '슈퍼직장인 신드롬(super office worker syndrome)'이라고 하며, 과잉적응 신드롬과 달리 마음속에 있는 불안과 공포 때문에 일에 더 신경 쓰는 경우다. 이들은 누군가 자신의 자리를 위협할 것 같은 불안감 때문에 일을 붙들고 있기 때문에 스스로 만족하지 못하는 경우가 많다. 과잉적응 신드롬은 자신의 삶보다 직장이나 업무에 지나치게 몰두하여 스트레스, 우울감, 불안증세, 무기력증에 사로잡히는 상태라고 한다면, 슈퍼직장인 신드롬은 누군가 내 자리를 뺏을 것 같다는 생각, 직장을 잃을지도 모른다는 불안감으로 의지와는 상관없이 필요 이상 업무에 매달리는 상태를 말한다.

자신과 가족의 개인적인 삶이나 욕구는 제쳐둔 채 가정보다는 일을 우선시하는 심리적·행동적 경향을 보이는 과잉적응 신드롬 상태가 되면 자신이 매진하고 있는 일이나 관심사에만 온 신경을 집중할 뿐 주변을 돌아보거나 배려하는 마음의 여유를 잃기 쉽다. 과로와 스트레스로 인해 두통이나 견비통, 고혈압 등의 이상증세가 나타나고 위궤양, 동맥경화 등에 시달리기도 한다. 또한 일에 대한 집착과 강박관념으로 삶의 균형이 깨져 무력감이나 공허감에 빠져 불안장애를 겪고, 가까운 가족과 지인들로부터 멀어지고 사람들에게 소외되기도 하여 자살이란 극단적인 행동을 보이기도 한다. 알코올이나 약물을 탐닉하거나 의존하는 경우도 발생한다.

오늘날 우리는 주어진 업무가 많아 개인적인 시간을 내기 어려울 정도로 마음의 여유가 없고, 늘 쫓기듯 분주한 일정에 얽매여 일에 매진하며 전투적인 기세로 일을 하고 있지만, 피해 의식과 무기력의 심리 상태에 사로잡혀 있는 과잉적응 신드롬을 겪을 가능성이 많고, 위와 같은 증상을 나타내기 쉬운 세상에 살고 있다.

그러면 과잉적응 신드롬을 예방하거나 대처하려면 어떻게 해야 할까? 자신의 개인적인 생활을 포기하고 희생하는 일중독에 빠진 과잉행동 신드롬의 사람들은 사회생활의 적응 자체가 수단이 아닌 목적이 되어버렸고, 살기 위해 일을 하기보다는 일하기 위해 사는 사람들이기 때문에 무엇보다 사회생활을 하는 데 있어 적당히 적응을 하면서 환경에 자신을 맞추고 일과 삶의 균형을 찾는 것이 필요하다. 일을 하더라도 일에 쫓겨 정신없이 바쁜 생활을 보내는 워커홀릭이 아닌, 그와 반대로 자신의 일을 즐기는 워크마니아(workmania)가 되어야 한다. 두려움을 잊기 위한 자기방어의 수단으로 일에 집착할 수도 있으므로 자기 스스로 가치 있는 존재라는 믿음과 만족감을 갖고 자신이 갖고 있는 두려움에 맞서야 한다. 삶의 균형을 잡고 결정하는 선택권은 자신에게 있다는 것을 잊지 말고, 삶에 있어서 가치의 우선순위를 다시 한번 설정할 필요가 있다.

그 외 과잉적응 신드롬을 개선하기 위한 방안으로 휴식 취하기, 여가와 취미생활 즐기기, 규칙적인 운동하기, 일일 적정 수면시간 채우기, 한 달 중 며칠은 일에서 해방되어 오로지 자신만의 시간 가져보기 등이 권장되고 있다.

32
벨소리 신드롬
어? 분명 내 휴대폰 소리였는데?

오늘날 우리는 휴대폰 전성시대에 생활하고 있다. 하루 종일 휴대폰과 떨어질 새가 없이 휴대폰을 껴안고 살아간다. 밥 먹을 때나 화장실 갈 때나 휴대폰을 놓지 못한다. 그러다 보니 휴대폰 사용에 지나치게 의존하거나 집착하고, 휴대폰을 점점 더 많이 사용해야 만족을 느끼며, 휴대폰을 사용하지 않을 때에는 불안과 초조함을 느끼는 상태, 즉 휴대폰 중독에 빠지기 쉽다. 이런 휴대폰 중독 현상의 하나가 심리학자 데이비드 래러미(David Laramie)가 명명한 ringxiety(ring과 anxiety의 합성어), 즉 '벨소리 신드롬(ringing syndrome)'이다. 이 신드롬은 다른 사람의 휴대폰 벨소리가 내 휴대폰 벨소리처럼 들리고 지속적으로 울리는 휴대폰 벨소리에 불안감을 느끼는 것을 말한다.

출근시간대의 지하철 안처럼 사람들이 많은 곳에서 어디선가 휴대폰 벨소리가 들려오면 미처 3번이 울리기 전 주변에 있는 사람들이 자신의 휴대폰에 전화가 오지 않았는지 체크하기 시작한다. 자신의 휴대폰이 아니라는 것을 확인했지만 계속 울리는 벨소리에 왠지 가슴이 두

근거리고 자신의 휴대폰을 2번, 3번씩 꺼내서 다시 확인하게 된다. 집에서도 작은 소리가 들리기만 해도 무의식중에 자신의 휴대폰을 들여다보기 일쑤다. 이른바 벨소리 신드롬 현상이다. 휴대폰 사용자들이 늘어나면서 다른 사람의 휴대폰 벨소리가 내 휴대폰 벨소리처럼 들리고 지속적으로 울리는 휴대폰 벨소리에 불안감을 느끼는 벨소리 신드롬에 시달리는 사람들도 많아졌다.

벨소리 신드롬의 대표적인 증상은 다른 사람의 벨소리가 울리는데도 자신의 휴대폰 벨소리라 느껴 자신도 모르게 자신의 휴대폰을 체크해보는 것이다. 분명 자신의 벨소리도 아닌 걸 알면서도 혹시나 하는 마음에 보는 습관을 보이기도 한다. 이런 증상은 일종의 강박관념으로 휴대폰을 이용한 업무가 많은 직장인들에게 많이 보이는 증상이다. 상사 또는 바이어에게 걸려온 중요한 전화를 놓치면 안 된다는 압박감이 만든 불안함이 있기 때문이다. 휴대폰의 벨소리 기능을 이용해 대부분의 사람들이 서로 다른 벨소리를 사용하고 있지만, 누군가에게 전화가 오면 자신의 휴대폰을 한 번쯤은 바라본다. '중요한 전화를 놓칠 수 있다'는 강박관념이 자신도 모르게 휴대폰을 확인하게 하는 것이다.

심한 경우엔 휴대폰을 벨소리 대신 진동모드로 설정해두고도 다른 사람의 휴대폰 벨소리가 들리면 자신의 휴대폰이 진동하는 것처럼 느끼는 경우도 있다. 평상시에 휴대폰을 셔츠나 바지 주머니에 넣고 다니는 사람들은 신경이 많이 분포되어 있는 가슴이나 허벅지 윗부분에 휴대폰이 닿아 있기 때문에 그런 증상을 많이 느낀다고 한다. 피부에 진동을 느끼는 횟수가 잦아지면, 옷감이 스치거나 가구에 부딪히거나 심지어 가벼운 근육 경련까지도 휴대폰 진동으로 오해한다. 이처럼 주머니나 가방에 있던 휴대폰에 진동이 느껴져 꺼냈는데 아무 연락도 오지 않은 상태라면 이런 현상을 '환상진동 신드롬' 또는 '유령진동 신드롬'이라고 일컬으며, 정신과 전문의들은 '환영사지 신드롬'의 일종으로 해석하기도 한다. 환영사지 신드롬이란 사고로 팔이나 다리가 없는 사람들이 마치 자신의 팔과 다리가 붙어 있는 것으로 착각해 계속해 감각을 느끼는 것을 말한다. 심지어 진동도 시끄러워서 무음으로 해놓고 책상 위에 둔 휴대폰을 계속 힐끔거리기도 한다.

직장인의 경우 업무상 중요한 전화를 많이 받다 보니 휴대폰 벨소리만 들리면 자신의 휴대폰을 꼭 확인하게 되며, 공공장소에서 벨소리가 울리는데 누군가 휴대폰을 받지 않으면 짜증 나고 불안한 느낌이 들 수 있다. 왜냐하면 휴대폰 벨소리의 경우 동일한 멜로디가 반복되기 때문이다. 휴대폰 사용자들이 벨소리가 적은 휴대폰보다 벨소리가 큰 휴대폰을 선호하면서 휴대폰 제조사들이 규격 허용치까지 벨소리 데시벨을 높여 놓은 것과 단순히 반복되는 벨소리 역시 벨소리 신드롬의 원인 중 하나다.

벨소리 신드롬은 스마트폰 의존도가 매우 높아 발생하는 일종의 중독증이기 때문에 휴대폰을 멀리하거나 휴대폰의 존재를 과감하게 잊어버리는 것이 가장 효과적인 해결법이다. 휴대폰 사용 시간을 스스로 정하고 의식하면서 2시간, 1시간 정도의 간격을 두고 휴대폰을 확인하는 방법을 활용할 수 있다. "잠시 꺼두셔도 좋습니다"라는 예전 한 통신사 광고 문구처럼 잠시 휴대폰을 꺼두는 것도 벨소리 신드롬을 극복하기 위한 좋은 방법이다.

33
꾸바드 신드롬
예비 아빠가 입덧을 한다고?

요즈음 '전업주부 아빠'란 말이 생길 정도로 남편이 가사일을 하고 아이를 돌보는 사례가 늘어나고 있고, 다자녀가 아닌 자녀를 1명만 낳아 잘 기르자는 풍조가 있다. 그래서 자녀 출산과 양육은 더 이상 아내의 전담이 아닌 부부 공동의 몫으로 자리매김하고 있고, 아이가 태어나기도 전에 예비 아빠들이 과거에 비해 아이의 탄생에 많은 관심을 보이는 것이 현실이다. 그러다 보니 아내뿐만 아니라 남편도 아기가 아내의 배 속에 생기고 점점 자라서 나중에 출산에 이르기까지 지대한 관심을 보이고, 이러한 관심이 지나쳐 아내가 해야 할 입덧을 남편이 하는 경우도 있다고 한다. 보통 아내는 임신 중에 식욕이 사라지고, 속이 메스꺼운가 하면, 어지러움이 나타나며, 구토 증세를 보이는 등 한 마디로 입덧을 하게 된다. 이런 입덧을 비롯하여 아내의 임신과 출산 중에 남편이 아내와 같은 증상을 겪는 것을 영국의 정신분석학자 윌리엄 트리도우언(William

H. Trethowan)은 '꾸바드 신드롬(couvade syndrome)'이라고 불렀다.

꾸바드는 '알을 품다, 부화하다'라는 의미를 지닌 불어 couver(영어 발음으로는 쿠바드이지만 불어 발음으로 읽으면 꾸바드에 가깝다)에서 유래된 말로, 아내의 임신으로 인한 남편의 정신적 변화 또는 예비 아빠로서의 불안의 한 형태로 풀이된다. 이에 남편 혹은 예비 아빠가 마치 알을 품은 것 같은 심리적 부담을 그대로 느끼는 것을 일컬어 꾸바드 신드롬이라고 한다. 예비 아빠의 입덧이라고 할 수도 있는 꾸바드 신드롬은 아내가 임신하고 3개월이 된 시점에 가장 심하게 나타나다가 점점 완화되다가 아내의 출산이 가까워지면 남편은 다시금 불안과 긴장감이 증가되기 시작하는 특징을 보인다. 이처럼 비단 신체적 증상에만 그치지 않고 우울증과 긴장이 고조되고 신경과민적인 심리적 증상으로도 나타나는데, 심한 경우엔 아내가 진통이 시작되었을 때 실제로 유사한 진통을 느끼기도 한다. 이는 아내가 임신하고 출산하는 과정에서 남편도 심리적인 급격한 변화를 겪기 때문이다. 남편과 아내의 유대감이 높을수록 이런 증상의 발생 확률이 높은 것으로 알려져 있다.

아기 아빠가 되려는 예비 아빠들이 임신 증상을 경험할 수 있다는 꾸바드 신드롬을 뒷받침해주는 연구 결과가 있다. 영국 세인트조지대학 연구팀이 282명의 예비 아빠들을 대상으로 수행한 연구 결과에 따르면 입덧, 경련, 위 팽만 등의 증상 등이 배우자가 임신한 예비 아빠들에서 보고되었다. 이 연구에서 연구팀은 세인트조지 병원에 입원한 산모의 19~55세 남편들을 모니터링한 후 동일한 연령의 대조군과 비교했다. 그랬더니 예비 아빠들이 경련, 요통, 감정의 흔들림, 음식 갈망, 입덧, 피로감, 우울증, 혼미, 불면증, 치통 등의 증상을 보였고 더욱 심한 경우에는 임신한 것처럼 배가 불룩 나오기도 했다고 한다.

이러한 쿠바드 신드롬은 주로 여성중심인 모계사회, 처가살이를 하는 사람들에게서 더욱 흔하게 나타나고, 반대로 남편이 육아에 거의 신경을 쓰지 않는 남성중심인 가부장적 사회에서는 찾아보기가 힘들다고 알려져 있다. 이 신드롬은 아빠가 되는 것에 대한 기대와 두려움, 그리고 남편이 아내의 배 속에 있는 아이로부터 또는 주위 사람들로부터 자신이 아이의 아빠임을 인정받으려는 욕구와 기대에서 출발하게 되며 아내의 양육권 독점을 견제하려는 의도에서 나타나기도 한다.

과거 평안도 박천이라는 지방에서는 아내의 산통이 시작되면 남편은 지붕 위로 올라가 아내가 진통을 겪는 내내 자신도 함께 진통을 겪듯 비명을 지르며, 아이가 태어나면(아이의 울음소리가 들리면) 지붕에서 굴러 떨어지는 이른바 '지붕지랄'이라 불리는 풍습이 있었다고 하는데, 이것은 쿠바드 신드롬의 영향을 받은 옛 풍습이었다고 볼 수 있다. 오늘날에 있어서는 조금 우스꽝스러운 이야기처럼 들릴 수 있지만 출산의 고통을 함께 느끼려고 했던 것이 아닌가 싶다.

꾸바드 신드롬 때문에 남편이 불안해하면 아내가 심리적으로 의지하지 못하고 아내마저 덩달아 불안해질 수 있다. 이는 마치 분리불안장애를 겪는 아동과 함께 유치원으로 가면서 엄마가 불안해하는 모습을 보여 결과적으로 아동을 더욱 불안하게 만드는 것과 비슷하다고 할 수 있다. 이렇게 보면 쿠바드 신드롬이 나쁘게 적용되는 심리작용이라고 볼 수도 있지만, 부부의 사랑과 유대감으로부터 나온 효과라고 생각하면 나쁜 것으로 볼 수 없다. 아내는 남편의 꾸바드 신드롬의 증상을 보면서 동병상련(同病相憐, 같은 병을 앓는 사람끼리 서로 가엾게 여김), 동고동락(同苦同樂, 괴로울 때나 즐거울 때나 항상 함께함)한다는 기분을 느끼게 되어 아내에 대한 남편의 사랑하는 마음을 확인할 수 있고 서로 부부라는 마음이 강해질 수 있다. 이런 점에서 앞으로 임신한 여자의 전유물인 입덧과 같은 증상이 임신한 아내의 남편에게서도 나타나는 꾸바드 신드롬의 증상을 겪는 사람이 생각보다 많아질지도 모르겠다. 꾸바드 신드롬을 보일 경우 서로 부부애를 느끼면서 아내의 행복한 출산을 위해서 부부가 함께 가벼운 운동으로 기분을 전환하고 활기와 건강을 유지하는 것이 필요하지 않을까 싶다.

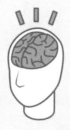

사회성과 사회적응력의 심리

34

바넘 효과

점괘가 맞는 것처럼 들리는 이유

누군가의 성격에 대한 다음 보고서를 읽어 보자.

당신은 장점도 있고 약점도 있지만 대부분의 경우 스스로가 그런 장점이 있다고 믿지 않습니다. 당신은 변화할 수 있는 내적 잠재력을 갖고 있지만, 자신에게 맞는 것을 선택하려면 자기의 감정에 더 많은 주의를 기울일 필요가 있습니다. 당신은 자신의 내적 충동이 사회적 기준과 도덕적 규약 때문에 갈등을 경험할 때가 많습니다. 대부분의 경우 스스로 납득할 수 있는 방식으로 갈등을 해결하지만, 때로는 의문이 생기고 과연 옳은 일을 했는지 궁금해하기도 합니다. 두 가지 일을 동시에 하고 싶을 때가 종종 있지만 그렇게 할 수 없어서 속이 상할 때도 간혹 있습니다. 당신만 아는 내면의 자기가 있지만 자신의 진짜 생각이나 느낌과 다른 얼굴을 세상에 보여줄 때가 더러 있습니다. 그리고 간혹 자신이 행한 일, 선택한 길을 되돌아보면서 이 모든 게 과연 가치가 있는지 회의감이 들기도 합니다.

혹시 위의 성격보고서를 읽으면서 바로 자기 자신이라고 생각하지 않았는가? 적어도 자기 자신의 성격과 상당히 비슷하다고 생각했을 것이다. 이러한 보편적인 그러나 가짜인 성격보고서를 믿는 경향을 "매 순간 바보 혹은 멍청이가 생긴다."라고 말한 피니어스 바넘(Phineas T. Barnum)의 이름을 따서 '바넘 효과(Barunm effect)'라고 한다. 바넘은 서커스에서 관람객들의 성격을 알아맞히는 마술로 유명인사가 되었다. 그가 속임수를 쓴다고 생각하는 사람들은 자원해서 무대로 올라갔으며, 바넘은 조금도 주눅이 들거나 당황하지 않고 바로 그 사람의 성격을 정확하게 맞췄다. 그의 놀라운 능력은 미국 전역에서 회자되면서 많은 사람들과 돈을 끌어 모았다. 여전히 그가 속임수를 쓰는 것이라고 생각하는 사람들이 많았지만, 그 속임수가 무엇인지 알아내는 데에는 실패했다.

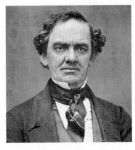

P. T. Barnum(1810~1891)

1세기가 지난 후 바넘의 놀라운 능력의 비밀을 밝힌 사람은 심리학자 버트럼 포러(Bertram R. Forer)였다. 그는 학생들에게 자신이 제작한 것이라면서 새로운 성격검사를 실시하였고, 일주일 후에 포러는 학생들의 이름이 적힌 검사 결과지를 모두에게 나눠주었다. 결과지에는 개인의 성격이 묘사되어 있었고, 학생들은 검사 결과가 자신의 실제 성격과 매우 일치한다고 판단하였다. 그렇지만 여기에는 중요한 함정이 있었다. 학생들이 받은 결과 내용은 모두 동일한 것이었다. 그럼에도 학생들은 모두 자신의 성격을 잘 묘사하고 있다고 판단한 것이다. 그 이유가 무엇인지 포러가 학생들에게 나눠주었던 다음과 같은 성격 묘사 결과지를 보면 알 수 있다.

당신은 사람들이 당신을 좋아하거나 존경하면 좋겠다고 생각한다. 당신은 자신에게 비판적인 경향이 있으며 장점으로 살리지 못한 능력을 갖고 있다. 당신은 비록 약점을 갖고 있지만 그에 대한 대응책도 갖고 있다. 당신은 겉으로 보기에는 스스로를 잘 통제하는 것 같지만, 사실은 그렇지가 못하다. 때때로 당신은 옳은 결정을 했는지에 대해 심각하게 고민을 하곤 한다. 당신은 변화와 다양성을 선호하지만 한계에 부딪히게 되면 이에 만족하지 못한다.

당신은 자신이 독립적으로 사고하는 사람이라고 여기기 때문에 확실한 증거가 없이는 다른 사람들의 말을 수용하지 않는다. 당신은 다른 사람들에게 자신을 있는 그대로 모두 드러내는 것은 현명하지 못하다고 생각한다. 당신은 외향적이고 남과 잘 어울리며 사교적인 편이지만, 때로는 내향적이고 사람을 경계하며 위축되기도 한다. 당신의 소원들 가운데 어떤 것은 매우 비현실적인 것이다. 안전은 당신의 인생에서 주요한 목표 중 하나다.

이렇게 애매하고 일반적인 표현들은 이 세상 어느 누구에게도 해당될 만한 것들이다. 사람들은 애매하고 일반적인 상황을 자신의 입장에 맞게 생각하는데, 바넘이 사람들의 성격을 잘 맞춘 것도 결국 이런 식으로 성격을 묘사했기 때문이다. 바넘 효과는 포러가 밝혀냈다고 해서 '포러 효과(Forer effect)'라고 불리기도 한다.

바넘 효과는 또한 '우물 효과'라고도 하는데, 이는 우물의 깊이가 깊을수록, 곧 어떤 말이 애매하면 애매할수록 듣는 사람에게 더욱 설득력이 강해지거나 그것을 듣는 사람이 이 말 가운데서 자기 자신의 모습을 더 많이 발견하게 되는 현상을 말한다. 미신이나 점괘를 잘 믿는 것도 바로 우물 효과의 대표적인 예라 할 수 있다. 우물 효과가 사람들이 보편적으로 가지고 있는 성향을 자신만의 특성으로 여기는 심리적 경향이라는 점에서 바넘 효과와 같은 개념이다.

이처럼 성격에 대해 지나치게 애매하고 일반화된 진술을 자신의 성격에 대한 독특하고 의미 있는 특징을 기술하는 것으로 기꺼이 받아들이는 경향을 바넘 효과라고 한다. 예를 들어, "당신은 변화와 다양함을 좋아하고 당신의 결정에 항상 의문을 가진다."라는 성격에 대한 해석과 평가는 다른 사람들에게도 포함되는 보편적인 성격이다. 우리 인간은 대다수 공통적으로 지니고 있는 성격 특성이 있어서 우리에 대한 점쟁이의 점괘가 맞는 것처럼 들리는 것이다. 이런 면에서 보면 혈액형에 따른 성격 유형이나 역술과 점술, 타로점 모두 바넘 효과일 수 있다.

일반화된 성격보고서를 믿는 경향성 때문에 옛날부터 협잡꾼이나 엉터리 사기꾼의 속임수에 쉽게 넘어가곤 했다. 과학적 근거가 없음에도 불구하고 사람의 성격이 그 사람의 출생 별자리와 관련이 있다는 생각에 기반을 둔 점성술이 여전히 판치고 있다. 심령술사가 보여주는 마술이 쓰레기 더미에 불과할지라도 어떤 판단과 결정을 할 때 객관적인 증거나 통계적 확률과 같은 과학적 정보보다는 삶에서 마술을 필요로 하고 이야기나 믿음의 비약이 더 편안한 사람들이 많다. 멍청이가 되는 주요한 특징은 어리석음이고 자세한 탐색 없이 어떤 것을 받아들이는 것이다. 바넘 효과에 넘어가지 말아야 한다.

35
면역 효과
귀가 얇으면 예방 주사가 필요하다

　겨울철이 다가오면 많은 사람들이 강한 인플루엔자 바이러스에 저항하기 위한 항체를 형성하기 위해 예방 주사를 맞아 독감에 대한 면역력을 키워 예방을 한다. 강한 바이러스가 신체에 치명적인 손상을 주듯이 강한 설득 메시지는 더 많은 태도 변화를 일으킨다. 그래서 예방 주사를 맞은 사람이 항체를 형성해 이후의 강한 바이러스에 저항하듯이 미리 약한 메시지를 받으며 메시지에 면역성을 키운 사람들은 강한 설득 메시지에도 잘 저항한다는 것이다. 이러한 현상을 '면역 효과(inoculation effect)' 혹은 '예방접종 효과(immunization effect)'라고 한다.

　면역 효과는 미국 커뮤니케이션 분야의 사회심리학자 윌리엄 맥과이어(William J. McGuire)에 의해 알려졌다. 그는 메시지를 전달받는 수신자의 과거 경험이 설득에 중요한 역할을 한다는 사실을 밝혀냈다. 그래서 맥과이어와 그의 동료들은 쉽게 설득을 당하지 않으려면 사전에 약한 설득 메시지에 노출되는 경험을 해야 한다고 주장했다. 즉, 미리 면역 기능을 길러주어야 한다는 것이다. 그렇게 하면 강한 설득 메시지에 노출되더라도 쉽게 설득되지 않는다. 이처럼 미리 약한 설득 메시지를 들으면서 면역 기능을 기르면 나중에 강한 설득 메시지에 노출되더라도 쉽게 설득되지 않는 현상을 면역 효과라고 한다.

그렇다면 어떤 사람들이 설득이 더 잘될까? 설득이 잘 되는 사람을 우리는 보통 '귀가 얇다'라고 표현하기도 한다. 어떤 조건에서 설득이 잘되는 사람들은 그렇지 않은 사람들보다 다른 장면에서도 설득이 잘 되는 경향이 있다. 공격적인 사람들은 처벌적 커뮤니케이션에 더 영향을 받지만, 공격적이지 않은 사람들은 관대한 커뮤니케이션에 더 영향을 받는다. 자존감이 낮은 사람들은 높은 사람들에 비해 설득이 잘된다. 자존감이 낮은 사람들은 자신이 하는 일이나 자신의 태도에 변화를 주는 것을 부담스럽게 생각하지 않기 때문에 조금만 위협을 받아도 자신의 태도를 쉽게 변화시키는 경향이 있다. 그리고 지능이 높은 사람들은 비판적으로 정보를 받아들이기 때문에 설득이 잘되기도 하고 안 되기도 한다. 지능이 높은 사람들은 논리적이고 일관된 주장에 설득이 잘되는 반면, 지능이 낮은 사람들은 복잡하지 않고 난해하지 않은 주장에 설득이 잘된다.

마케팅에서는 면역 효과를 역이용하는 기법, 즉 '발부터 들여놓기 기법(foot-in-the-door technique)'과 '머리부터 들여놓기 기법(face-in-the-door technique)'을 우리가 모르는 사이에 많이 사용한다. 발부터 들여놓기 기법이란 작은 요구에 응하게 하여 나중에 큰 요구를 들어주게 하는 것인데, 작은 혜택을 계속해서 주면 부담 없이 받게 되고 그러다가 큰 요구를 하면 미안한 마음에 쉽게 거절하지 못하는 심리를 이용한 것이라 할 수 있다. 작은 판촉물을 주면서 관계를 지속하다 결정적인 제품을 사게 만드는 경우, 집을 보러 갔을 때 부동산에서 싼 것부터 보여주고 제일 좋은 집 혹은 정말 팔려고 했던 집을 나중에 보여주는 경우가 그 예라 할 수 있다. 머리부터 들여놓기 기법이란 작은 요구를 관철시키기 위해 더 큰 요구를 먼저 제시하고 마지막에 작은 요구를 제시하는 것인데, 무리한 부탁을 먼저 해서 나중에 제시한 작은 요구를 관철시키는 방법이다. 어린아이들이 엄마에게 우선 비싼 것을 사달라고 조르다가 그것이 안 되면 좀 싼 것을 사달라고 하는 경우, 제품을 판매할 때 처음엔 높은 금액을 제시하다 낮은 금액에 팔리게 하는 경우가 그 예에 해당된다.

설득을 당하지 않기 위해서는 면역 효과와 이를 역이용하는 기법을 잘 알아야 할 것이다. 그러나 면역을 위한 예방 주사에는 약하게 만든 바이러스를 넣지, 병을 일으키는 원균을 넣지 않는다는 점을 기억할 필요가 있다. 설득 심리학에서는 상호 간에 진정성 있게 소통을 하고 대화를 나누는 것이 기본이고 정석이라고 한다. 따라서 자신의 경험을 곁들여 관련되는 문제에 대해 마음을 터놓고 솔직하고 진실하게 대화를 나누는 것이 중요하다.

36
밴드왜건 효과
대세와 유행에 편승하다

'친구 따라 강남 간다'는 속담이 있다. 자신은 별로 하고 싶지 않은 일을 남이 하는 대로 덩달아 하게 됨을 비유적으로 표현한 말이다. 무리에서 혼자 뒤처지거나 동떨어지지 않기 위해 다른 이들을 따라 하는 모습을 연상해보면 쉽게 이해가 된다. 이와 관련된 심리현상이 뚜렷한 주관 없이 다른 사람들의 선택을 따라 하는 '밴드왜건 효과(bandwagon effect)'이다. 이 효과는 우리말로 '악대차 효과', '편승 효과', '시류 효과', '쏠림 효과', '유행 효과'라고도 한다. 밴드왜건은 서커스나 퍼레이드에서 펼쳐지는 행렬의 가장 앞에서 밴드를 태우고 행렬을 이끌며 분위기와 흥을 돋우는 역할을 하는 마차나 자동차를 가리키며, 미국 서부개척시대의 역마차 밴드왜건이 금광 발견 소문이 나면 요란한 음악을 연주해 사람들을 이끌고 갔다는 것에서 유래한 것이다.

1848년 미국 대통령 후보로 출마했던 재커리 테일러(Zachary Taylor)

의 선거운동의 열성 지지자들 가운데 댄 라이스(Dan Rice)라는 유명한 서커스 광대가 사람들의 관심을 끌기 위해 행렬의 선두에 선 악대차를 뜻하는 밴드왜건을 사용하면서 정치적인 용어로 쓰이기 시작했다. 라이스는 테일러를 밴드왜건에 초대해 같이 선거 유세를 했다. 악대차는 군중이 별생각 없이 덩달아 뒤를 졸졸 따르게 하는 데엔 최고의 효과를 발휘했다. 테일러는 대선에 승리해 미국 제12대 대통령이 되었는데, 악대차 효과 덕분이라는 소문이 나면서 이후 정치인들이 앞다투어 악대차를 동원한 선거 유세를 펼치기 시작했다. 말이 끄는 밴드왜건은 1920년대에 사라졌지만, 오늘날 '시류에 영합하다', '편승하다', '승산이 있을 것 같은 후보를 지지하다'라는 뜻을 갖게 되었다.

오늘날 정치학에서는 밴드왜건 효과를 선거운동이나 여론조사 등에서 우위를 점한 후보 쪽으로 유권자들이 쏠리는 현상을 말한다. 즉, 선거에 무관심했거나 지지하는 후보가 없던 유권자들이 뚜렷한 주관 없이 대세에 편승하게 되는 현상을 밴드왜건 효과라고 부른다. 이처럼 정치학에서는 밴드왜건 효과를 많은 사람들의 선택에 편승해서 투표를 하는 현상을 가리킨다. 그래서 정치 분야에서는 세몰이를 하게 된다.

그러나 밴드왜건 효과라는 말은 정치학보다는 경제학의 소비자 연구 분야에서 먼저 쓰였다. 미국의 경제학자 하비 레이번스타인(Harvey Leibenstein)은 1950년 발표한 특정 개인의 재화 수요가 다른 개인의 수요에 영향을 주는 현상인 '네트워크 효과(network effect)'의 일종으로 밴드왜건 효과라는 개념을 소개했다. 어떤 재화나 상품에 대해 사람들의 수요가 많아지기 시작하면, 이런 경향을 좇아가는 새로운 소비자들이 나타나 수요의 증가를 가져오는 현상을 말한다. 예를 들면, 휴대전화의 가입자 수가 증가하면 증가할수록 자신의 서비스 가입 효용도 증가하는 것을 의미한다. 그래서 경제학에서는 밴드왜건 효과를 유행에 따라 상품을 구입하고 소비하는 현상을 가리킨다.

이러한 밴드왜건 효과는 유행을 따르거나, 많은 사람의 선택에 이유가 있을 것이라 믿는 사회적 동조 때문에, 그리고 다수에 속함으로써 안정감을 느끼고 싶고 주위 사람들과의 관계에서 배제되지 않기를 원하는 사람들의 심리에서 유발되는 현상이라고 할 수 있다.

비지니스에서는 소비자의 충동구매를 부추기는 마케팅 전략으로 밴드왜건 효과를 활용하고 있다. 가장 대표적인 것이 바로 '이번 시즌 마지막 세일', '매진 임박', '오늘 방송만을 위한 한정 판매', '주문량 폭주' 등 소비자를 현혹시키는 문구와 말을 자주 보고 들을 수 있는 홈쇼핑 마케팅이다. 대부분의 온라인 쇼핑몰이 메인 페이지에 베스트 상품 섹션을 배치하고 상단의 롤링 대버너에 인기상품 기획전을 노출하는 것도 밴드왜건 효과를 활용한 전략이다. 소비자들은 이런 섹션과 카테고리를 통해 다른 사람들의 취향과 자신의 취향을 비교하고 제안한 상품이 자신의 취향과 맞지 않을 때도 상품을 구매하게 된다.

베스트셀러에서부터 소문난 맛집에 이르기까지 사람들이 찾아 몰려드는 현상이나, 선거를 앞두고 사전 여론조사나 유세 운동 등을 벌였을 때 특정 정당 및 후보가 절대적인 우위를 차지하면 '저 정당/후보가 우세할 것이다'라는 생각을 하는 유권자들에 의해 지지율이 쏠리는 현상이나, 학자들이 다른 학자들이 어떤 분야의 연구에 매달리는 것을 보고 맹목적으로 휩쓸려 자신도 그 분야의 연구에 매달리는 현상이나, 영화에서 사람들이 미소를 짓는 장면이 나오면 재미가 있든 없든 따라 미소를 짓는 현상이나, 필요하다 싶어 구매하려던 물건도 이전 구매자의 평가가 나쁘면 구매를 주저하는 현상은 모두가 밴드왜건 효과에 해당하는 것이다.

　이처럼 타인의 말이나 행동에 쉽게 영향을 받는 대중의 일상적 삶과 관련된 밴드왜건 효과를 '들쥐 떼'와 같다고 비판하기도 한다. 그래서 밴드왜건 효과를 '레밍 신드롬(lemming syndrome)'이라고도 한다. 레밍 신드롬이란 아무 생각 없이 무리를 따라 집단행동을 하는 것을 의미한다. 설치목 비단털쥐과에 속하는 소형 설치류인 레밍은 주로 북극과 가까운 핀란드, 스칸디나비아 반도 등 툰드라 지역에 살고 있는 들쥐의 일종으로, 대체로 짧은 다리와 작은 귀 그리고 강한 앞니를 가지고 있고, 몸 전체는 길고 부드러운 털로 덮여 있다. 초식성으로 여름 내내 여러 차례 번식하며, 불과 20일 정도의 짧은 임신기간에 최대 9마리의 새끼를 낳는다. 레밍은 개체 수가 너무 늘어나면 3~4년마다 다른 땅을 찾아 집단으로 이동하는 습성이 있다. 그래서 '나그네쥐'라고도 불린다. 이동 시 뒤따르는 레밍들이 맹목적으로 우두머리를 쫓아가다가 절벽에 그대로 뛰어들거나 호수나 바다에 빠져 죽기도 한다. 앞선 개체를 무작정 따라가다 집단으로 물에 빠져 죽게 되는 극적인 모습 때문에 맹목적인 집단행동을 부정적으로 설명할 때 레밍에 빗대어 말하곤 한다. 누군가 먼저 하면 나머지도 맹목적으로 따라 하다가 자멸을 초래하는 것이다. 이러한 레밍이란 들쥐에서 가져온 레밍 신드롬은 아무 생각 없이 무리를 따라 하는 집단행동, 즉 뚜렷한 주관 없이 다른 사람들의 선택을 따라가는 무리 효과 혹은 편승 효과를 말한다.

밴드왜건 효과는 마케팅 전략으로 자주 쓰이는 방법이긴 하지만, 고전적인 방법인 만큼 반발도 만만치 않게 생겨난다. 즉, 어떤 물품이 유행하면 오히려 구매를 꺼리는 것인데, 밴드왜건 효과와 정반대의 현상을 나타내는 '속물 효과(snob effect)'가 바로 그것이다. 다른 사람들이 소비하면 오히려 그 재화나 상품을 소비하지 않고 차별화를 시도하는 소비 현상을 가리키는 말이다.

뭔가를 주변 사람들이 믿거나 하기 때문에 그것을 믿고 따라 하고, 남들이 하니까 좋다고 하니까 얼결에 덩달아 하는 행위는 우르르 몰려다니는 들쥐 떼와 다름없다. 무작정 친구 따라 강남 갔다가 낭패를 보지 않으려면 다른 사람들의 의견을 지나치게 믿고 따르지 않으면서 필요하고 유용한 정보를 최대한 많이 수집하여 이것저것 가늠해보아야한다. 뚜렷한 주관 없이 다른 사람들의 선택을 따라 하는 밴드왜건 효과는 때로는 끔찍한 파국의 길로 이끌고, 집단몰락을 초래할 수 있다는 점을 잊지 말아야 한다.

37

동시대 집단 효과

세대와 세대 간에 벽이 생기는 이유

어른들이 하는 이야기 중 "우리 때는 이랬는데, 요즘 애들은 우리 때랑 많이 달라."라는 말을 흔히 들어 볼 수 있다. 우리 때와 요즘 애들이 경험하는 것이 다르고 시대사회적 배경이 달라 어떤 문제를 바라보는 시각과 해결책에 대해 세대 차이를 가져오며 서로 이해하지 못하는 결과를 초래하기도 한다. 간혹 부모님이 들려주는 이야기 중에 자녀들이 알아듣기 어려운 말이 있다. 이는 그 세대를 살지 않은 사람들은 이해하기 어려운 것들이 있기 때문이다. 반대로 자녀가 사용하는 언어를 부모님이 알아듣지 못하고 이해하기 힘든 경우가 많다. 이를 두고 바로 세대 차를 느낀다고 한다. 그래서 동시대를 살아온 부류들끼리는 원활한 대화를 이어갈 수 있지만, 세대가 다를 경우엔 소통이 수월하지 않을 수 있다.

이러한 현상을 설명해주고 있는 것이 발달심리학에서 사용되는 '동시대 집단 효과(cohort effect)'이다. 이것은 동시대에 태어난 사람들이 유사한 사회적 경험을 공유하게 되어 이 경험이 특정 사안에 대한 공통적인 태도를 만들게 되는 현상을 의미하며, '동년배 효과' 또는 '동시대 출생집단 효과'라고도 불린다.

코호트(cohort)의 어원은 라틴어 '뜰'이란 뜻의 co와 '훈련받은 사람들'이란 뜻의 hors, 즉 '같은 뜰에서 훈련받은 무리'라는 의미의 cohors, 혹은 로마군에서 대대를 가리키는 군인 집단을 뜻하는 중세 프랑스어 cohorte이다. 오늘날 코호트는 사회학에서는 특정 기간에 특정 경험을 공유한 사람들의 집합을, 그리고 통계학에서는 동시대 출생집단을 뜻한다. 따라서 코호트는 비슷한 시기에 출생하고 비슷한 가치관이나 행동양식을 공유하는 집단이고, 코호트 효과는 비슷한 시기에 태어나고 비슷한 경험을 공유함으로써 비슷한 가치관이나 행동양식을 갖게 되는 것을 말한다.

본래 동시대 집단 효과란 말은 독일의 심리학자 파울 발테스(Paul B. Baltes)가 제안한 인간발달에 관한 연구방법으로서 발달에 미치는 사회적 및 역사적 영향을 밝히기 위한 분석에서 나온 것이다. 동시대 출생집단은 사회문화적으로나 역사적으로 거의 비슷한 경험을 하며 살아왔기 때문에 가치관, 인생관, 교육 수준이나 문화적 혜택, 그리고 여러 가지 사회적 태도에 있어서 공통점과 유사성을 가지게 되고, 공통된 화제를 가질 수 있으며, 서로 잘 모르는 동시대 출생의 사람을 만나도 공통적 문화로 자연스럽게 동질성과 동료의식을 갖게 된다.

결국 동시대 집단 효과는 서로 태어나서 자란 시대가 다르기 때문에 횡단적 실험 결과에서 나온 연령의 차이가 연령이 증가해서 나온 결과라기보다는 연령집단의 공통적인 경험이 원인이 될 수 있다는 것으로서 시대사회적 배경효과를 의미하는 것이다. 한국사회에서 많이 활용되는 대표적인 코호트로는 베이비붐(baby boom) 세대와 에코(echo) 세대가 있으며, 그 외에도 산업화 세대, 민주화 세대, 386 세대, X 세대, M 세대, Z 세대, MZ 세대 등이 있다.

같은 세대는 서로만이 알아듣는 신호나 제스처로 서로 간의 동질감과 동료의식을 확인하면서 더욱 견고하게 또래집단을 형성하고, 공통적으로 같이 느끼고 경험하는 것을 공감하기도 한다. 이는 자연스럽게 다른 집단, 즉 세대가 다른 사람들을 제외시키고 소외시키게 되는 결과를 낳기도 한다. 물론 일부러 제외시키려고 의도를 가진 것은 아니지만, 이렇게 동질감과 동료의식이 강하게 결속될수록 자연스럽게 다른 집단을 배타시키는 결과를 초래하기 쉽다. 이처럼 모든 사회에서 필연적인 세대 간 차이는 하나의 현상이나 문제에 대한 해석이 달라 갈등 유발 요소로 작용하기도 하지만, 이에 대해 사회적 토론과 합의가 이루어지는 경우엔 좀 더 나은 사회를 향한 발판이 되는 순기능을 가지게 되기도 한다.

자연스럽게 따라오는 세대 간의 배타성은 어쩔 수 없지만, 각 세대 간에 서로 포용하고 수용하며 존중하는 태도를 길러야 보다 성숙하고 아름다운 사회가 되고, 그런 사회가 세대 간의 강점을 살려 더 큰 시너지 효과를 창출할 수 있을 것이다.

38
링겔만 효과
머리 숫자와 힘은 비례하지 않는다

　우리 사회는 곳곳에 여러 집단이 있고, 그 집단 속에는 구성원들이 존재하기 마련이다. 어떤 한 집단에 소속된 구성원의 수가 늘어날수록 개인이 내는 성과의 수준이나 집단에 대한 공헌도는 커질까 아니면 작아질까? 전체적인 성과는 올라갈지 몰라도 개인이 발휘하는 성과나 집단에 대한 공헌도는 오히려 감소한다는 실험 결과가 있다.

　1913년 프랑스 심리학자이자 농업전문 엔지니어인 막시밀리앙 링겔만(Maximilien Ringelmann)은 줄다리기 실험을 통해 집단에 속한 각 개인들의 공헌도의 변화를 측정해보았다. 개인이 당길 수 있는 힘의 크기를 100으로 보았을 때, 2명, 3명, 8명으로 이루어진 각 그룹은 200, 300, 800의 힘이 발휘될 수 있을 것으로 기대되었다. 그러나 실험 결과에 따르면, 2명으로 이루어진 그룹은 잠재적인 기대치의 93%, 3명으로 이루어진 그룹은 85%, 그리고 8명으로 이루어진 그룹은 겨우 49%의 힘의 크기만이 작용한 것으로 나타났다. 즉, 참가자가 늘수록 한 사람이 내는 힘의 크기가 줄어드는 것으로 나타났다. 이러한 실험 결과처럼 혼자서 일할 때는 100의 역할을 하는 구성원이 집단 속에서 함께 일할 때 이에 미치지 못하는 성과를 내는 현상을 링겔만의 이름을 따서 '링겔만 효과(Ringelmann effect)'라 부른다.

다시 말하면, 혼자서 일할 때보다 집단 속에서 함께 일할 때 노력을 덜 기울이는 현상, 혹은 집단의 규모가 클수록 구성원들이 힘을 최대로 발휘하지 않아 성과에 대한 개인별 공헌도가 떨어지는 집단 심리 현상이 링겔만 효과이다. 둘 이상의 요소가 서로 협력하고 상호 보완을 하여 더 큰 효과를 발생시킨다는 뜻으로 1+1=2가 아닌 3 이상의 효과를 내는 현상을 '시너지 효과(synergy effect)'라고 하는데, 이 시너지 효과의 반대되는 개념이 링겔만 효과이다. 이러한 링겔만 효과는 대개 다음과 같은 두 가지 경우에서 발생한다고 한다.

첫째, 조직 내에서 구성원 스스로가 개인의 존재 의미나 가치를 발견하지 못하는 경우이다. "나는 팀에 기여하는 바가 거의 없는 것 같다."라거나 "내가 없어도 팀이 활동하는 데 전혀 지장이 없다."라는 식의 자신의 존재 의미나 가치에 대한 불신은 곧바로 업무에 대한 의욕 저하로 이어진다. 이렇게 의욕이 떨어진 개인은 공동으로 달성해야 할 팀의 목표에 적극적인 노력을 기울이지 않게 되고, 그로 인해 링겔만 효과가 발생하는 것이다.

둘째, 집단 속에서 개인의 잘잘못이 확실하지 않은 경우이다. 개인에게 주어지는 업무의 책임과는 달리 집단의 이름으로 책임과 권한이 주어지면 개인의 익명성이라는 그늘에 숨어 자신의 능력을 십분 발휘하지 않게 된다. 특히 팀의 규모가 크면 클수록 팀 구성원 개개인에 대한 책임이나 기여도에 대한 평가가 어려워져 링겔만 효과가 나타날 가능성이 커지게 된다.

그렇다면 조직 내에서 링겔만 효과를 어떻게 줄일 수 있는가? 무엇보다도 팀의 목표에 대한 개인의 몰입도를 높이는 것이 중요하다. 팀 리더는 공동의 목표 달성을 위해 구성원 개개인에게 명확한 역할과 책임을 부여하여 스스로의 가치를 발견하도록 해야 한다. 또한 팀 전체의 성과에 대한 평가뿐 아니라 구성원 개개인의 기여도에 대한 평가를 동시에 실시하는 것도 중요하다.

팀에 대한 개인의 공헌도가 분명하게 평가된다는 것을 인식할 때, '무임승차 효과(free rider effect)'가 발생하지 않고 구성원 각자가 최선을 다하게 된다. 여기서 무임승차 효과란 집단 내 공동체에서 우수한 구성원의 노력으로 나머지 구성원들이 이익을 받는 경우를 말하는데, 이는 집단 내 동기부여가 이루어지지 않는 소수 구성원이 집단 활동과 책임을 다하지 않으면서 보상 분배에 참여하는 사회적 나태 행동이라 할 수 있다.

숫자적으로 우세했던 무리가 자신들보다 훨씬 열세한 적과의 전쟁에서 패한 경우를 역사를 통해 종종 알 수 있다. 이것은 링겔만 효과를 정확히 이해하지 못하고, 단순히 산술적인 힘의 우세만을 과신했기 때문에 빚어진 결과라 할 수 있다. 링겔만 효과는 조직에 있어서 개인별로 명확하게 역할을 부여하고, 팀별뿐만 아니라 개인별로 성과를 관리하고, 하나의 목표로 팀의 역량을 집중시키는 것이 개인과 팀의 발전을 극대화시키는 주요 관건이 된다는 것을 우리에게 시사해주고 있다. 또한 다수라는 익명성 뒤에 숨어있는 집단 구성원 개인이 '나 하나쯤이야'라는 생각으로 자기 역량을 충실히 발휘하지 않는 도덕적 해이와 사회적 태만을 할 가능성이 높기 때문에 이를 경계해야 함을 일러주고 있다.

39
큰 물고기-작은 연못 효과
용의 꼬리보다 뱀의 머리가 되는 게 낫다

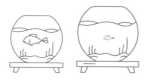

우리 속담에 '용의 꼬리가 되기보다 뱀의 머리가 되는 게 낫다', '쇠꼬리보다 닭 대가리가 낫다'는 말이 있다. 이는 크고 훌륭한 자의 뒤를 쫓아다니는 것보다 차라리 작고 보잘것없는 일이라도 우두머리가 되는 것이 낫다는 것을 표현한 것이다. 이에 해당하는 개념이 바로 '큰 물고기-작은 연못 효과(big-fish-little-pond effect)'인데, 어째서 용의 꼬리보다 뱀의 머리가 낫고, 쇠꼬리보다 닭 대가리가 더 나은 것일까?

큰 물고기-작은 연못 효과는 영국 옥스퍼드대학교의 교육심리학자 허버트 마시(Herbert W. Marsh)가 만든 말로, 학생의 자아개념이 동료 학생들의 능력과 부적인 상관관계를 맺고 있다는 가설에서 출발하였으며, 특히 자신감이 떨어지는 학생들에게 큰 효과를 발휘하는 것으로 알려져 있다. 예를 들어, 자신감이 부족한 학생은 높은 성과를 보이는 학생들 사이에 있는 것보다 보통 성과를 나타내는 학생들 사이에 있을 때 오히려 자신감이 올라가 좋은 성과를 낼 수 있다는 것이다. 이처럼 교육 현장에서 상대적 박탈감을 느끼는 현상, 혹은 자신이 속한 사회나 조직의 위치에 따라 성과나 만족감이 달라질 수 있는 현상을 큰 물고기 −작은 연못 효과라고 한다. 큰 연못은 정말로 뛰어난 학생들을 데려가 서는 이들의 기를 꺾어버리는 반면, 작은 연못은 원하는 무엇이든 할 수 있는 기회를 극대화할 수 있는 곳이 될 수 있다는 것이다.

강자를 이기는 약자의 기술을 다룬 『다윗과 골리앗』이란 책을 출 간했던 말콤 글래드웰(Malcolm Gladwell)은 성적이 우수한 집단의 학생 들은 만약 성적이 보통인 집단에 속해 있었더라면 최상위에 있고 어떤 교과목을 마스터했다고 느낄 텐데, 성적이 우수한 집단에 속함으로써 자신의 학업 능력에 대해 더 나쁘게 느끼고, 점점 더 뒤처지고 있다고 느끼며, 쉽게 바닥으로 떨어질 수 있다고 주장하였다. 그리고 교실이라 는 맥락 안에서 자신의 능력을 느끼고 지각하는 방식, 즉 학업적 자아 개념이 도전에 대처하고 어려운 문제를 끝까지 해결하려는 자신감과 동기 형성에 매우 중요한 요소이기 때문에 아무리 주관적이면서 어리 석고 비이성적이라고 할지라도 그런 느낌은 중요한 효과를 가진다고 강조하였다. 다시 말해, 작은 연못에서 큰 물고기로 지낼 수 있는 물고 기들이 더 넓은 연못에서 자기보다 큰 물고기를 만난 뒤 자신을 왜소하 게 느끼는 것처럼, 상위권 학교일수록 학생들은 자신의 능력에 대해 열 등감을 갖게 되고 보통 학교에서는 최상위에 있을 학생들이 바닥으로 떨어져 자신감을 잃은 채 힘겹게 지내게 된다는 것이다. 결국 학생이 얼마나 똑똑한가가 아니라 같은 학교나 교실 안의 학생들과 비교해 자 신이 얼마나 똑똑하다고 느끼느냐가 중요한 것이다.

이와 관련하여 싱가포르대학교 공지에 교수는 영국 프로축구의 상 위 리그에서 아쉽게 탈락한 팀과 겨우 턱걸이한 팀에 소속된 선수들의 이후 10년 경력을 비교하였다. 영국 프로축구 구단은 최고 수준을 자랑하는 프리미어 리그부터 여러 단계의 하위 리그가 있어 리그별로 치열한 경쟁을 벌이는데, 프리미어 리그에서는 매년 성적이 나쁜 세 팀은 하위 리그로 전출하게 되고, 하위 리그 중 세 팀은 상위 리그로 진입하게 된다. 따라서 프리미어 리그의 3등과 4등은 간발의 차이이기 때문에 이 두 팀은 사실상 실력이 같은 수준으로 보아도 무방하다. 그런데 이 두 팀 중 매년 전출되거나 새로 영입하는 선수를 제외하고 남아있는 선수들의 10년 후 경력을 보면, 하위 리그로 강등된 팀에 남아 있는 선수들은 겨우 턱걸이한 팀에 소속된 선수보다 이후 10년 동안 상위 팀으로 영입될 확률이 높아지고 연봉도 30~50%나 높아지는 것으로 나타났다. 이는 팀이 하위 리그로 전출되는 것이 소속 선수들에게는 오히려 출장 기회를 늘려줘 경험을 쌓고 실력을 향상시키는 기회가 된 것이다. 그러나 이런 결과는 오직 24세 이하 젊은 선수들에게만 나타났고, 25세 이상으로 다소 나이가 많은 선수들은 팀이 하위 리그로 전락할 때 오히려 상위 리그로 옮겨갈 기회가 줄어들고 연봉도 더 낮아졌다.

이 연구 결과는 나이가 젊을수록 큰 연못의 작은 물고기가 되기보다는 작은 연못의 큰 물고기가 되는 것이 더 낫다는 것을 시사한다. 큰 기업일수록 신입 사원에서부터 독자적으로 의사결정을 할 수 있는 지위에 오르기까지 오랜 세월을 기다려야 한다. 이는 마치 프리미어 리그 팀에 들어가 벤치만 지키는 선수와 유사하다. 이런 면에 비추어 보면, 큰 조직의 말단에서 허드렛일만 하면 실무 능력이 떨어져서 장기적으로 성장할 가능성이 낮아질 수 있기 때문에 오히려 작은 조직에서 풍부한 실전 경험을 쌓는 것이 장기적인 경력 관리에 유리할 수도 있다.

사람은 한양으로, 말은 제주도로 보내라는 옛말이 있다. 큰물에서 놀아야 안목도 높아지고 배울 것이 많다는 말이다. 그래서 그런지 사람들은 여전히 큰 연못을 선호한다. 젊은 인재들은 수도권의 직장을 선호하고 지방에 있는 직장을 기피하며, 대기업만 치열한 취업 경쟁이 일어나고 중소기업은 인재난을 겪고 있다. 과연 큰 연못의 작은 물고기가 되는 것이 좋을까? 아니면 작은 연못의 큰 물고기가 되는 것이 좋을까? 이 물음에 대한 답은 사람들의 생각에 따라 다르고 경험 사례에 따라 다르기 때문에 옳고 그른 답은 없다. 하지만 "사람은 큰물에서 놀아야 한다."라는 속설을 무조건 받아들이기보다는 큰 물고기-작은 연못 효과에 비추어 재고해 볼 필요가 있다. 우두머리가 되어야 하겠다고 분에 넘치는 욕심을 내다가 낭패를 보는 경우가 많기 때문이고, 또한 젊은이들이 취업하기가 매우 어렵다고 말하면서 건실한 중소기업까지 외면하는 것은 작은 우두머리라도 되는 것을 포기하는 것이기 때문이다. 큰 연못은 대가가 너무 클 수 있고, 작은 연못은 원하는 무엇이든 할 수 있는 기회를 극대화할 수 있으므로 연못 크기를 따지기보다는 자신이 어떤 물고기인가를 냉정히 생각해보고 어디가 더 마음에 드는가를 살펴보아야 할 것이다.

40

아이스 브레이킹 효과
썰렁한 분위기를 탈출시키는 방법

아이스 브레이킹(ice breaking)이란 문자 그대로 '얼음 깨기'라는 뜻이다. 심리학에서는 대인관계에서 유머를 구사해서 얼음과 같은 딱딱하고 서먹서먹한, 그리고 서늘하고 차가운 관계를 깨뜨린다는 의미로 사용된다. 아이스 브레이커(ice breaker)는 딱딱하고 서먹서먹한 분위기를 깨버리는 사람 혹은 항상 주변을 밝게 해서 웃음을 주는 사람을 지칭한다. 따라서 '아이스 브레이킹 효과(ice breaking effect)'는 우리말로 '얼음 깨기 효과'라고 하며, 이는 인간과 인간과의 관계가 차가울 때 그 차가운 관계와 서먹서먹한 감정을 깨뜨리면 대화가 자유로이 이루어지고 친밀감이 형성되는 현상을 가리킨다. 대인관계에서 얼음을 깨기 위한 가장 좋은 방법은 서로 부드럽고 솔직하며 진정성 있는 공감적 대화를 나누는 것이다.

아이스 브레이킹 효과는 차가운 강의실의 분위기를 전향적으로 바꾸기 위한 교수법의 일환으로, 그리고 레크리에이션 활동이나 송년회를 비롯한 각종 모임에서 화기애애한 분위기 조성법으로 많이 이용된다. 명강사는 얼음 깨기에 상당한 시간을 투자하여 강의실의 분위기를 긍정적으로 바꿔놓는다. 강의가 시작되면 학습자는 강사에 대한 궁금증을 갖고 강사는 학습자들이 어떻게 나올지에 대하여 어색한 감정을 가지고 있어서 강의실의 분위기는 썰렁하게 굳어 있기 마련이다. 학습자와 강사 양쪽이 굳어 있어서는 좋은 강의를 진행하기가 어렵다. 명강사들의 특징을 보면 이러한 어색한 분위기를 저마다의 독특한 기법으로 바꾸어 학습자들이 마음의 문을 열고 강의를 통하여 무엇인가를 배워야겠다는 동기와 흥미를 유발시켜 원하는 목적을 달성하고야 만다. 이처럼 분위기를 부드럽게 하여 학습자들이 강의를 꼭 들어야겠다는 분위기로 만드는 기법이 바로 아이스 브레이킹이다.

서로 잘 알지 못하는 사람들끼리 형성된 집단에서 구성원들의 서먹서먹한 감정과 분위기를 깨뜨려야 관계가 원활해지고 집단의 목적을 달성할 수 있기 때문에 각종 모임이나 집회에서 다양한 방법으로 아이스 브레이킹 프로그램을 실시한다. 참가자들끼리 서로 잘 모르는 상태에서 참가한 사람들을 대상으로 각종 세미나와 연수 혹은 모임의 프로그램을 진행할 경우에 마이크를 잡고 진행하는 사회자는 진땀을 깨나 흘릴 수 있다. 또한 참가자들 간에 서로 쑥스럽고 어색하여 자연스럽고 편안한 분위기가 형성되지 못할 수 있다. 이때 여러 가지 게임과 주제와 맥락을 함께하는 내용들을 통해 참가자들의 얼어붙고 닫힌 마음의 문을 녹여 긍정적이고 활동적으로 바꾸어 나가도록 유도하는 것이 바로 아이스 브레이킹 기법이다.

여기서 보통 아이스 브레이킹은 팀 또는 조별로, 2인 이상 또는 조별 전체가 참가해서 한 명 한 명 상대방을 이해하기 위해 노력하는 과정이고, 또한 자기 자신을 상대방에게 이해시키기 위한 과정으로, 닫힌 마음의 문을 활짝 열어 열린 마음으로 능동적으로 참여하게 하는 상호 이해 프로그램인 셈이다. 아이스 브레이킹 프로그램을 실시할 때 유의해야 할 점은 일부분만이 아닌 전원을 대상으로 해야 하고, 자연스럽게 참여를 유도하고 진행을 해야지 오버페이스로 달리면 안 되며, 시간이 길어지면 참가자들이 지루하다는 느낌을 받을 수 있고 시간 낭비라는 생각이 들 수 있기 때문에 가급적 10분 이내로 진행을 해야 한다. 또한 미리 참가자들의 지위나 분위기, 성격, 성향들을 파악해서 그 특성에 어울리도록 준비를 해야 하며, 교육 및 행사의 취지에 맞고 연계성 있는 프로그램으로 진행하면 효과가 더욱 좋다.

진행 과정의 도입 부분에서는 자기소개와 간단한 대화 정도로 가볍게 참여할 수 있도록 유도하고, 중간 부분에서는 어떤 주제를 주고 거기에 맞는 대화를 그룹별로 실시할 수 있도록 하고 그룹별 인원수에 맞게 대략 3분 정도의 시간을 준다. 예를 들어, 가족 중 가장 재미있는 사람은 누구인지, 어린 시절 가장 그리운 것은 무엇인지, 자신의 가장 큰 장점은 무엇인지, 자기 자신을 악기(혹은 음식이나 꽃)에 비유한다면 어떤 악기(음식, 꽃)인지 등과 같이 무겁지 않은 질문으로 구성을 하고, 돌아가면서 이야기를 할 수 있도록 진행한다.

우리는 크고 작은 각종 모임에서 강의를 하거나 진행을 맡는 경우가 종종 있다. 긴장되고 경직된 분위기를 부드럽게 하고 청중들의 마음을 열게 하기 위해 다양한 아이스 브레이킹 기법을 익혀 활용해보면 어떨까? 유능하고 멋진 강사와 진행자로 거듭날 수 있을 것이다.

41
제노비스 신드롬

비명 소리가 들리는데 누군가가 도와주겠지

1964년 3월 13일 새벽 3시 30분경 뉴욕시에 있는 키티 제노비스(Kitty Genovese)의 아파트 앞에서 한 스토커가 그녀를 무자비하게 칼로 찌르고 죽어가는 그녀를 강간하는 사건이 발생했다. "살려주세요, 칼에 찔렸어요! 제발 도와주세요!"라고 제노비스는 새벽의 정적 속에서 비명을 질렀다. 많은 이웃이 그녀의 비명을 듣고는 창문을 열고 전등을 밝혔지만 아무도 그녀를 도와주지 않았다. 경찰에 신고한 사람은 단 한 명뿐이었고, 그것도 첫 번째 습격이 끝난 이후에 이루어졌다. 왜 아무도 도와주지 않았을까?

누군가가 도움을 요청할 때 곁에 서서 아무것도 하지 않는 행동 경향성을 '제노비스 신드롬(Genovese syndrome)'이라고 한다. 목격자들은 왜 제노비스를 거리 위에서 홀로 죽게 내버려둔 것일까? 많은 뉴스 해설자들은 제노비스의 살인에 의한 죽음과 이에 못지않은 다른 비극들을 언급하면서 방관자들의 냉담과 무관심에 격노하였다. 사회심리학자 존 달리(John Darley)와 빕 라타네(Bibb Latane)는 구경꾼들을 비난하는 대신에 이들의 무반응을 중요한 상황 요인, 즉 타인의 존재 탓으로 돌렸다. 이들은 상황이 우리로 하여금 우선 사건에 주목하게 하고, 그것을 긴급 상황으로 해석해야 하며, 도움 행동의 책임을 느낀 다음에, 마지막으로 도울 방법을 선택할 수 있을 때 비로소 도움 행동을 하게 된다고 보았다.

이들에 의하면, 각 단계에서 다른 방관자의 존재는 사람들로 하여금 도움 행동으로 나아가는 길에서 벗어나게 할 수 있다. 즉, 도움이 필요한 사람과 단둘이 있을 때보다 다른 방관자가 여러 명 존재할 때 도움 행동을 할 가능성이 낮아진다는 것이다. 그래서 제노비스의 비명을 들은 사람들 중 몇몇은 "남들도 다 들을 수 있는데 왜 굳이 내가 도우러 가야 하지?"라고 생각했을 수 있다. 또한 물에 빠진 아이를 구하기 위해 무작정 물에 들어갔다가 오히려 자기가 익사할 수 있다는 생각 때문에 대부분의 사람들은 정확히 어떻게 행동해야 할지 알고 스스로가 도움을 줄 수 있다고 확신하고 있을 때가 아니면 섣불리 도우려고 시도하지 않는다는 것이다. 상황을 책임질 수 있다고 확신하지 못하면 방관자는 사회적 실수를 저지르거나 조롱당할 것이 두려워 혹은 다칠 것이 두려워 한쪽에 비켜서서 머물기 마련이다. 그래서 제노비스의 비명을 들은 사람들 중 몇몇은 "도우려 하다가 내가 죽을 수도 있겠구나." 혹은 "도우려 하다가 내가 웃음거리가 될 수도 있겠구나."라고 생각했을 수 있다. 이처럼 사람들이 홀로 있을 때보다 주위에 사람이 많이 있을 때 책임감이 분산돼 개인이 느끼는 책임감이 적어져 도와주지 않는 심리현상을 가리키는 제노비스 신드롬은 '방관자 효과(bystander effect)' 혹은 '구경꾼 효과'라 불리기도 하는 일종의 '대중적 무관심'을 가리킨다.

이렇게 목격자는 많지만, 위기를 겪는 상황에서 도움을 받고자 한다면 일단 정신을 바짝 차리고 자신을 지켜보는 사람들 중에서 한 명을 골라서 도움을 요청하는 것이 좋다. 한 명을 지칭하는 대상은 구체적이면 더 좋다고 한다. 그렇게 한 사람이 지목되면, 책임이 한 사람에게 몰리기 때문에 긍정적으로 반응하는 모습을 보일 가능성이 커지게 된다. 심폐 소생술 응급처치 교육을 할 때 특정인을 지칭하며 "거기 파란 조끼 입으신 분 제세동기 가져오시고, 노란 옷 입으신 분이 119에 신고 좀 해 주세요!"라고 말하도록 교육하는 까닭도 이렇게 하면 도움을 받을 가능성이 훨씬 더 커지기 때문이다.

제노비스 신드롬은 오늘날 우리의 모습을 보여주고 있다. 옆집에 누가 사는지, 주변에 어떤 일이 벌어지는지에 대한 무관심이 그것이다. 개인주의가 더욱 팽배하고, "목격을 해도 누군가가 도와주겠지.", "내가 아니더라도 다른 사람이 해결해주겠지."라는 책임의 분산이 확산되고 있으며, 이것이 제노비스 신드롬을 낳는다. 학교폭력의 경우에도 주변 학우들의 방관자 효과가 큰 영향을 미치고 있다고 하지 않는가! 앞으로 어려운 사람을 보면 '누군가가 도와주겠지'라며 지나치기보다는 '내가 먼저'라는 생각으로 손을 내밀어보자. 그러면 나 이외에도 제2, 제3의 인물이 나타나 도움을 줄 것이다. 더불어 살아가는 사회 속에서 다른 사람과의 진정한 소통을 이루고 서로가 배려하고 관심을 갖고 도울 때 우리 사회는 더욱 밝아질 것이다.

42
사회쇠약 신드롬
노인을 폄하하게 만드는 부정적인 사회 인식

나이가 들고 늙어가는 것은 누구에게나 언젠가 예외 없이 다가오고 피해 갈 수는 없는 숙명이다. 노인이 되면 일자리를 구하기가 힘들고, 아무리 몸에 좋은 약을 먹고 열심히 운동을 해도 몸이 쇠약해짐을 체감하게 된다. 몸과 체력뿐만 아니라 기억력과 판단력 등 인지능력도 예전 같지가 않다. 게다가 오늘날 젊은 세대들은 노인들을 구시대적이고, 고집이 세고, 몸이 아파 일도 제대로 못하고, 공공비용의 증가와 의료비 지원의 확대 등 사회적 부담만 안겨주고 있고, 사고의 융통성이 떨어지며, 컴퓨터나 스마트폰 등 최신 기술의 디지털 기기가 빠르게 발전되고 있는 속도를 쉽게 따라가지 못해 시대에 뒤처진 보잘것없는 존재로 인식하고 있는 경향이 짙다. 이처럼 노인들이 삶의 연륜과 경험으로 존경받던 옛 시절과 달리 오늘날 불신과 폄하, 곱지 않은 눈총의 대상이 되어가는 사회적 분위기가 팽배한 것이 현실이다.

노인들에 대한 이러한 부정적인 사회 인식은 그들을 더욱 무능하고 의존적이며 서글프게 만들며 스스로 자신을 폄하하도록 이끄는데, 노인에 대한 부정적 사회 인식의 풍토가 노년기 적응과 발달에 미치는 부정적인 영향을 '사회쇠약 신드롬(social breakdown syndrome)'이라고 한다. 다시 말해, 이 신드롬은 노인들에 대한 부정적 인식이 짙어지게 되면서 노인들이 실제 자신의 모습과는 상관없이 스스로를 사회에서 별로 필요가 없다고 여겨 정말로 무능하고 의존적이며 가치 없는 존재로 믿게 만드는 현상을 말한다.

　그러므로 사회쇠약 신드롬은 사회가 노인을 부정적인 시각으로 바라보는 노인 경시 풍조에서 비롯되는 것이라 할 수 있다. 따라서 노인을 무능하고 비능률적인 대상으로 보고 경시하거나 부정적으로 대하는 태도와 인식을 바꾸어야 한다. 누구나 세월에 장사가 없다. 우리는 아무리 지혜롭고 돈이 많아도 언젠가는 모두가 노인이 된다. 그러니 노인들을 비난하거나 무시하지 말아야 한다. 힘없고 아프기만 한 존재가 아니라 활기 넘치고 사회에 기여할 수 있는 일원이 될 수 있도록 만들어야 하고 가족이나 이웃, 사회에서 소외감을 느끼지 않게 해야 한다. 실제로 노인을 바라보는 시각을 부정적인 것에서 긍정적인 것으로 바꾸면 노인들에게 긍정적인 영향을 줄 수 있다.

　그러므로 사회쇠약 신드롬의 예방과 대처를 위해서는 무엇보다 인식과 사고의 전환이 필요하다. 노인들은 생활의 지혜가 있고, 현명한 판단을 할 수 있으며, 경험이 풍부하기에 얼마든지 일을 할 수 있다는 사회적 분위기를 만들고, 사회복지제도가 잘 되어 있다면, 노인들도 사회에 재적응하기 위하여 기술을 배워보고자 하는 의지가 생기고 자신을 유능하고 가치가 있는 존재로 여기게 되면서 사회의 당당한 일원이 될 수 있을 것이다. 이에 고령화 시대에 발맞춰 특히 젊은 세대들이 노인은 짐이 된다는 사회쇠약 신드롬을 유발하는 생각에서 벗어나, 젊은 이들의 추진력과 아이디어에 노인들의 경험이 맞물려 시너지 효과를 낼 수 있다는 긍정의 마인드와 사고의 패러다임으로 전환할 필요가 있다. 나이 듦은 늙어가는 것이 아니라 무르익어 간다는 말도 있지 않은 가! 물론 노인 세대와 젊은 세대 간의 사고의 차이와 이로 인한 갈등으로 말미암아 사고의 전환이 급작스레 이루어지는 것은 힘들겠지만 누구나가 다 노인이 된다는 생각을 가지면 조금씩 개선될 수 있을 것이다.

만약 노인을 바라보는 태도와 시선이 달라지지 않는다면 단 하루만이라도 노인으로 살아보라. 그러면 노인으로서의 삶이 충분히 공감이 될 것이며 노인을 바라보는 태도와 시선이 크게 달라질 것이다. 여하간 젊은 세대들을 중심으로 조금이라도 일찍 사회쇠약 신드롬에 영향을 끼칠만한 생각과 사회제도 등을 개선하여 노인이 살기 좋은 세상을 만들어갔으면 좋겠다.

43
권위주의적 성격 신드롬
강자에게 약하고 약자에게 강하다

권위주의에 사로잡힌 사람은 자신만의 틀을 만들어 그 테두리를 벗어나거나 영향을 미치지 못하는 주변의 다른 사람을 옭아매고 억압해 부정한 일을 강요한다. 역사적으로 파시즘이나 나치의 유대인 억압을 그 대표적인 예로 꼽을 수 있다. 이들은 자신보다 강자인 자들에겐 수그러들고 그들의 의견을 비판 없이 수용하지만, 자신보다 약자들에겐 자신이 강자에게 했던 태도를 취하기를 바란다. 이러한 불온한 생각으로 인해 결국 아우슈비츠(Auschwitz) 강제수용소와 같은 불행한 대학살이 발생한 것이다. 이처럼 독일 나치의 유대인 학살 만행의 이면에는 세상을 불만의 시각으로 삐딱하게 보는 사람들의 독특한 성격인 '권위주의적 성격 신드롬(authoritarian personality syndrome)'이 작용한 것이라 볼 수 있다.

권위주의적 성격 신드롬이란 말은 미국에 있는 유대인위원회의 연구에서 비롯된 것이다. 미국 유대인위원회는 과거 독일인들이 유대인들을 매우 증오하고 무참하게 대학살을 한 사건을 두고 대체 어떤 사고를 지니고 있었기에 그런 잔인한 일을 서슴지 않고 할 수 있었는지를 연구했다. 대표적인 연구자인 테오도르 아도르노(Theodor W. Adorno)는 독일인들이 유대인들을 증오하고 학살을 하게 된 원인은 권위에는 절대 복종하지만, 약자에게는 지배적으로 행동하여 자기를 과시하고자 하는 심리 때문이라고 밝혔다. 즉, 반유대주의는 권위주의적인 가치와 행동 패턴을 가진 독특한 성격 특성 때문이라는 것이다. 세상을 고깝게 바라보는 사람들 사이에서도 이와 비슷한 성격 패턴을 보이는 것을 발견하게 되었는데, 미국 유대인위원회는 이러한 편견과 관련 있는 성격 특성을 권위주의적 성격 신드롬이라 일컬었다.

권위주의적이라 함은 자기보다 강한 자에게는 절대 복종을 하지만 자신의 복종당함을 야속하고 섭섭하게 여겨 약한 자에게는 자기를 과시하고 지배하려고 하며 가혹한 잔인성을 발휘하는 것으로, 경직화한 사고에 의해 강자나 권위를 무비판으로 받아들여 소수집단을 미워하는 사회적 성격을 가리켜 권위주의적 성격이라고 한다. 에리히 프롬(Erich Fromm)은 1930년대의 인종차별주의인 파시즘이 등장했을 때 이를 받아들인 독일의 중산층들에 대한 사회심리학적 분석을 통해 권위주의적 성격 신드롬 패턴을 밝히기도 했다. 프롬은 권위주의적 성격을 권위 있는 사람에게의 절대적 복종과 자기보다 약한 사람에 대한 공격적 성격의 공생으로 보았다. 사고의 유연성이 부족해 자기보다 강한 사람이나 권위에 따르는 사고가 눈에 띄고, 자신의 의견이나 관심이 사회에서도 상식이라고 오해해 파악하는 경향이 강하고, 외국인이나 소수민족을 공격하는 경향도 자주 있으며, 이러한 성격을 가진 사람들이 파시즘을 받아들였다는 것이다. 또한 나치즘의 이상행동과 이상심리를 분석한 그의 저서『자유로부터의 도피』에서 권위주의적 성격 신드롬은 개성이 없고 야심만 많은 사람들에게서 나타난다고 지적하였다. 이후 미국의 사회학자들에 의해서 이러한 인간의 성격 유형이 있다는 것이 더욱 분명해졌다.

권위주의적 성격 신드롬을 보이는 사람들은 이전부터 내려오는 습관대로만 하려고 하고 개선의 길을 찾지 않는 인습주의에 얽매이고, 도덕과 순리에 순응하지 않고, 인간에 대한 불신이 깊고, 권위에는 복종하고 약자는 지배하려고 하며, 반민주주의적인 이데올로기를 쉽게 받아들이는 특징을 갖고 있다. 따라서 현재 갖고 있는 권력을 유지하고 힘이 없는 약자들을 지배하고 억압하려는 등의 독재가 강한 사람일수록 권위주의와 권위주의적 성격 신드롬에 빠지기 쉽다. 오늘날 사회고위층의 성폭행 사건, 조직폭력, 학교 내의 일진 등도 이런 권위주의적 성격 신드롬의 양상일 수 있다. 어찌 보면 권위주의적 성격 신드롬을 가진 사람은 주체적 자아가 없기 때문에 권력과 지위에 의해서만 스스로의 정체성을 확인받으려는 것이다. 앞에서 살펴보았듯이 권위주의적 성격 신드롬이 위험하다는 것을 역사적으로도 확인되었기 때문에 우리는 권위주의적 행태를 항상 경계해야 한다.

44

빈 둥지 신드롬

아이들이 커서 집을 떠나니 슬프고 우울해

새가 둥지를 트는 이유는 자신의 보금자리인 주거지를 짓는 이유도 있지만 둥지를 틀고 자신의 새끼를 낳아 기르는 역할을 하기 위한 것이다. 하지만 새끼가 성장함에 따라 독립할 시기가 되었을 때에 새끼는 둥지를 떠나게 된다. 이때 둥지는 빈 둥지가 된다. 둥지에 남은 어미새는 성장한 새끼를 독립시키고 혼자 남게 되는데, 이 모습이 마치 사람도 자신의 집에서 자녀를 기르고 독립을 시켜 둥지와 같았던 집에 부모만이 남아 있는 모습을 빗대어 애정의 보금자리로 생각했던 가정이 빈 둥지로 전락하여 부모가 느끼는 슬픔, 외로움과 상실감을 뜻하는 '빈 둥지 신드롬(empty nest syndrome)'이란 말이 생겨났다.

부모와 자녀와의 관계는 일생에 걸친 애착과 분리의 과정이다. 애착이란 부모 자녀 간의 정서적 유대를 말하는 것으로 상호성과 상호 의존을 의미한다. 분리란 정서적 유대의 단절이 아니라 자녀의 독립을 수용하고 배려하는, 보다 성숙한 형태의 유대관계로 발전하는 것을 말한다. 하지만 많은 부모가, 특히 엄마가 자녀의 독립을 수용하기가 쉽지

195

만은 않아서 빈 둥지 신드롬을 겪을 수 있다. 함께 거주하던 자녀가 타지에 있는 대학에 입학하거나 취업, 결혼 등으로 독립을 하면서 둥지에서 떠나는 것은 부모의 삶이 완전히 재조정되도록 만들기 때문에 자녀를 위해 브레이크 없는 자동차처럼 달려온 부모는 목적지를 잃어버렸다는 상실감과 우울감이나 무기력증을 경험할 수 있다. 자녀와 더 친밀한 관계를 유지한 부모, 배우자와의 관계가 좋지 않은 부부, 사회생활을 하지 않고 육아에 전념한 사람, 자녀가 한 명일 경우에 빈 둥지 증후군을 심하게 겪을 가능성이 상대적으로 크다.

빈 둥지 신드롬은 그저 자녀를 독립시키면 일어나는 현상이 아니라 자녀를 주체로 살았던 부모가 주체를 잃어버리고 자녀에게 자신이 필요 없어졌다는 느낌이 들어 상실감, 허무함, 공허함, 외로움, 우울함을 느끼고 부정적인 감정이 싹트는 증상을 말한다. 자녀를 평균적으로 15~20년을 키우고 독립을 시켰을 때에, 아무래도 자신의 삶보다는 자녀에게 중심을 두고 자신을 돌아볼 시간적 여유가 없다가 이 시기에 생긴 시간적 여유가 자유로움보다는 오히려 자녀와의 분리에서 오는 상실감과 우울함으로 번지는 경우의 부모들도 있다. 이런 경우 빈 둥지 신드롬을 겪기 쉽고, 사회생활과 가장의 역할에 바쁜 아빠보다는 주된 양육자의 역할을 맡고 있고 자녀에 대한 의존도가 높은 엄마에게서 주로 나타난다. 회사를 그만두면 퇴직금이라도 받는 직장인에 비하면 양육은 자녀의 목표 달성 외엔 달리 보상이 없다는 점에서 상실감이 더 클 수 있다.

대체로 자녀가 집을 떠난 뒤 폐경기 전후와 맞물려 호르몬 변화를 겪는 중년여성에게 두드러지게 나타나기 때문에 빈 둥지 신드롬을 '폐경기 신드롬'이라고도 하는데, 이러한 신드롬은 여성의 퇴직이나 정리

해고, 사별 또는 폐경과 같은 다른 어려운 생활사건이나 삶의 중요한 변화와 함께 나타나기 때문에 여성에게 큰 타격을 입히기도 한다. 남편은 바깥일에 몰두하느라 아내의 기대감을 채우지 못하고, 가족 내에서 소통단절이 되면서 증상이 오래 지속될 경우 심한 우울증으로 발전될 수도 있기 때문에 세계보건기구(WHO)는 빈 둥지 신드롬으로 인한 우울증이 2020년에 이르러 인류를 괴롭힐 세계 2위의 질병이 될 것이라고 예측하였다. 치열하게 삶을 꾸려가던 중에 자녀들이 하나둘 떠나고, 텅 빈 일상을 돌아보게 되는 순간 밀려오는 공허함에 극심한 우울감이 찾아오는 것이다. 자신이 쓸모없어진 것 같은 허전함과 상실감을 잊기 위해 무심코 시작했던 행동으로 인하여 도박중독, 알코올중독, 쇼핑중독 등의 후유증에 시달리게 되기도 한다.

빈 둥지 신드롬을 겪지 않으려면 평소 스스로 '아이 엄마'가 아닌 한 사람의 인간으로서 자신의 정체성을 확립할 수 있도록 하고, 자녀와 심리적으로 거리를 두는 연습을 할 필요가 있다. 만약 빈 둥지 신드롬을 겪고 있을 경우엔 스스로 극복하도록 노력해야 한다. 무엇보다도 자녀의 독립을 자연스럽고 당연한 일이라는 것을 인정하고 받아들이는 마음자세가 필요하다. 자녀가 부모에게서 독립할 수 없다면 온전한 어른이 되기 어렵고 사회적으로도 적응하기가 어려우며, 부모 자신의 품을 떠난다고 해서 자녀와 헤어지는 것이 아니고 정신적으로는 언제나 연결되어 있다는 생각을 굳건히 해야 한다. 따라서 자녀의 독립에 대해 불안한 마음을 비치기보다는 독립생활을 잘할 수 있도록 응원하는 의연한 모습을 보여주어야 한다.

그런 다음 그동안 하지 못했던 운동이나 산책을 하고, 자녀들의 빈 자리를 대신해 나를 되돌아보는 시간을 갖고, 제2의 인생을 찾는 터닝

포인트로 삼고 그동안 하고 싶었던 일, 여가활동이나 해야 할 새로운 일(예컨대 재능기부 같은 자원봉사활동)을 찾는 것에 집중하여 삶의 질을 향상하고, 자기 자신에게 관심을 가지며 자기계발의 계기를 만들어 바쁘게 지내는 것이 좋다. 자녀가 독립하고 나서 엄마의 역할을 대체할 시간이나 활동을 찾지 못하면 결혼한 성인 자녀의 삶에 깊숙이 개입하게 되어 이 과정에서 서로에게 상처를 줄 수도 있다는 점을 유의할 필요가 있다. 또한 자녀들과 주기적으로 연락을 취하면서 자녀들을 지속적으로 격려하고 지지해주는 것이 도움이 될 수 있다.

한편, 당사자의 노력도 중요하지만 가족들의 관심과 사랑도 필요하다. 자녀들은 일상에서 있었던 가벼운 이야기라도 부모와 자주 연락해 이야기하고, 관심의 표현도 많이 해야 한다. 남편은 아내가 갱년기 우울증과 빈 둥지 신드롬을 겪게 될 때 그 마음을 이해하고 배려하며, 시간과 취미를 공유하고, 산책과 여행을 하면서 남편이 옆에서 함께한다는 느낌이 들 수 있도록 해야 한다.

45
피터팬 신드롬
몸은 어른이지만 행동은 어린아이

가수 거미 씨가 불러서 인기를 끌었던 <어른 아이>라는 노래 가사에 "착한 아이처럼 말만 잘 들으라 해서 시키는 대로 했는데 자꾸 지겨워해. 아무리 떼를 써도 차라리 토라져 봐도 남자가 주는 이별에 항상 울기만 해."라는 내용이 있다. 어른인 여성이 아이처럼 생각하고 행동함으로써 사귀던 남성이 지겨워 떠나가지만, 아이처럼 울다가 다시 다른 남성을 사귀게 되면 언제 그랬냐는 듯 착한 아이처럼 여전히 말을 잘 듣는다는 노랫말이다.

요즘 몸은 어른이지만 행동은 어린아이와 같은 '어른아이(adult child)'들이 적지 않다. 본래 어른아이는 부모가 알코올 의존증 환자인 가정에서 자라 어른이 된 사람을 일컫는 용어였지만, 부모가 사회로부터 학대를 받거나 가정불화를 겪는 등 역기능 가정에서 성장함으로써 고통을 안고 사는 사람을 가리키는 용어로 그 의미가 확장되었다. 어른

아이는 몸은 어른이지만 감정표현은 어린아이 수준에 머물러 있어 사회생활이나 대인관계에 많은 어려움을 겪는 정신적 증상을 '어른아이 신드롬'이라 부르기도 한다. 이와 유사한 개념으로 '피터팬 신드롬(Peter Pan syndrome)'이 있다. 육체만 어른이고 마음은 아이 그대로인 아이 같은 어른은 현대의 문명 선진 사회에서 흔히 나타나기 때문에 미국의 심리학자 댄 카일리(Dan Kiley) 박사는 이를 '피터팬 인간'이라 칭하고, 이들이 나타내는 일련의 특징을 피터팬 신드롬이라 일컬었다. 피터팬 신드롬이란 육체적으로 성숙했지만 그에 따른 책임과 역할을 거부하고 언제나 어린아이와 같은 상태에 머무르고자 하는 심리적 퇴행을 가리키는 것으로, 1970년대 후반 미국 사회에 적응하지 못하는 남성들의 정신 상태를 설명하기 위해 이 용어를 사용했지만 최근에는 남녀 관계없이 실패에 대한 두려움으로 인한 자신감 부족, 무책임, 무기력증과 같은 양상을 설명하는 데 광범위하게 사용되고 있다.

피터팬 신드롬에서 피터팬은 제임스 배리(James Barrie)의 원작 소설 『피터팬(Peter Pan)』에서 유래한 이름이다. 이 소설은 생후 7일째 요람에서 행방불명되어 어머니와 떨어져 성장하는 피터팬 소년의 이야기이다. 피터팬은 긴장된 대인관계에서 독특한 성격을 보여준다. 대인관계가 서툴고 아이다운 순수한 행동을 한다. 적대감으로 가득 찬 어른의 세계로 들어가고 싶지 않다고 고민하며 아이인 채로 있기를 갈망한다. 그러나 그대로 있을 수는 없기 때문에 그는 심리적 갈등과 고민을 하게 된다. 그는 외롭고 쓸쓸함을 느낀다. 이 외로움을 무시하려고 일부러 명랑하고 활기차게 행동을 하며 닥치는 대로 이것저것 열심히 한다.

잘하면 인기 있는 사람이 되어 쾌활한 사람이라고 칭찬을 받지만, 그것도 오래 지속되지 못하고 차츰 그의 미숙함이 노출되면 사람들은 이에 실망하여 그와의 교제를 꺼리고 친구로 인정하지 않게 된다. 그는 인생을 체념하고 무엇을 어떻게 해야 좋을지 자신을 파악하지 못한다고 생각하게 된다. 누군가와 친밀하게 되면 곧 갈등을 일으켜 결국에는 전처럼 무관심한 편이 번거롭지 않다고 여겨 모처럼의 좋은 기회를 놓치고 만다.

피터팬 인간은 정신적으로 질병이 있는 것은 아니지만 내면적으로 번민하고 있어 그대로 방치해 두면 사회인으로서 수행할 능력이 없기 때문에 그 후의 인생에서 더욱 불행하게 될 가능성이 높아진다. 카일리 박사는 피터팬 인간의 심리적 특성, 즉 증상을 다음과 같이 제시하고 있다.

- 감정마비: 발육이 정지되고 감정표현력이 결여되어 있으며 부자연스럽고 들뜬 기분으로 어린아이처럼 큰 소리로 떠든다. 신경질적인 웃음으로 매사를 얼버무린다. 다른 사람에 마음을 주지 않고 자기가 무엇을 느끼고 있는지조차 알지 못한다.
- 태만: 모든 일을 가급적 하지 않고 방치해 둔다. 제한된 시간에 이르면 마지못해 겨우 일에 착수한다. 인생계획에 대한 중요성을 파악하지 못한다.
- 사회적 불능: 참다운 친구가 없다. 십 대에는 선악에 대한 판단이 정확하지 않다. 책임감이 없고 이해관계에 약삭빠르다. 지나치게 외로움을 느끼므로 필사적으로 친구를 갈망한다. 간혹 금품으로 친구를 유혹하려고도 한다. 자신감을 갖지 못하고 일생을 보낸다. 터무니없을 정도로 자존심이 강하다. 자기 자신의 능력의 한계를 좀처럼 인정하려고 하지 않는다.

- 책임회피: 미안하다든가 실례한다는 말을 하지 않는다. 책임 전가를 잘한다. 기분이 고양되면 문제가 해소된 듯한 느낌을 갖기 때문에 약물을 이용하는 경향이 있다.
- 어머니의 포로: 죄의식에 빠져 고민한다. 요구가 지나치기 때문에 어머니의 동정심을 끈다. 어머니에게 버릇없이 대들거나 성급하며 온순하지 않다. 매우 모순된 감정을 어머니에게 쏟는다.
- 아버지에 대한 경원: 아버지를 우상화하고 있기 때문에 아버지에게도 인간으로서 한계와 결점이 있다는 것을 인정하지 않는다. 아버지와 친하게 지내고 싶어 하지만 자기 자신은 아버지로부터 사랑과 인정을 받지 못하고 있다고 여기며 체념을 한다.

이와 같은 피터팬 인간은 어른이 되는 것에 대한 갈등을 품고 아이들의 세계를 고집하고 있는 미숙한 인간, 다시 말해서 아이들의 심리적 세계에서 어른들의 심리적 세계로 진입하지 못하고 현재 상태에 만족하고 있는 영원의 소년인 것이다. 오늘날 이처럼 영원히 아이로 남고 싶어 하는 사람들, 즉 어른이 되었는데도 독립하거나 결혼해서 가정을 꾸릴 생각은 하지 않고, 어렸을 때처럼 부모의 둥지를 떠나지 못한 채 모든 걸 부모에게 의존해서 살아가려고 하는 사람들이 늘어나고 있다. 대학을 졸업하고도 여전히 부모에게 경제적으로 의존하는 이른바 캥거루족을 희망한다. 캥거루족은 아직 경제적인 여유가 되지 않아 부모님과 여전히 동거하는 청년들을 일컫는 말로, 그 상황이 마치 캥거루 새끼가 어미 캥거루의 주머니 품속에 있는 것과 같다는 것에 비유한 것이다. IMF 시절 한국 대학가에서 유행하기 시작한 캥거루족이란 말은 엄혹한 취업 빙하기를 비켜 가기 위한 수단으로 휴학을 하든 대학원에 가든 가급적 학생 신분으로 남기 위해 발버둥 치거나, 졸업 후에도 취업을 못한 채 계속 부모의 신세를 지고 있는 사람을 가리키는 신조어이다. 어른아이의 가장 큰 문제는 매사에 의존적이고 무책임한 태도이며, 정신의학적으로 보면 의존성 성격장애라 할 수 있다.

발달심리학자 에릭 에릭슨(Erik Erikson)에 따르면, 이러한 현상은 자아정체감이 형성되어 있지 못하기 때문이라는 것이다. 청소년기에는 급격한 신체적 변화와 더불어 새로운 사회적 압력과 요구에 직면하게 되는데, 청소년은 새로운 상황에 어떻게 대처해야 좋을지 몰라서 당황하게 된다. 그래서 이전 단계까지는 고민 없이 받아들였던 자기 존재에 대한 새로운 의문과 탐색이 시작된다. 이때 느끼는 그들의 절박감을 에릭슨은 마치 곡예사들이 공중에서 그네를 탈 때 밑에 그물도 쳐있지 않은 상태에서 목숨을 걸고 한 손으로는 아이라는 그네를 놓는 것과 동시에 실패 없이 다른 손으로는 어른이라는 그네를 잡아야 하는 것에 비유하여 위기 속에서 불안한 심리상태라고 설명하고 있다.

앞서 잠시 언급한 바와 같이 요즘 피터팬 신드롬의 행동양식이라할 수 있는 것이 대학 졸업 기피증이다. 부모로부터 학자금을 지원받지 못할 정도의 형편이 아니면 휴학을 한 뒤 취업에 필수라는 어학연수나 배낭여행을 하는 게 관례다. 물론 이에 소요되는 비용은 대부분 부모 부담이고 휴학한 만큼 졸업이 늦어지므로 부모에게는 이중 고통이 된다. 또한 뚜렷한 목표도 없이 전공을 바꿔가며 공부만 계속하는 학위 사냥꾼들도 피터팬 신드롬의 유사 증후라 할 수 있다. 이들은 공부한다는 핑계로 모든 책임으로부터 벗어나 유예 기간을 늘려간다. 졸업하고 갈 데가 없으면 대학원에 가거나 유학을 가기도 한다. 유학 가서도 쉽게 대학을 옮길 수 있는 점을 이용해 끊임없이 옮겨 다니며 유학 기간을 연장시킨다. 심지어 멀쩡하게 직장을 다니다가도 마음에 들지 않는다며 때려치우고 컴백 홈을 선언하기도 하는 것이 작금의 현실이다.

자아의 건전한 발달이 저해되고 있는 가정과 학교 및 사회의 환경에서 피터팬 신드롬을 가진 인간이 적지 않다. 이들은 의존적이고 무책임할 뿐만 아니라 의존대상을 잃게 되면 불안해하고 분노심도 폭발한다. 어른이 된다는 건 쉽지 않은 일이다. 나이를 먹고 몸이 성장한다고 해서 다 어른이 되는 게 아니다. 머리가 희끗희끗해지고 허리가 굽어도 어른이 되지 못한 사람들이 많다. <어쩌다 어른>이란 제목의 TV 방송 프로그램이 생긴 것도 세월이 흘러 겉으로는 어른이 되었지만 내면은 여전히 아이 상태에 머물러 있는 사람들이 많다는 방증이기도 하다. 따라서 자기 일과 삶에, 그리고 사회에 떳떳이 책임을 지는 성숙한 어른이 되기 위해서는 성장기 때부터 주어진 역할에 대해 책임지고 행동하는 교육을 제공하는 것이 중요하다. 어른의 역할을 제대로 수행할 수 있는 어른다운 성숙한 인간을 육성하기 위해서 모두가 지금 무엇이 필요한가를 곰곰이 생각해보아야 할 때다.

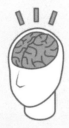

자기와 타인 이해의 심리

46

점화 효과

자라 보고 놀란 가슴 솥뚜껑 보고 놀란다

사람들에게 '학교'란 단어를 먼저 보여주고 'ㅎ'으로 시작하는 단어를 말하라고 하면 '학교'를 떠올릴 가능성이 높다. 마찬가지로 wonderful이라는 단어를 먼저 보여주고 난 다음 won을 보여주고 그다음을 채우게 하면 wonderful이라고 대답할 가능성이 미리 제시하지 않은 경우보다 높아진다. 이처럼 시간적으로 먼저 제시된 자극이 나중에 제시된 자극의 처리에 영향을 주는 현상을 '점화 효과(priming effect)'라고 한다. 즉, 먼저 제시된 점화 단어(priming word)에 의해 나중에 제시된 표적 단어(target word)를 해석하는 데 영향을 받는 현상이다.

아빠가 퇴근해 집에 도착했을 때 아빠와의 포옹을 예상하고 기대하는 아이는 아빠를 보기도 전에 이미 팔을 움직이기까지 하는데, 이를 심리학적 용어로 점화(priming)라고 한다. 점화란 뇌가 특정한 방식으로 반응하도록 준비되는 과정으로 기억에 저장된 생각을 무의식적으로 활성화시킨다. 특히 두 자극이 같은 종류이거나 의미적으로 연관이 있을 때 점화 효과가 잘 나타난다. 점화 효과는 어떤 판단이나 이해에 도움을 주는 정적 점화 효과와 그 반대의 역할을 하는 부적 점화 효과를 나타낼 수 있다. 정적 점화 효과는 선택적 주의를 통해 이전에 경험했던 촉진적인 단서에 대해서 반응 속도가 빨라지는 것을 의미한다. 반면, 부적 점화 효과는 이전에 억제했던 단서에 대해서는 반응 속도가 느려지는 것을 의미한다.

2015년 미네소타대학교 심리학자 캐슬린 보스(Kathleen D. Vohs)는 점화 현상을 광범위하게 연구한 결과, 사람들에게 돈에 관한 글을 읽게 하거나 자리에 앉아 여러 종류의 통화가 그려진 포스터를 보게 하는 등 돈과 관련된 이미지를 제시하는 것이 그들이 이기적으로 행동할 확률을 높인다는 사실을 밝혀냈다. 또한 예일대학교 사회심리학자 존 바그(John A. Bargh)와 그의 동료들은 뉴욕대학의 재학생들에게 다섯 단어를 조합해서 네 단어로 된 문장을 만들어 보라고 지시했다. 한 집단의 학생들은 '근심하는, 늙은, 회색의, 감상적인, 현명한, 은퇴한, 주름진, 빙고게임' 등 노인을 묘사한 단어묶음을 받았다. 이 집단이 실험을 마친 뒤, 연구원들은 학생들이 복도의 한쪽 끝에서 다른 쪽 끝으로 이동하는 데 걸리는 시간을 몰래 측정했다. 그러자 놀랍게도 노인을 묘사하는 단어로 문장을 만든 학생들은 그렇지 않은 학생들보다 훨씬 더 천천히 복도를 걸어갔다. 이 학생들은 자신에게 주어진 단어가 노인과 관련된 것이라는 것을 무의식적으로 인식했고, 그래서 자기도 모르게 '천천히 걷는다'라는 개념을 행동에도 적용한 것이다.

점화 효과는 무의식적으로 갖게 된 생각들을 우리가 알지 못하는 사이에 자극하면서 일어나는 것이다. 그런데 점화를 받은 사람들은 이를 전혀 알지 못하거니와 이에 대해 물어보아도 완강히 부인하는 경향이 있다. 독일에서 가장 재미있는 심리학자이자 늘 함께 활동하는 세계 최초의 심리학 듀오인 폴커 키츠(Volker Kitz)와 마누엘 투쉬(Manuel Tusch)는 이러한 점화 효과를 이용하여 평소 보기만 해도 짜증이 나는 직장 동료와의 관계를 개선시킬 수 있다고 주장한다. 출근하기 전에 '편안하다, 유쾌하다, 재미있다, 예의 바르다' 등의 단어들을 되뇐 다음 직장 동료를 만나는 것이다. 그러면 그를 대할 때의 태도가 조금은 긍정적으로 바뀐 자신을 경험하게 된다는 것이다. 만약에 회사의 대표와 중요한 면담을 앞두고 있고 그 사람이 여자라면, 미인을 상대한다고 생각하고 될 수 있는 한 긍정적 단어들을 많이 말하며 점화를 시키면 그녀가 긍정적으로 상대해 줄 가능성이 커진다는 것이다.

점화 효과는 단어에만 국한되는 것이 아니라 무의식적으로 행동이나 감정에도 영향을 끼친다. 즉, 스스로 인식하지 못한 상태에서 먼저 경험했던 어떠한 것이 다음에 할 행동에 영향을 끼칠 수 있다. 사람들이 궁궐이나 호롱불 혹은 원시시대와 같은 옛날과 희미하게 연관이 있는 단어를 읽고 나면 이 단어를 읽기 전보다 걸음걸이가 느려지거나, 무례함이나 짜증 혹은 분노와 같은 공격성과 연관이 있는 단어를 읽고 나면 다른 사람의 말을 도중에 끊는 등 읽기 전보다 더 공격적이고 급하게 바뀌게 되거나, 시험 전에 높은 성적을 받는 것에 대해 이야기를 하고 나서 이 이야기를 듣기 전보다 시험에 더 집중한다면, 이 모두가 점화 효과에 따른 작용인 것이다.

실생활에 적용한 점화 효과의 대표적인 사례는 코카콜라 광고에서 볼 수 있다. 코카콜라는 '뉴스 후 광고 금지'라는 정책을 고수하고 있다. 뉴스는 사회적으로 심각하고 부정적인 일을 많이 보도하기 때문에 프로그램이 끝나면 시청자들도 무겁고 심각한 심리상태에 놓이게 된다.

더욱이 콜라는 탄산음료로서 당분이 높아 제품 자체가 부정적인 이미지를 가지고 있다. 이미 부정적인 내용을 본 시청자들이 코카콜라 광고를 보면 더욱더 거부감을 가질 수 있기 때문에 뉴스 후에는 광고를 금지한다는 것이다.

점화 효과에 비추어 보면, 태교를 하는 임산부처럼 가급적 좋은 생각만 하면서 사는 것을 일상화한다면 좋은 결과가 양산될 것이다.

47

고백 효과

자기방어를 위한 가식적인 선행

우리는 종종 연예인과 정치인이 음주운전이나 성추행, 원정도박 등 큰 잘못을 자행하여 사회물의를 일으키고 국민들의 지탄을 받으면서 "후회하고 반성하고 있다.", "모든 것을 내려놓겠다.", "죗값을 받겠다."라고 공언하고 사죄하는 모습이나 법원의 판결에 의해 사회봉사 명령을 받고 자선기관 등에서 봉사활동을 하는 모습을 보곤 한다. 그리고는 그가 얼마 지나지 않아 언제 그랬느냐는 듯이 비슷한 잘못을 저지르거나 판사의 판결에 의한 봉사활동이 끝났으니 죄를 씻었다고 생각하고 더 이상 선행을 하지 않는 경우를 간혹 접하게 된다. 이와 관련된 심리학 용어 중에 '고백 효과(confession effect)'란 것이 있다.

고백 효과란 자신이 저지른 잘못을 다른 사람에게 고백하고 사죄하는 마음으로 선행을 하다가 자신의 죄를 고백한 이후 어느 시점에서 이르러 자신의 죄가 용서를 받았다고 생각이 들면 그동안 해 왔던 선행을 하지 않거나 선행이 줄어드는 현상을 말한다. 간단히 말해서, 자신의 잘못을 누군가에게 고백하면 죄책감이 줄어드는 심리적 현상을 고백 효과라고 한다. 사람은 양심이 있기 때문에 몸이 불편한 장애인의 도움 요청을 못 본 척하거나 거절하였을 때, 버스나 전철 안에서 무거운 짐을 들고 서 계신 노인에게 자리를 양보하지 않았을 때, 남의 물건을 훔쳤을 때, 남에게 거짓말을 했을 때와 같이 죄를 짓거나 양심에 가책이 되는 행동을 하게 되면 죄의식, 미안함, 수치심, 비겁함과 같은 불편하고 무거운 마음을 갖게 된다.

이러한 마음을 덜기 위해 자신이 잘못을 저지른 당사자나 제삼자에게 사죄하는 마음으로 평소보다 더 잘해주는 행동을 하게 된다. 그러다가 적당한 시점에서 자신이 저지를 잘못과 마음에 담아둔 반성과 후회를 누군가에게 털어놓고 고백하게 되면 마음이 한결 가벼워지면서 동시에 마음에 쌓여있던 미안함과 죄의식이 희석되고 양심의 가책이 사라지게 된다. 그러면 죗값을 치렀다는 생각에 그동안 다른 사람을 돕던 선한 행동이 사라지거나 감소한다. 이처럼 어떤 사람에게 도움을 못 주었거나 남에게 피해를 입혔다는 죄의식을 덜려고 남을 도와주는 행동을 하는데, 자신의 죄의식을 남에게 고백하면 그런 죄의식이 사라져 다른 사람을 돕는 행동이 줄어드는 이런 심리현상이 바로 고백 효과이다.

따라서 고백 효과에 의한 선행의 목적은 타인의 필요에서가 아닌 자신의 필요를 채우기 위한 것이며, 죄를 씻기 위한 지극히 개인적인 동기의 발로에 의한 것이다. 즉, 고백 효과는 자신의 필요에 의해서 선행을 행하는 것이지 결코 다른 사람을 위해서 자발적으로 행하는 순수하고 진실한 선행이 아닌 가식적인 선행인 셈이다. 마지못해 어쩔 수 없이 행하는 선행이며, 일정 시간이 지나 죄를 씻는다는 목적이 달성되었다고 생각이 들면 선행을 중단하는 것이다.

예를 들어, 결혼한 남편이 외도를 했을 때 아내에게 미안하고 마음이 찔려 평소보다 아내에게 더 잘해주게 된다. 아내가 전혀 눈치채지 못해도 미안하고 죄책감이 들어 더 잘해주고 싶은 마음이 들고 옷을 사주고 애정 표현을 하는 등의 행위를 하게 된다. 그러다가 나중에 외도한 사실을 아내에게 고백하고 용서를 받게 되면 더 이상 잘해주고 싶은 마음이나 태도, 행동이 사라지게 되는데, 이것이 바로 고백 효과이다.

사람들은 고백 효과를 통해 스트레스를 해소하거나 마음의 짐을 벗으며 위안을 가질 수 있다. 속죄 행위 같은 기부나 고해 성사 후에 찾아드는 심리적 홀가분함에 만족하기도 한다. 신부를 통해 하나님께 고백하는 고해성사도 이러한 고백 효과 때문이라고 볼 수 있는데, 정말 잘못을 했으면 단순히 죄를 씻기 위한 것이 아니라 진정으로 사죄하고 뉘우치며 다른 사람과 사회에 봉사하는 선행하는 모습을 꾸준히 보여주는 게 올바른 모습일 것이다.

48

침묵 효과
의사소통을 왜곡하는 자기방어

1986년 1월 28일 미국항공우주국(NASA)에서 우주 왕복선 챌린저호가 발사된 지 73초 만에 공중 폭발하는 참담한 비극이 발생하였다. 대통령직속위원회의 중책을 맡아 사고의 원인을 분석한 노벨 물리학상 수상자인 리처드 파인만(Richard P. Feynman)은 로켓 부스터와 연료 탱크의 결합부에 있는 고무패킹과 같은 오링이 극심한 온도 변화로 인해 얼어버려 제 기능을 다하지 못한 기술적 이유와 함께 발사 전 오링 담당 기술자가 발사를 취소하거나 일정을 조정해달라고 두 번이나 요청했음에도 불구하고 미국항공우주국의 상급 관리자들이 그의 말을 무시하고 발사를 허가한 때문이라고 보았다.

파인만은 미국항공우주국의 실무 연구진들은 우주선 엔진이 폭발할 확률을 2백분의 1 내지 300분의 1 정도로 계산하고 있었으나, 의사결정을 하는 상급 관리자들은 10만분의 1 정도로 낮게 생각하고 있었다는 것을 조사 결과 알게 되었다. 연구원들보다 상급 관리자들이 우주선의 엔진이 폭발할 위험성을 훨씬 낮게 보았던 것이다. 그래서 실제로 폭발 확률이 낮지 않았음에도 침묵하는 조직문화로 인해 부정적 정보가 위로 전달되지 않았고, 상급 관리자들은 그 위험성을 제대로 알지 못했기 때문에 그와 같은 사고가 발생한 것이라는 원인 분석이다.

이 로켓 폭발사고에서 알 수 있듯이 조직 내에서 구성원들 간에 소통이 없는 커뮤니케이션은 서로 자기방어적인 방향으로 의사소통을 왜곡시키며, 상급 관리자들의 자기방어적인 성향은 더욱 심해서 하급관리 직원들은 의사결정에 필요한 정보를 말해봤자 소용없을 것이라면서 스스로 입을 다물게 된다. 이와 관련된 심리학 용어로 '침묵 효과(mum effect)'라는 것이 있다. '함묵 효과'라고 불리는 침묵 효과는 조직의 계층 구조상 아래에서 위로 정보가 올라가면서 부정적인 정보는 걸러지고 긍정적인 정보만 전달되는 현상, 즉 나쁜 소식에 입을 다물고 그 나쁜 소식을 전달하지 않으려는 현상을 말한다.

이러한 침묵 효과가 존재할 경우, 아래 계층이나 일선 현장에서 발생하는 생생한 정보가 위 계층으로 제대로 전달되지 않아 조직 운영이나 의사결정에 치명적으로 부정적인 영향을 미칠 수 있다. 그러면 왜 이러한 침묵 효과가 발생하는 걸까?

첫째, 질책에 대한 두려움 때문이다. 구성원들은 솔직하게 좋지 않은 정보를 전달하면 상급자에게 혼날 것이라고 생각하여 의도적으로 부정적 정보를 보고하지 않는다는 것이다. 다시 말해서, 부정적 정보를 들은 사람은 그 정보를 전달한 사람을 문제의 원인이나 당사자로 인식하여 좋지 않은 감정을 느끼거나 질책할 수 있다고 생각하기 때문이다.

둘째, 상급자의 의도적인 거부 심리 때문이다. 흔히 사람들은 평소 자신이 생각하던 것과 다른 사실, 즉 진실을 접할 경우 심리적으로 매우 혼란함을 느낀다고 한다. 그래서 지금까지 자신이 알고 있던 것 외의 사실에 대해서는 의도적으로 배척할 가능성이 있다. 특히, 좋은 정보는 그냥 듣고 지나가면 그만이지만 부정적 정보는 이를 개선하기 위한 후속 대응 작업을 요구하기 때문에 의도적으로 '아닐 거야…'라고 생각하게 된다.

셋째, 불편해지는 대인관계에 대한 우려 때문이다. 주변 사람들에게 부정적인 정보를 전달할 경우에 다소 편견을 가진 사람, 남을 배려하지 않는 사람, 또는 무능력한 사람으로 인식되어 대인관계가 불편해지지 않을까 하는 걱정 때문에 침묵할 수 있다. 특히, 알리는 정보가 자신의 무능력을 나타낸다고 여길 경우 매출 부진이나 실패한 데이터 등 부정적 정보는 잘 보고하지 않는 경향이 있다.

그렇다면 침묵하는 조직의 벽을 어떻게 허물 수 있을까? 무엇보다도 상급자로서의 권위주의 의식을 내려놓아야 한다. 상급자는 '내가 하는 생각과 말이 최선이다'라는 자만심과 '그래도, 내가 상급자인데…'라는 권위의식을 버리고, 문제의식을 가지고 있는 구성원들의 의견에 적극적으로 경청하는 자세를 갖는 것이 중요하다. 조직 내의 좋은 정보뿐만 아니라 부정적인 정보까지도 생생하게 귀담아듣고 건의를 수용할 수 있어야 한다.

그리고 열린 자세의 건강한 커뮤니케이션 문화를 만들어가는 것도 필요하다. 상급자가 주재하는 회의에서 구성원들은 조용히 받아 적기만 하는 것이 아니라 팀을 중심으로 활발하게 의견을 개진하고 상급자와도 수평적으로 소통할 수 있어야 한다. 좋지 않은 정보를 은폐함으로써 그 순간의 위기를 모면하면 잘못에 대한 질책이나 불편한 대인관계를 일시적으로 회피할 수는 있을 것이다. 그러나 이러한 부정적 정보의 은폐로 더 큰 문제가 발생하게 된다면 장기적으로는 조직과 개인 모두에게 득이 되지 않을 것이다. 따라서 조직과 개인을 위해 꼭 필요한 정보라면 솔직하게 전달하고 수렴하며, 진지한 대화를 통해 조직의 리스크를 줄이며, 바람직한 방향으로 발전해 가는 열린 커뮤니케이션 문화를 만들어가야 할 것이다.

개인의 입장에서 보면 조직의 한 구성원으로서 침묵하지 말고 입을 여는 용기가 있어야 한다. 전국시대 한비자(韓非子)는 일찍이 군주는 신하들이 의견을 낸 것에 대해서는 물론 의견을 말하지 않은 데 대해서도 책임을 지워야 한다고 했다. 발언에 대해서뿐만 아니라 침묵에 대해서도 책임을 물어야 한다는 것이다. 직위를 차지하고 있으면서 민감한 사안을 두고서 아무런 의견을 내지 않는 것은 그 자체로 무책임한 행위라는 지적이다. 잘못된 것을 알면서도 입을 열지 않고 침묵하는 것은 개인과 조직 모두에게 치명적인 독이 될 수 있다. 예스맨(yes man)과 이보다 더한 고개 끄덕이는 노드맨(nod man)이 되지 말아야 하는 까닭이다.

49
초두 효과
첫인상은 쉽게 바뀌지 않는다

우리는 매일 여러 사람을 만나면서 그때마다 만나는 사람의 대면적 속성에 대해 판단하고, 그 판단에 기초하여 그 사람의 행동을 예측하고 자신의 행동을 결정한다. 이와 같이 다른 사람의 속성에 대한 지각은 대인행동을 결정하는 매우 중요한 심리적 요인으로서, 사회심리학에서는 이를 대인지각이라고 일컫는다. 대인지각에 있어서 가장 먼저 일어나는 일은 상대방에 대한 첫인상을 형성하는 일이다. 우리는 상대방의 제스처, 자세, 타인과의 공간적 거리 등과 같은 다양한 비언어적 단서를 보고 인상을 형성한다. 예를 들어, 몸의 움직임이 빠르고 민첩한 사람에 대해서는 성격이 급하고 감정표현을 잘하며 일 처리도 능숙한 사람일 것이라는 인상을 갖는 반면, 천천히 움직이는 사람에 대해서는 성격이 느긋하고 감정표현을 잘 하지 않는 신중한 사람일 것이라는 인상을 갖기 쉽다.

이와 같이 첫눈에 들어오는 상대방의 생김새나 복장, 표정이나 말투, 몸의 움직임 등 극히 제한된 정보로 첫인상이 형성되지만, 이렇게 형성된 첫인상은 좀처럼 바꾸기가 쉽지 않다. 첫인상을 바꾸기가 힘들고 첫인상이 지속되는 이유는 정보처리 과정에서 먼저 접한 정보가 나중에 접하는 정보보다 최종적인 인상 형성에 더 중요하게 작용하기 때문인데, 이런 현상을 '초두 효과(primacy effect)'라고 한다.

폴란드계 미국인 게슈탈트 심리학자이자 사회심리학의 선구자였던 솔로몬 애쉬(Solomon E. Asch)는 간단한 실험을 통해 초두 효과가 매우 보편적인 현상임을 밝혀냈다. 그는 두 그룹의 사람들에게 어떤 인물에 대한 성격을 여섯 가지 특성으로 설명해주었다. 두 그룹은 모두 같은 내용을 들었지만, 그 순서는 다음과 같이 거꾸로 해서 제시되었다.

A그룹: 똑똑하다 → 부지런하다 → 충동적이다 → 비판적이다 → 고집스럽다 → 질투심이 많다

B그룹: 질투심이 많다 → 고집스럽다 → 비판적이다 → 충동적이다 → 똑똑하다

그 후 실험 참가자들에게 조금 전에 들었던 사람에 대한 인상을 평가하게 했더니 A그룹은 그 인물에 대해서 긍정적인 인상을 형성한 반면, B그룹은 부정적인 인상을 형성하였다. 다시 말해서, 긍정적인 내용을 먼저 들었던 A그룹의 사람들이 부정적인 내용을 먼저 들었던 B그룹의 사람들에 비해 소개받은 인물에 대해 훨씬 더 긍정적으로 평가했다. 이런 결과는 먼저 접하는 정보가 나중에 접하는 정보보다 인상 형성에 더 중요한 역할을 한다는 것을 보여주는 것이다. 이런 초두 효과가 나타나는 이유는 먼저 접하는 정보에 근거하여 일단 인상을 형성하게 되면 나중에 접하는 정보는 그 인상에 일치하도록 받아들여지기 때

문이고, 또한 처음 제시되는 정보에 대해서 더 많은 주의를 기울이는 반면 나중에 들어오는 정보에 대해서는 덜 주의를 기울이기 때문이라고 한다.

이처럼 우리는 누군가를 처음 만나면 그 사람의 특성에 관해 빠르게 인상을 형성하는 경향이 있고, 그 사람의 행동이나 옷차림 또는 일반적인 습관 등으로 그 사람의 특성을 추론한다. 그런 다음에는 그 인상을 그 사람의 행동을 해석할 때 정신적 틀 혹은 인물 도식으로 사용한다. 따라서 처음 만났을 때 상대방이 속물처럼 행동했다면, 다음에 만났을 때도 속물처럼 행동할 것으로 예상한다. 이후 그의 행동이 처음에 형성된 도식과 일치하지 않을 경우에도 상황이나 외적 요인으로 인한 예외적 행동으로 해석하기 쉽다. 상대방과의 지속적인 상호작용을 통해 반대 증거들이 많이 나온다면 나중에 가서는 인상을 바꿀 수도 있겠지만, 첫인상은 대체로 쉽게 바뀌지 않는다.

어떻게 하면 보다 최근의 인상에 더 주의를 기울일 수 있을까? 한 가지 방법은 사람들을 처음 만날 때 성급한 판단을 피하는 것이다. 즉, 좀 더 잘 알 수 있을 때까지 판단을 유보하는 것이다. 또 다른 방법은 그 사람의 최근 행동에 더 주의를 기울이는 것이다. 가장 최근의 인상이 그 사람에 대한 도식 형성을 주도하는 현상을 '최신 효과(recency effect)'라고 한다. 첫인상이 지속되는 경향이 있는 것은 사실이지만 그렇다고 절대불변은 아니다. 상대방에 대해 가지고 있는 첫인상이 그의 본모습을 포착한 것인가 아니면 그의 일시적 행동만 본 것일까? 사람들은 항상 최고의 모습일 수는 없다. 한 번의 대면을 바탕으로 누군가에 대해 절대불변의 도식을 만들지 말고, 그에 대한 새로운 정보와 모든 증거에 주의를 기울일 필요가 있다.

한편, 초두 효과와 함께 이미지 메이킹, 대인관계, 심리효과 등을 이야기할 때 주로 등장하는 말이 '빈발 효과(frequency effect)'이다. 빈발 효과는 첫인상이 좋지 않았더라도 첫인상과 달리 반복해서 진지하고 솔직한 모습을 보여주면 좋은 인상으로 점차 바뀔 수 있다는 말이다. 하지만 한번 심어진 인상은 쉽게 바뀌지 않기 때문에 처음부터 좋은 인상을 심어 주는 것이 필요하다. 아울러 끝까지 긍정적인 이미지를 가져 가기 위해 일관성을 유지하는 노력도 있어야 한다.

50
상위 효과
적당한 입장 차이가 설득을 가져온다

 사회적 존재로서 인간이 살다 보면 나와 생각이 다른 사람을 설득해야 할 때가 있다. 설득이란 나의 주장을 효과적으로 전달하여 상대방으로 하여금 생각을 바꾸게 만들어 내가 의도한 바대로 행동을 이끌어 내는 것이다. 누군가를 설득한다는 것은 이미 그 사람이 가지고 있는 생각과 내가 가지고 있는 생각이 다르기 때문이다. 그 사람과 내가 똑같은 생각을 하고 있다면 설득이라는 것이 필요하지 않을 것이다.
 상대방을 설득하기 전에 꼭 알아야 하는 사회심리 용어가 있는데, 바로 '상위 효과(discrepancy effect)'이다. 이것은 '격차 효과'라고도 일컬어진다. 메시지를 전달하려는 자와 그것을 받아들이는 수신자의 생각이 어느 정도 다를 때까지는 태도 변화량도 증가하지만 지나치게 다를 경우에는 오히려 반발이 일어나 태도 변화량이 감소하는 현상을 상위 효과라고 하며, 이러한 상위 효과가 있으면 설득이나 협상은 결렬되기 마련이다.

다수의 청중을 상대로 강연을 하건 단둘만의 대화에서건 상대의 주장이 어느 정도 일리가 있다고 판단이 되면 계속 그 주장을 듣게 되고 또 그런가 생각해보게 되지만, 너무 공감이 되지 않는 이야기를 한다거나 현재 받아들이기 너무 부담스러운 이야기를 한다거나 내용이 뻔한 이야기를 하면 별다른 공감을 불러일으키지 못한다. 서로 다 알고 있는 내용을 계속 이야기하면 듣는 사람의 집중력이 떨어지고 지루함과 거부감이 생긴다. 폭소를 자아내는 개그를 반복해서 보면 점점 웃음의 강도가 떨어지다가 어느 순간 짜증으로 바뀔 수 있다. 이런 식의 강연이나 대화에선 소통과 공감은커녕 최소한의 의사전달도 어렵게 된다.

청중과 대화 상대방의 귀를 사로잡으려면 이야기의 소재와 전달 방식이 새로워야 한다. 듣는 쪽에선 자신이 모르는 주제나 주장에 아무래도 관심을 더 기울일 수밖에 없다. 구체적인 사례와 신선하고 적절한 비유를 동원하면 메시지의 전달력과 호소력은 더욱 커진다. 남을 설득할 때도 마찬가지인데, 서로의 입장이 어느 정도 달라야 집중력이 커지고 또한 소통의 깊이도 더해진다. 입장이 완전히 똑같다면 설득하고 협상할 것도 없다.

사회심리학의 커뮤니케이션 이론에선 이를 상위 효과라고 부른다. 어떤 메시지를 전달하려 할 때 그것을 받아들이는 수신자의 생각과 다를수록 전달 내용에 대한 수용 압력이 커지고, 결과적으로 전달효과도 커진다는 것이다. 그러나 상호 입장의 격차가 크지 않아야 설득을 하고 협상도 하는 법인데, 그 입장 차이가 너무 벌어진 상태에선 설득이고 협상이고 도무지 먹혀들지 않고 대화가 진척되지 않는다. 워낙 생뚱맞거나 도저히 받아들일 수 없는 지나친 제안은 전달력이 급격히 떨어지기 때문이다. 상대방이 전혀 받아들이지 않고 심지어 전혀 들으려고 하지 않는데 일방적으로 자신의 주장을 강요하면 오히려 소통의 단절과 거부감이라는 역효과만 가져올 수 있다. 상위 효과는 남을 설득하려면 상대방의 평소 태도와 정보 수준을 감안해 적당히 차이가 나는 메시지를 던져야 의사소통의 효과를 극대화할 수 있다는 점을 시사한다.

따라서 커뮤니케이션을 할 때 남을 설득하려면 상대방의 태도 및 정보를 파악해 적당한 차이가 있는 정보를 제시해야 효과를 볼 수 있다. 지피지기 백전전승(知彼知己 百戰百勝)이란 말이 있듯이 상대방을 알지 못하고 상대방이 준비가 되어 있지 않은 상태에서 무조건적이고 일방적으로 메시지를 전달하거나 설득 전략을 구사하는 것은 도움이 되지 않는다. 상대방의 생각과 태도, 상황 등을 모두 파악하고 그에 맞는 의견제시나 주장을 해야지 상위 효과가 발생하는 대화와 설득은 역효과를 낼 수 있다. 가정과 직장을 비롯한 모든 사회생활에서 전달하려는 메시지가 상대방의 생각과 적당히 달라야지 아주 동떨어져서는 소통과 공감을 불러일으키지 못하며 오히려 반감만 초래할 수 있다는 점을 기억하길 바란다.

51

후광 효과

사람의 일부 특성을 보고 전체를 평가하는 경향

우리는 누군가의 특성에 대한 여러 가지 정보를 접할 때 모든 정보를 똑같이 중요시 하지 않는 경향이 있다. 그러한 정보 중에는 전체 인상을 좌우하는 중요한 정보가 있다. 이렇게 전체인상을 형성하는 데 큰 비중을 차지하는 특성을 핵심특성이라고 부른다. 특히 인상 형성에 있어서 '좋다-나쁘다'의 평가 차원이 중요한 역할을 하듯이 '좋은 사람' 또는 '나쁜 사람'이라는 평가 정보가 중요한 핵심특성을 이루는 경우가 많다.

어떤 사람에 대해서 '좋은 사람'이라는 평을 들으면 그 사람이 잘 생기고 똑똑하며 예의가 바를 것이라는 예상을 하게 된다. 이처럼 어떤 사람에 대해 좋은 사람이라는 인상을 형성하면 다른 긍정적 특성을 모두 가지고 있을 것이라고 평가하는 경향이 있는데, 이를 심리학에서는 '후광 효과(halo effect)'라고 한다. 사실 이러한 특성들은 서로 관련성이 없지만, 사람들은 좋은 속성들은 좋은 속성들끼리 그리고 나쁜 속성은 나쁜 속성들끼리 모여 있다고 믿기 때문에 이러한 후광 효과가 나타나는 것이다. 후광 효과를 '광배 효과(光背效果)'라고도 한다.

후광 효과는 일반적으로 어떤 사물이나 사람에 대해 평가를 할 때 그 일부의 긍정적 혹은 부정적 특성에 주목해 전체적인 평가에 영향을 주어 대상에 대한 객관적이지 못한 판단을 하게 되는 인간의 심리적 특성을 가리키는 것으로, 일종의 '사회적 지각의 오류'라고 할 수 있는 현상이다. 측정 및 평가 분야에서는 후광 효과를 한 개인이나 대상에 대한 일반적인 인상이 그 사람이나 대상의 다양한 특성에 대한 평가에 영향을 미치는 경향, 개인이나 대상이 가지고 있는 하나의 현저한 특성에 대한 평가가 그 사람이나 대상의 다른 덜 현저한 특성들에 대한 평가에 영향을 미치는 평가자의 경향으로 정의하며, 특정 사람이나 대상이 갖는 개념적으로 명확하고 독립적인 특성들을 구분하지 못하는 '평가자의 오류'로서 규정한다.

후광 효과는 인간관계에서 사람에 대한 평가를 할 때 특히 두드러진다. 처음 보는 사람을 평가할 때 몇 초 안에 첫인상이 모든 것을 좌우한다고 할 수 있다. 첫인상이 좋으면 이후에 발견되는 단점은 작게 느껴지지만, 첫인상이 좋지 않으면 그의 어떠한 장점도 눈에 들어오지 않는 경우가 많다. 면접관들이 면접자들을 평가할 때 그들의 부분적인 특성인 외모나 용모, 인상 등만을 보고 회사 업무에 잘 적응할 만한 사람이라고 판단하는 경우 후광 효과가 작용했다고 할 수 있다. 소비자들이 고가의 명품 상품이나 인기 브랜드의 상품을 판단할 때 대상의 품질이나 디자인이 다른 브랜드의 상품들에 비해 우수할 것이라고 생각하는 경우에도 역시 후광 효과가 작용한 결과라고 볼 수 있다. 브랜드의 명성이라는 일부에 대한 특성이 품질이나 디자인 등 대상의 전체적인 평가에까지 영향을 준 것이다.

후광 효과는 대체로 마케팅 분야에서 많이 활용된다. 예를 들어, 여러 기업과 광고업계에서는 대부분 대중에게 평판이 좋은 연예인을 광고 모델로 선호한다. 연예계에서도 성실함, 호감적 성품으로 대중에게 평판이 나 있는 연예인을 광고 모델로 사용할 때 기업은 높은 효과를 창출할 수 있다. 소비자들은 제품을 직접 써보지 않았음에도 불구하고 연예인에 대한 기존의 호감이 제품에 대한 긍정적인 신뢰로 이어지기 때문이다.

후광 효과와 관련하여 개인의 부정적인 특성 하나가 그 사람의 다른 면을 평가하는 데 부정적인 영향을 미치는 것을 '악마 효과(devil effect)'라고 부른다. 후광 효과와 악마 효과를 염두에 두면, 다른 사람들에게 호감을 줄 수 있도록 평소 옷차림이나 외모를 단정하게 하고 행실을 바르게 해야 할 필요가 있다.

52

잔물결 효과
나의 말과 행동이 큰 파장을 일으킨다

물결이 잔잔한 호수나 저수지에서 돌을 던져 튕기는 물수제비를 경험해 본 사람이라면, 얄팍하고 둥근 돌로 물수제비를 뜨면 참방참방 잔물결을 일으키며 주변에 영향을 미친다는 것을 알 것이다. 이처럼 돌을 잔잔한 호수에 돌을 던졌을 때 돌이 떨어진 지점부터 동심원의 물결이 일기 시작해 호수의 가장자리까지 작은 파동이 이어져 물결이 가운데서 밖으로 퍼져나가는 현상을 '잔물결 효과(ripple effect)'라고 하며, 심리학에서는 하나의 사건이 연쇄적으로 영향을 미치는 것을 의미한다. 메리엄 웹스터 사전(Merriam-Webster's Dictionary)에 의하면, 이 용어가 심리치료에서 특정한 심리적 효과나 치료를 목적으로 최면의 방법을 적용했는데 의도하지 않은 효과가 발생하는 경우를 두고 잔물결 효과라고 부르기 시작하면서 처음 사용되었다.

잔물결 효과는 물방울을 떨어뜨리면 그 지점에서 멀리 떨어질수록 파장의 크기가 커지는 것처럼 그 여파가 점차 확산되는 현상으로, 하나의 사건 또는 파장이 연쇄적으로 영향을 미치는 것을 의미한다. 연쇄반응을 일으켜 결국 생각지도 못한 파급 결과를 일으키는 '도미노 효과(domino effect)'와 닮았지만 과정에 따라 하나하나씩 넘어지는 도미노와 달리 잔물결 효과는 순식간에 넓게 퍼져간다는 점에서 더 큰 영향력을 가지고 있다. 이러한 잔물결 효과는 심리학 용어이지만, 경제학이나 경영학에서도 사용된다. 조직 구성원의 일부를 질책을 했을 때 다른 구성원들에게 미치는 부정적 영향을 잔물결 효과라고 하며, 그 효과는 특히 질책을 받는 사람이 조직에서나 중요한 역할을 하고 있을 경우, 그리고 상사의 명령이나 지시가 모호하고 분명하지 않을 경우에 더 크게 나타난다.

잔물결 효과와 비슷한 말로 '나비 효과(butterfly effect)'가 있다. 이 것은 미국 기상학자 에드워드 로렌츠(Edward N. Lorentz)가 어느 한 곳의 나비 날갯짓이 뉴욕에 태풍을 일으킬 수 있다는 표현으로 회자되기도 한다. 즉, 나비의 작은 날갯짓이 날씨의 변화를 일으키듯이 미세한 작은 변화나 작은 사건이 향후 예상치 못한 엄청난 결과로 이어진다는 의미를 가진 것이 나비 효과이다.

국제금융시장에서 특정 국가의 신용등급이 떨어지게 되면 다른 국가들의 신용등급도 같이 떨어지거나, 미국의 금리인상과 같은 중대한 통화정책의 결정 뒤에 환율의 변동성이 확대되어 나타나는 것은 잔물결 효과의 영향이다. 주차장에서 우연히 눈이 마주친 남녀가 나중에 부부가 되었을 경우, 눈을 마주친 그 작은 사건이 두 사람을 둘러싼 온 주변을 진동시켜서 부부로 이어지는 인연으로 연결된 이른바 잔물결 효과의 영향을 받은 것이다. 또한 학교에서 한 아이의 잘못에 대해 선생님이 야단을 쳤는데 오히려 다른 아이가 놀라서 행동이 교정되는 경우,

반대로 영희라는 아이에게 한 번도 무섭게 대한 적이 없는데도 불구하고 선자가 선생님 때문에 학교에 오기 두렵다고 할 경우에도 잔물결 효과의 영향을 받았기 때문이다.

이처럼 잔물결 효과는 경제, 인간관계, 교육뿐만 아니라 국제사회 기업 등 여러 분야에 적용되고 있으며, 물고기 한 마리가 우물에 들어와 물을 더럽히거나 반대로 물을 정화시킬 수도 있는 것처럼 긍정적 영향을 끼칠 수도 있고 부정적 영향을 끼칠 수도 있다. 스티브 잡스(Steve P. Jobs)는 2001년 아이팟 시리즈를 출시하면서 음악시장을 재편했을 뿐 아니라, 이후 스마트폰과 애플리케이션 생태계를 이끄는 데 가장 중요한 역할을 했다는 점에서 잔물결 효과의 긍정적인 사례로 볼 수 있다. 1998년 동남아시아에서 처음 발생한 외환위기가 한국을 비롯한 아시아 전역으로 확산되고, 2011년부터 시작되어 2015년까지 계속되고 있는 그리스 금융위기가 유럽 주변국에 경제성장을 가로막은 것은 잔물결 효과의 부정적 사례로 꼽을 수 있다.

사소한 작은 마주침이 큰 인연을 만들고, 내가 오늘 한 말과 행동이 누군가에게 큰 파장을 일으킨다는 점에서 잔물결 효과를 되새겨보자. 오늘날과 같은 지식 정보화 시대에는 잔물결 효과가 더욱 강한 힘을 발휘하며, SNS의 영향으로 정보의 흐름이 매우 빨라져 지구촌 구석구석의 미세한 변화가 순식간에 전 세계적으로 확산되고 있다. 우리 모두 누군가에 의해 영향을 받고 주고 살아가는 삶 속에서 좋은 파장을 불러일으키는, 즉 긍정적인 잔물결 효과를 확산시키는 사람이 되어보자.

53

플라시보 효과

약을 먹었으니 괜찮아질 거라는 마음의 힘

어렸을 때 배 아프다고 하면 엄마가 배를 쓰다듬어 주면서 '엄마손이 약손이다' 하며 노래를 불러주었던 기억이 있을 것이다. 지금은 아이가 아플 때면 바로 병원에 가서 치료를 받지만 옛날엔 아이가 배앓이를 할 때면 엄마손은 배앓이를 낫게 하는 약손이었다. 배앓이에 칭얼거리며 짜증을 내는 아이가 엄마가 배를 주물러주기만 하면 어느새 새록새록 잠이 들게 된다. 정말 엄마손에는 불가사의한 비밀이 숨겨져 있는걸까? 이와 관련 있는 심리현상이 '플라시보 효과(placebo effect)'이다.

'위약(가짜약) 효과'라고도 불리는 플라시보 효과란 실제로 아무런 효과가 없는 약임에도 불구하고 환자에게 이 약을 먹으면 어떤 효과가 있을 것이라는 확신을 줄 경우에 정말로 그 효과가 나타나는 현상을 말한다. 위약(가짜약)을 뜻하는 플라시보(placebo)는 '내가 기쁘게 해주지'라는 의미의 라틴어에서 나왔다. 실제 효과가 없는 녹말이나 생리식염 수 등의 위약을 특정한 유효성분이 있는 것처럼 위장하여 환자에게 투여했을 때, 환자가 도움이 될 것이라고 믿고 복용함으로써 실제로 병세가 호전되는 현상이 플라시보 효과이다. 배 아플 때 배를 마사지하면 안 아프게 느껴지는 것은 일종의 플라시보 효과로 볼 수 있는데, 엄마가 배를 만져주면 배가 나을 거라는 아이의 믿음이 위통을 줄여주는 것이다. 결국 엄마의 약손은 플라시보 효과와 함께 엄마와 아이의 믿음이 만들어낸 천상의 약인 것이다.

특히 통증과 우울 그리고 불안을 완화시키는 데 있어서 플라시보 효과가 잘 입증되고 있다. 운동선수들이 수행을 증진시킬 것이라고 믿는 약물을 투여받았을 때 더 빨리 뛰거나, 카페인이 들어 있지 않음에도 불구하고 들어있다고 생각하면서 커피를 마신 사람들이 활력과 각성 수준이 높아지거나, 기분을 고양시킨다고 엉터리로 알려준 약물을 복용한 사람들이 기분이 좋아졌다고 느끼는 것은 모두 플라시보 효과에 해당한다. 이러한 플라시보 효과는 약을 먹었으니 괜찮아질 것이라는 인간의 마음의 힘, 즉 심리적 효과에 의한 것이다.

플라시보 효과는 다음과 같은 면에서도 설명이 가능하다. 정말로 효과가 좋은 약을 사용하더라도 그 약을 환자가 불신하고 있으면 약 70%의 효과밖에 내지 못한다고 한다. 반대로 그 약을 환자가 절대적으로 믿고 있으면 130%의 효과가 나타난다는 것이다. 즉, 믿고 안 믿고의 차이에 따라 두 배에 가까운 효과를 볼 수 있다는 것이다.

사람들에게 아무 작용이 없는 물질을 주고, 예를 들어 "이것을 먹으면 머리가 아플 것입니다."라고 말할 경우, 이것을 먹은 사람이 진짜로 두통을 일으키는 '노시보 효과(nocebo effect)'도 있다. '당신을 해칠 것이다'라는 의미의 라틴어에서 나온 노시보 효과는 어떤 것이 해롭다는 암시나 믿음으로 야기된 부정적 효과를 가리킨다. 치료나 약의 부작용에 대한 환자의 예상이 치료결과에 매우 심각한 영향을 준다는 정신의학 보고가 있으며, 실제 노시보 효과를 지지하는 연구 결과도 있다. 예를 들어, 34명의 대학생에게 그들의 머리 위로 전류가 지나가며(실제로는 전류가 흐르지 않았다) 그 전류가 두통을 일으킬 수 있다는 말을 했더니, 그중 2/3 이상이 두통을 호소했다는 것이다. 또한 심장병에 걸리기 쉽다고 믿고 있는 여성이 그렇지 않은 여성에 비해 동일한 위험인자를 가졌음에도 불구하고 사망률이 4배나 높았다는 것이다.

설혹 가짜약이라 하더라도 약을 먹었으니 호전될 것이라는 마음, 혹은 약을 먹어도 도움이 되지 않을 것이라는 마음이 치료결과에 영향을 미칠 수 있다는 것은 인간의 심리상태와 마음의 힘이 얼마나 중요한가를 잘 보여준다.

54
자이가르닉 효과
이루어지지 못한 첫사랑을 잊지 못하는 이유

사람들은 왜 첫사랑을 그리워하며 잊지 못하는 걸까? 첫사랑이 풋 풋하고 아름다웠기 때문일 수도 있겠지만, 첫사랑이 이루어지지 않아 아쉽고 안타깝기 때문일 수도 있다. 이루어지지 못해서 더 오래도록 기 억에 남는 것과 관련된 심리학 용어가 있는데, 바로 완성된 일보다 끝 내지 못한 일을 더 잘 기억하는 현상인 '자이가르닉 효과(Zeigarnik ef- fect)'이다. 이것은 러시아의 심리학자이자 정신과 여의사 블루마 자이가 르닉(Bluma W. Zeigarnik)이 제시한 심리학 이론으로 '미완성 효과'라고 도 불린다.

1927년 자이가르닉은 독일 베를린대학교에서 박사학위 논문을 준 비 중이었다. 하루는 점심을 먹으러 연구소 동료들과 학교 근처 단골 카페를 찾았다. 인원이 많고 주문도 제각각이어서 주문 내용이 길고 복잡했다. 그런데 주문을 받았던 웨이터는 단 한 줄의 메모도 없이 정확히 주문한 음식을 내왔다. 웨이터의 비상한 기억력에 감탄한 그녀는 맛있게 식사를 마치고 카페를 나왔다. 학교로 돌아오던 중 자이가르닉은 깜박하고 자신의 소지품을 카페에 두고 왔다는 사실을 깨달았다. 다시 카페로 돌아간 그녀는 웨이터에게 혹시 두고 온 소지품을 못 봤는지 물었지만, 웨이터는 자신의 얼굴조차 기억하지 못하는 눈치였다. 대단한 기억력의 소유자로 생각했던 웨이터의 예상 밖 반응에 놀란 자이가르닉은 자초지종을 설명하고 조금 전 자기 테이블에서 주문한 음식을 기억하느냐고 물었다. 그러자 웨이터는 웃으며 자신은 어떤 주문이든 서빙이 끝날 때까지만 기억하고 그다음엔 모두 잊는다고 대답했다.

B. W. Zeigarnik(1901~1988)

웨이터의 행동에서 아이디어를 얻은 자이가르닉은 실험을 수행하였다. 실험 대상은 두 그룹으로, 한 그룹은 과제를 끝내도록 설정했으며 다른 한 그룹은 도중에 방해를 받아 과제가 중단되도록 설정했다. 이후 참가자들에게 과제에 대한 기억을 조사한 결과, 과제가 중단된 그룹의 참가자들이 과제를 거의 두 배나 더 잘 기억하는 것으로 나타났다. 이 실험을 통해 사람들이 완전히 종료된 일보다 끝나지 않은 일을 더 잘 기억하는 경향이 있다는 사실을 입증해 박사학위를 받았다.

이처럼 자이가르닉 효과는 하고 있던 일을 끝내거나 목표를 완수하면 긴장이 풀려 금방 기억에서 지워지지만, 끝까지 마치지 못한 일은 미련이 남아 계속해서 우리 의식 속에서 긴장을 불러일으키고 더 오랫동안 기억되는 현상을 말한다. 자이가르닉 효과가 나타나는 것은 우리의 뇌는 기억용량을 효율적으로 사용하기 위해 이미 끝난 일은 될 수 있으면 빨리 뇌에서 지워버리고 아직 남아 있는 일에 집중하기 때문이고, 또한 일을 끝까지 마치려는 본능이 있어서 특정 과제를 수행하기 위해 집중하던 상황에서 일을 마치지 못하면 긴장 상태가 계속되어 뇌리에 더 오래 남기 때문이다.

그래서 많은 사람들이 현재 성취된 사랑보다는 안타깝게 헤어졌거나 엇갈린 사랑과 같은 이루어지지 못한 첫사랑을 더 자주 기억하게 되는 것이다. 운동선수들이 경기가 끝나면 자신의 멋진 플레이보다는 실수했던 플레이가 더 생각나는 경우, 누군가로부터 은혜를 입었을 때 그 은혜를 갚지 못했거나 반대로 타인에게 받은 상처로 인한 원한이 있으나 그 원한을 갚지 못했을 때 그 은혜나 원수에 대한 기억이 계속 생각나는 경우, 시작에서 끝까지 완결되는 꿈은 기억하지 못하지만 꿈을 꾸다가 도중에 잠에서 깨어나 중단된 것은 생생하게 기억나는 경우, 사업가가 실패한 사업 아이템에 계속 집착하는 경우, 시험에서 맞춘 문제보다 틀린 문제를 더 오래 기억하는 경우는 모두 자이가르닉 효과라는 심리현상과 관련이 있다.

자이가르닉 효과는 마케팅과 방송, 광고, 게임, 드라마 등 여러 분야에서 활용되고 있다. 예를 들어, 시리즈 형식의 드라마에서 극적인 순간에 한 회를 미해결로 종료하는 것은 이야기를 완결하길 원하는 시청자들의 욕구를 자극해 다음 회까지의 시청을 유도한 것이다. 다시 말해서, 결과에 대한 궁금증을 유발함과 동시에 시청자로 하여금 자이가르닉 효과로 잔상을 유지하게끔 유도한 것이다. 한 입 베어 문 사과 형태의 애플사 심벌마크는 온전한 사과 형태보다 더 깊은 인상을 주고 우

리에게 더 쉽게 기억되는 심리학적 요인은 바
로 자이가르닉 효과 때문이다. 비즈니스나 인
간관계에서도 자이가르닉 효과를 응용할 수
있다. 사업의 파트너로 삼고 싶어서 혹은 사귀
어 보고 싶은 이성이 있어서 상대방에게 어필

해야 할 때, 용건을 한 번에 다 말하는 것보다 더 중요한 말은 다음에
하겠다며 여운을 남기는 것이다.

　끔찍한 재난이나 충격적 사건으로 심리적 트라우마를 겪은 사람이
수 년 혹은 수십 년간 반복해서 그 기억이 나타나 외상 후 스트레스 장
애를 겪는 것도 일종의 자이가르닉 효과라고 볼 수 있다. 어떻게 해도
완전히 종결이 되지 않아 기억의 회로 속에서 계속 반복되고 또 반복되
기 때문이다.

55

허구적 일치성 효과
남들도 내 생각과 같을 것이라고 믿는 착각

만일 어떤 사람이 너무나 사랑하고 있는 이성친구가 업무상 다른 이성을 만나야 한다면, 그는 어떤 생각이 들까? 일 때문에 만나는데 괜찮다고 생각하며 넘어가는 사람도 더러 있겠지만, 대다수는 "다른 이성이라니, 절대 안 돼!"라며 반대할 것이다. 특히 바람기 있는 사람이라면 더더욱 반대할 것이다. 다른 이성을 만나는 것을 용납하지 못하는 이유는 무엇 때문일까? 자신이 다른 이성을 만나면 마음이 흔들리기 때문에 애인도 자신이 아닌 다른 이성을 만나면 그럴 것이라고 짐작하는 것이다. 심리학에서는 이를 '허구적 일치성 효과(false consensus effect)'라고 한다. '허위 합의 효과'라고도 불리는 이 효과는 객관적인 확인 절차 없이 남들도 자기와 같을 것이라고 자기만의 기준으로 단정하는 것을 의미한다.

허구적 일치성 효과는 실제보다 많은 사람이 자기 의견에 동의할 것으로 오해하는 것, 실제로는 대부분의 사람들이 자기와 다른 의견을 가지고 있음에도 불구하고 자기가 생각하고 행동하는 방식대로 다른 사람들도 생각하고 행동한다고 믿는 경향, 자신의 생각과 다른 사람들의 생각이 합치하는 정도를 과대평가하는 현상, 자신의 생각이나 태도 혹은 행위가 남과 다르지 않은 보편적인 것이라고 믿는 경향, 자기 집단의 견해가 다수파 집단의 견해와 대등하다고 믿는 경향, 자기 눈에 보이는 동향이 계속될 것이라 생각하는 경향 등 여러 가지 표현으로 정의되고 있지만 그 의미는 모두 같다.

우리는 사적인 자리에서 말다툼이나 논쟁을 하다가 자기주장의 정당성을 확신할 때에 "길을 막고 지나가는 사람에게 물어보자. 누가 옳다고 하는지…"라는 말을 한다. 길을 막고 지나가는 사람에게 물어보면, "내 의견에 찬성하는 사람이 많을 것이다."라고 착각하기 때문이다. 그럴 수도 있고 아닐 수도 있겠지만, 남들도 내 생각과 같을 것이라고 믿어 의심치 않는다면, 이런 착각을 가리켜 허구적 일치성 효과라고 하는 것이다. 부부싸움이 쉽게 끝나지 않는 것도 하나같이 서로가 자신이 잘한 일만 생각하고, 다른 사람들도 자신과 같은 입장에 처하면 똑같이 했을 것이라고 생각하기 때문이다. 그래서 싸움은 더욱더 악화되고, 서로 "길을 막고 사람들한테 물어봐라! 네가 잘했나 내가 잘했나!"라고 말하는 것이다. 이처럼 객관적인 확인 절차 없이 보다 많은 사람이 자기 의견에 동의할 것으로 오해하는 것을 허구적 일치성 효과라고 하는 것이다.

1977년 미국 스탠퍼드대학교 사회심리학자 리 로스(Lee D. Ross) 교수는 허구적 일치성 효과를 확인하기 위해 대학생들에게 '샌드위치는 조스에서!'라고 쓰인 큼직한 간판을 샌드위치맨처럼 앞뒤에 걸치고 30

분간 캠퍼스를 돌아다닐 수 있는지 묻고, 또한 다른 사람들에게 똑같은 부탁을 하면 언제나 많은 사람들이 부탁을 들어줄 것 같은지를 판단하게 하는 샌드위치 광고판 실험을 했다. 조스 식당에서 파는 음식의 품질에 대한 정보는 전혀 없었으니 그것을 메고 다니는 대학생들이 우습게 비칠 수 있는 상황이었다. 연구자의 요구에 동의했던 많은 학생들이 다른 사람들도 자기처럼 요구를 들어줄 것이라고 응답하였고, 연구자의 요구에 응하지 않겠다고 했던 학생들도 남들도 자기와 마찬가지로 요구에 동의하지 않을 것이라고 응답하였다. 어떤 이유로 실험을 동의하고 거부했든, 학생들은 다른 사람들도 자기와 비슷한 생각을 할 것이라고 여겼던 것이다. 즉, 남들도 자기와 같을 것이라는 믿음이 자신의 행동을 정당하게 해주었던 것이다.

L. D. Ross(1942~2021)

허구적 일치성 효과는 앞에서 언급한 애인이 "다른 이성을 만나는 건 절대 안 돼!"라고 하는 것과 부부싸움과 같은 인간관계에서 "길을 막고 물어봐"라고 하는 것과 같은 예에서 보듯이 우리 주변에서 흔히 볼 수 있다. 자신의 단점을 남들도 다 가지고 있다고 생각하거나, 자신이 바람을 피우면 다른 사람도 바람을 피운다고 생각하거나, "다른 사람들도 나처럼 짝퉁을 살 거야."라며 자신의 행동을 합리화하거나, 어느 자리에서나 와인 이야기로 너스레를 떠는 사람이 다른 사람들도 자신처럼 와인에 관심이 있을 것이라고 믿고 와인 이야기로 몇 시간을 너스레를 떨거나, 정치인이 객관적 검증 없이 자기 생각이 국민 의사와 같을 것이라는 생각을 하는 것도 그 예라 할 수 있다.

이와 같은 허구적 일치성 효과는 남들도 내 의견과 같을 것이라고 추측하는 오류 혹은 편향으로서, 여기에는 자신의 행동을 보편화함으로써 자신의 이미지를 더 긍정적으로 받아들이고 사회적 인정을 받으려는 의도가 있기 때문이다. 상대적으로 나이가 많은 사람, 권력이 있는 사람, 자존감이 높은 사람, 유유상종을 좋아하는 사람들에게서 허구적 일치성 효과가 더 쉽게 나타날 가능성이 있다.

연애하는 사람 눈에는 연애하는 사람들만 보이고, 내가 바람을 피우면 남도 바람을 피운다고 생각하는 허구적 일치성 효과와 달리, '내가 하면 로맨스, 남이 하면 불륜'과 같이 자신은 남들과 달리 독특한 개성을 갖고 있다거나 자신의 장점을 아주 희귀하다고 보는 경우와 같은 '허구적 독특성 효과(false uniqueness effect)'도 있다. 이것은 흔히 군대 다녀온 사람들이 자기가 군대에서 제일 많이 고생했고 남들이 하기 힘든 경험을 했다고 말하는 것과 같은 심리상태를 말한다.

허구적 일치성 효과의 심리상태는 한 개인의 선택이 신념에 영향을 미치는 과정에서 자신에게 유리한 낙관적 방향으로 기우는 무의식적 편견에서 생긴다고 심리학자들은 믿는다. 허구적 일치성 효과의 사용은 인지적으로 조화와 안정감을 제공하고 정신 건강에 도움이 될 수 있다는 긍정적 측면도 있지만, 자신이 다른 사람의 생각을 알고 있고 자기 생각과 똑같다고 판단해서 나오는 편향이기 때문에 가급적 허구적 일치성 효과라는 심리현상에서 벗어나는 것이 바람직하다.

56
과잉정당화 효과
자신의 행동 이유를 외적 요인으로 돌리기

자신이 어떤 행동을 한 이유를 내적인 욕구나 성격 등에서 찾는가, 아니면 보상이나 외부 요인에서 찾는가? 인간 행동의 원인은 크게 내재적 동기(intrinsic motivation)와 외재적 동기(extrinsic motivation)로 구분해 볼 수 있다. 내재적 동기는 흥미나 호기심에 의해 자신이 정말 하고 싶어서 하는 행동이고, 외재적 동기로 인한 행동은 남이 시키거나 보상을 얻고 처벌을 피하기 위해 하게 되는 행동이다. 후자의 경우 외부에서 귀인되는 많은 요인들로 인해 내적 요인의 효과가 감소될 수 있는데, 이런 현상을 '과잉정당화 효과(overjustification effect)'라고 한다. 다시 말해, 과잉정당화 효과란 자기 행동의 동기를 자기 내부에서 찾지 않고 외부에서 주어진 보상 탓으로 돌리고 그로 인해 내재적 동기를 약화시키거나 심지어 깨뜨려 버릴 수 있는 현상으로 '과다합리화 효과'라고도 불린다. 이러한 과잉정당화 효과를 지지하는 두 개의 실험 결과를 소개하면 다음과 같다.

하나는 1973년에 발표된 미국 스탠퍼드대학교의 사회심리학자 마크 레퍼(Mark R. Lepper)와 데이비드 그린(David Greene) 교수 그리고 미시간대학교의 리처드 니스벳(Richard E. Nisbett) 교수의 '외적 보상으로 인한 아이들의 내적 흥미도의 손상: 과잉정당화 가설에 대한 실험'이다. 이 실험에서는 아이들을 3개의 집단으로 나누어 그림을 그리도록 하였다. A집단에게는 그림을 그리기 전에 외적인 보상으로 상장을 준다고 했고, B집단에게는 그림을 잘 그리면 상장을 준다고 했으며, C집단에게는 상장에 관한 언급을 전혀 하지 않았다. 그 결과 A집단에서 유의미한 변화가 일어났는데, 처음과 달리 시간이 지나면서 그림을 그리는 것에 흥미가 떨어졌다. A집단의 아이들은 외재적 동기로 인한 그림을 그리는 행동을 하게 되었고, 이것은 결국 내재적 동기마저 감소시키는 결과를 가져왔던 것이다.

다른 하나는 미국 로체스터대학교 심리학과 에드워드 데시(Edward Deci) 교수가 수행한 퍼즐게임 실험이다. 그는 학생들을 두 집단으로 나누어 그중 한 집단은 퍼즐을 풀 때마다 보상을 주었고, 나머지 한 집단에게는 퍼즐을 풀어도 보상을 주지 않았다. 이렇게 퍼즐을 몇 번 풀게 한 후에 학생들을 실험실에서 내보내고 다시 퍼즐을 할 기회를 주었다. 실험실에서는 반드시 퍼즐을 풀어야 했지만 이제는 자신이 하고 싶으면 하고 하기 싫으면 하지 않아도 되는 상황이 된 것이다. 그 결과 보상 없이 퍼즐을 풀었던 집단의 학생들은 대부분 퍼즐게임을 한 반면, 보상을 받고 퍼즐을 풀었던 학생들은 퍼즐게임에 별로 참여하지 않았다.

두 실험의 결과는 어떤 행동에 대한 보상이 많으면 많을수록 그 행동을 더 자주하게 될 것이라는 생각은 옳지 않으며, 외적인 보상을 받으면 내적인 욕구는 줄어들어 어떤 일에 대한 지나친 보상이 오히려 역효과를 불러일으킨다는 점을 시사하고 있다. 이러한 과잉정당화 효과는 칭찬이나 관심과 같은 심리적 보상보다 돈이나 음식이나 상품과 같은 물질적인 보상이 주어질 경우, 어떤 일을 얼마나 잘했는지를 고려하지 않고 단지 그 일을 수행한 것만으로 보상을 할 경우, 그리고 특정 활동에 대한 내재적 동기를 갖고 있을 때 외재적 동기가 개입될 경우에 발생할 가능성이 높다고 한다. 즉, 성취도와 관계없이 주어지는 보상은 그것이 비록 비물질적 보상이라 할지라도 과잉정당화 효과를 유발할 가능성이 높다는 것이다. 이런 점에서 보면 과잉정당화 효과는 지나친 보상 때문에 생기는 것이 아니라 무의미한 보상으로 인해 발생한다고 보는 것이 더 정확하다. 잘하거나 못하는 것과는 상관없이 주어지는 보상은 보상으로서의 의미가 없기 때문이다.

일상생활에서 과잉정당화 효과가 나타나는 경우의 예를 들어보자. 한 여성은 옷이 필요하고 쇼핑도 하고 싶어서 자신이 좋아하는 브랜드 매장에 들렀다. 매장 한 코너에 고객카드 소지자에게는 특별 할인을 한다는 문구가 눈에 들어왔다. 좋아하는 브랜드이기도 하고 고객카드도 갖고 있던 이 여성은 이게 웬 횡재인가 싶어 마음에 드는 옷을 구매했다. 매장을 나오면서는 할인 행사 때문에 옷을 산 것처럼 생각했다. 이 경우에 여성은 자신이 필요해서 혹은 쇼핑을 하고 싶어서 옷을 구매한 내재적 동기는 잊어버리고 외적 요인에서 그 이유를 찾아 자신의 구매 행동을 정당화 혹은 합리화하고 있는 것이다

또한 고액 연봉의 스포츠 선수들 중에 불법도박에 손을 대어 물의를 일으키는 사례가 간혹 있는데, 그 이유를 과잉정당화 효과로 설명할 수 있다. 이들은 내재적 동기가 아닌 외재적 동기에 지배되어 운동이 좋아서 하는 것이 아니라 어느 순간부터 오직 높은 연봉을 받기 위해,

돈을 많이 벌기 위해 하는 것으로 자신들의 삶이 바뀌었기 때문이다. 선수로서 가장 집중해야 할 일은 운동 그 자체이고, 돈의 성취는 그 다음 문제이다.

자율적으로 하던 일도 누군가 억압적으로 개입하면 하고 싶어도 하지 않거나, 무료봉사도 돈이 외부에서 개입하면 봉사를 하고 싶어도 안 하거나, 자발적으로 헌혈하던 사람들에게 헌혈할 때마다 돈을 주면 하지 않거나, 동료에게 무료 카풀을 하다가 동료가 요금을 지불하면 하기 싫어지는 것처럼 평소에 잘하던 일에 보상이 주어지면 하지 않는 것은 과잉정당화 효과 때문이다. 지금까지 자발적으로 했던 일에 갑자기 보상을 받게 되면 '대가를 받다니 이 일이 그리 멋진 것 같지 않아'라고 볼멘소리를 하며 인지부조화가 일어나면서 해오던 일에 대해 새롭게 평가하게 된다. 그리하여 행동의 원인이 단순히 보상 때문이었다고 스스로 생각하게 되면 보상이 주어지는 순간 그 행동을 그만두게 되며, 원래 가지고 있던 흥미와 호기심조차 잃어버릴 수 있다. 따라서 모든 일에 보상만이 능사는 아닌 것이다.

흥미 유발을 위해 적절한 보상이 필요할 수도 있지만, 이것이 지나치면 보상에 매몰되어 행동 자체가 목적이고 즐거움이 아니라 수단이고 경쟁으로 변질되어 보상이 오히려 부정적 영향을 미칠 수 있다는 점을 간과해서는 안 된다. 따라서 진정으로 집중하고 지향해야 할 곳은 내재적 동기이다. 내재적 동기는 비록 보이지 않지만 우리에게 마르지 않는 샘과 같은 무한한 동기, 즉 지치지 않는 힘과 에너지를 준다. 우리는 누구나 세상이라는 필드에 선 선수들이므로 그 어떤 외재적 동기의 노예가 되지 않도록 스스로 내재적 동기를 부여하는 내공을 가져야 하겠다.

57

과잉기억 신드롬

지난 10년 동안 무슨 일이 있었는지 다 기억할 수 있어

독일의 철학자 프리드리히 니체(Friedrich Nietzsche)는 '인간은 망각의 동물'이라고 말했다. 그에 따르면, 인간은 망각하기 때문에 고통스러운 기억을 잊을 수 있으며 이성과 욕구의 충동과 모순도 잊어버린다. 잊어버릴 수 있기 때문에 인간은 현재에 이르러 행복할 수 있다고 한다. 그런데, 이 망각 기능을 상실한다면 어떻게 될까? 실제로 그런 질병이 있는데, 바로 '과잉기억 신드롬(hyperthymetic syndrome)'이다. '초(超)기억 신드롬'이라고도 불리는 이 신드롬은 한 번 보거나 겪은 일을 잊어버리지 않고 세세하게 모두 기억하는 증상이다. 소설이나 만화 속에나 있을 법한 이 병은 실제로 존재한다. 과잉기억 신드롬에 걸린 이들은 과거의 지나간 크고 작은 일들을 마치 녹화된 영상처럼 모두 생생하게 떠올린다. 단순히 기억만 떠올리는 것이 아니라 당시 느꼈던 자신의 감정(기쁨, 슬픔, 분노, 우울 등)까지도 함께 떠올린다.

1년 전 오늘, 점심으로 뭘 먹었는지 기억나는가? 1달 전에는 어땠는지 기억나는가? 우리들 대부분은 전혀 모른다. 그러나 지난 2006년 저명한 뇌과학 분야 학술지 <뉴로케이스>에 최초로 공식적인 과잉기억 신드롬 진단을 받은 질 프라이스(Jill Price)라는 이름의 캘리포니아 여성의 사례가 공개됐다. 캘리포니아 어바인 대학의 신경생물학자들은 자신에게 일어난 일을 빠짐없이 기억하는 질 프라이스의 놀라운 기억력을 묘사하기 위해 과잉기억 신드롬(Hyperthymesia: HSAM)이라는 용어를 만들었다. 광범위한 실험에서, 그녀는 수십 년에 걸쳐 특정한 날에 일어났던 사건들의 세부사항을 기억하는 능력을 보여주었다.

무언가를 경험할 때 뇌는 그것을 단기기억으로 저장한다. 어제 뭘 입었는지 기억하겠지만 그 기억은 금방 사라진다. 만일 그 경험이 의미 있었다면 장기기억으로 무한정 저장될 수도 있다. 대부분의 사람들은 그들이 결혼 프러포즈나 첫 키스를 위해 어디에 있었는지 시간이 지나도 기억한다. 과잉기억 신드롬을 가진 사람들은 단기기억을 대부분의 사람들과 같은 방식으로 처리한다. 그러나 시간이 지남에 따라 기억의 정확성과 디테일이 향상되는 것을 발견했다.

과잉기억 신드롬과 관련된 기억의 유형은 '자전적 기억' 또는 '자서전적 기억'이라고 불린다. 이런 유형의 기억력을 가진 사람들은 이벤트, 이미지, 날짜, 심지어 나눈 대화까지도 상세하게 기억한다. 그리고 그들은 이 기억들을 쉽게 소환할 수 있다. 과잉기억 신드롬을 가진 사람들은 종종 그들이 어렸을 때 일어났던 일들을 기억하기도 한다. 그러나 10~12세 전후에 일어난 사건들에 대한 기억은 더욱 생생하고 세밀하다. 연구자들이 질 프라이스를 연구했을 때, 그녀에게 특정한 날에 일어난 사건에 대해 물었다. 그녀는 거의 항상 정확하게 대답했다. 몇 년

간의 연구 끝에 그녀가 그들과 함께 한 약속의 날짜를 기억하는지 물었다. 그녀는 잠시도 망설임 없이 그 날짜들을 정확하게 기억했다.

과잉기억 신드롬은 전 세계에서 알려진 사례가 100개가 채 안 될 정도로 매우 드물며 정확한 원인이 아직 밝혀지지 않은 미지의 병이다. 연구자들은 뇌의 사진을 촬영함으로써 과잉기억 신드롬을 가진 사람들의 뇌 구조의 일부 부분이 전형적인 기억 기능을 가진 사람들의 뇌 구조와 다르다는 것을 알아냈지만, 이러한 차이가 과잉기억 신드롬을 유발했는지, 기억과 관련된 뇌의 영역을 더 많이 사용했기 때문에 발생했는지 여부는 알려지지 않았다.

현재까지 과잉기억 신드롬 진단을 받은 사람은 극소수에 불과하다. 과거의 모든 일을 기억한다는 것이 좋은 일일까? 사람은 살다 보면 좋은 일도 겪지만 나쁜 일도 많이 겪는다. 현명한 결정을 하기도 하지만 어리석은 결정을 할 때도 많다. 도덕적 행동을 하기도 하지만 비도덕적 행동을 할 때도 있다. 법을 지키기도 하지만 더러는 무단횡단을 하거나 거리에 침을 뱉는 등 사소한 불법행위를 하기도 한다. 만약 이 모든 것을 기억한다면 기쁨과 자부심보다는 후회와 수치, 모멸감으로 인해 괴로울 것이다. 망각이라는 것이 없다면 아마 미쳐버릴지도 모른다. 2013년 내셔널 퍼블릭 라디오에서는 질 프라이스와 같은 과잉기억 신드롬 진단을 받은 환자가 55명이고 대부분 우울증을 앓는다고 보도하기도 했다.

이런 점에서 보면 뭐든지 기억하거나 엄청난 기억력을 자랑하는 사람들을 축복이라고 생각하며 부러워할 필요가 없다. 슬픈 기억이나 잊고 싶은 고통스러운 기억까지 평생 사라지지 않고 매 순간 생생하게 떠오른다고 생각해 보면 끔찍한 일이기도 하다. 망각은 우리 마음속에

쌓인 과거의 행동이나 사건에 대한 후회, 수치, 모멸감과 같은 쓰레기를 치우는 작업이다. 쓰레기를 치우지 않으면 썩고 냄새나며 병을 유발한다. 그러니 다소 불편하기는 하겠지만 건망증을 두려워할 필요는 없다.

2017년 영국 인디펜던트지는 국제학술지 <뉴런 저널>에 실린 캐나다 토론토대학교 블레이크 리차드(Blake Richards) 연구팀의 논문에 따르면, 인간의 뇌는 사실 중요하지 않은 단순한 정보는 버리고 꼭 필요한 정보는 유지하도록 설계되어 있으며, 건망증은 결정적인 순간에 현명한 의사결정을 내리기 위한 일종의 포기라고 한다. 망각이 없이 정보가 계속해서 쌓이면 여러 정보들이 충돌해 혼선을 빚게 되고, 중요한 순간에 올바른 의사결정과 판단을 방해하기 때문이라는 것이다. 따라서 우리는 불필요한 정보의 세부사항들은 잊고 대신 중요한 결정을 내리는 데 도움이 되는 것들에 초점을 맞추는 것이 중요하다고 할 수 있다.

58

서번트 신드롬
자폐를 갖고 있는 기억 천재

배우 주원 씨가 TV 드라마 <굿닥터>에서 '서번트 신드롬(savant syndrome)'을 앓고 있는 박시온 역할을 연기하면서 서번트 신드롬을 한 국인들에게 알리는 계기가 되었다. 그리고 더스틴 호프만(Dustin Hoffman)과 톰 크루즈(Tom Cruise)가 주연한 영화 <레인맨>은 일상생활이나 상식적인 태도를 유지하는 데에는 어려움을 겪지만 숫자나 언어 등의 암기에서는 천부적 재능을 가진 자폐증 환자가 주인공으로 나와 서번트 신드롬을 세상 사람들의 뇌리에 깊이 심어놓았다. 또한 최근 배우 박은빈 씨가 주연을 맡은 천재적인 두뇌와 자폐스펙트럼을 동시에 가진 신입 변호사의 대형 로펌 생존기를 다룬 TV 드라마 <이상한 변호사 우영우>는 자폐스펙트럼과 서번트 신드롬에 대한 관심을 증폭시키는 계기가 되었다.

영화 <레인맨>에 등장하는 주인공의 실제 모델인 킴 픽(Kim Peek)은 운전이나 식사 등 일상생활을 하는 것조차 어려움을 겪었으나 역사,

문학 등 15개 부문에서 '메가 서번트'라는 찬사를 들을 정도로 천재적인 기억력을 가진 서번트 신드롬 환자였다. 그는 약 9,000권의 책을 암기하고 있었고 1페이지를 읽는데 8~10초의 시간밖에 걸리지 않았다. 한번 읽은 책은 그의 머릿속에 저장되어 인터넷 검색과 같은 속도로 저장된 정보를 꺼낼 수 있었다. 그는 톰 클랜시(Tom L. Clancy)의 소설『레드 옥토버를 쫓아라』를 1시간 25분 만에 암송했으며 4개월 후에 이 책에 대한 질문을 다시 받았을 때 작품에 등장한 러시아인 통신사의 긴 이름을 대답하고 그 인물에 대해 쓰인 페이지를 한 구절도 틀리지 않고 대답할 수 있었다. <레인맨> 영화에서 그는 미국의 지역 및 우편번호, 전화번호, 수년간의 날짜, 요일 등을 쉽게 암산하거나 암기하는 능력을 보여주었다. 그러나 암기력을 제외한 지능지수는 지적장애 3급에 해당하여 혼자 단추를 채우지 못하는 등 혼자서는 일상생활을 할 수 없었다.

서번트 신드롬이란 자폐증, 지적장애 등 정신장애를 가진 사람이 특정 분야에서 보통 사람보다 뛰어난 능력을 가진 증상을 의미한다. 서번트 신드롬에서 서번트의 어원은 학식이 깊은 사람, 석학, 현자를 뜻하는 프랑스어 savant(사방)이다. 단어의 의미를 번역해서 서번트 신드롬은 '석학 신드롬', '자폐증 천재', '백치천재' 등으로도 불린다. 여러 뇌 기능 장애를 가지고 있어 사회성이 떨어지고 의사소통 능력이 낮으며 반복적인 행동 등을 보이는 특징이 아스퍼거 증후군(Asperger syndrome, 자폐스펙트럼장애의 여러 임상 양상 중 하나로 비정상적인 사회적 상호작용 및 제한되고 반복적인 행동 문제를 보임)과 비슷하지만, 기억, 암산, 퍼즐이나 음악 등 특정한 부분에서 우수한 능력을 가지고 있다.

서번트 신드롬 환자들의 천재적인 능력 발현에 대해서 신체 기능 중 한 부분이 제 역할을 못하면 다른 부분에서 보완하는 인체의 보상능력에 의해 이러한 현상이 가능하다는 주장이 있다. 알베르트 아인슈타인(Albert Einstein) 등 유명인사도 사회성을 담당하는 뇌 부위 기능이 떨어지는 반면 천재적인 수학능력이 이를 보완한다는 설명이다. 즉 소아마비 환자가 목발을 많이 짚다 보니 팔 힘이 강화되는 등 한 기능이 부족하면 다른 기능이 발달되는 인체의 신비한 사례들을 바탕으로 자폐증으로 뇌기능 일부에 장애가 나타나면 예능이나 기억력 등 다른 측면에서 뛰어난 능력이 나타날 수 있다는 것이다.

그러나 백치천재를 연구하는 호주의 엔젤 스나이더(Angel Snider) 박사는 그들은 세계를 지각하고 해석하는 것 없이 그대로 모방한다고 말했다. 가령 일반인들의 뇌는 소리와 영상, 숫자를 받아들일 때 대부분을 걸러내 단순화된 형태로 체계화하고 분류하는 데 반해, 백치천재들은 감각과 정보를 차단하는 뇌의 부분이 고장 나 여과과정이 없어서 혼란을 겪지만 걸러내지 않은 정보를 무궁하게 활용할 수 있다는 것이다. 다만 뇌의 어떤 부분에 이상이 있는지 정확하게 밝혀내지는 못했다.

하지만 자폐증과 천재성을 동시에 지녔던 영국 언어학자 다니엘 타멧(Daniel Tammet)은 자서전 『브레인 맨, 천국을 만나다』에서 서번트가 기이한 존재가 아님을 강조하였다. 자폐증의 일종인 아스퍼거 신드롬을 앓고 있던 타멧은 2004년 5월 원주율 파이(π)를 암기해 5시간 9분 동안 소수점 2만2천514자리를 읊었고, 10여 개 국어를 자유자재로 구사해 화제가 됐다. 그는 심지어 처음 접하는 외국어를 1주일 만에 정복하는 과제도 완수했다. 타멧은 어릴 때 간질 발작으로 뇌기능에 장애가 오면서 자폐증과 천재성을 동시에 지니는 서번트 신드롬을 갖게 됐다. 이러한 현상은 간질이 생긴 좌뇌의 손상을 보상하기 위해 수리능력과 연관된 우뇌가 발달하면서 생기는 것으로 일부 연구자들은 추정하지만, 타멧은 서번트의 능력은 하늘에서 뚝 떨어진 초능력과는 관계가 없으며 의미와 실재를 연결할 줄 아는 뛰어난 지혜에서 생겨났을 뿐이라고 말한다. 즉 뇌의 크기가 아니라 영혼의 깊이가 해낸 일이라는 것이다. 그의 저서 『뇌의 선물』에서 <레인맨> 속 더스틴 호프만의 실제 모델인 킴 픽을 실제 만나, 그가 유명한 역사적 인물의 생년월일 같은 예전에 봤음직한 정보를 쉽게 기억했지만, 어떤 물질의 정확한 양에 관한 낯선 내용은 잘 기억하지 못했다는 경험을 소개하면서 이런 주장을 뒷받침한다. 서번트들에 대한 환상이나 오해를 버리고 음악이나 체육, 과학 등 특정 분야에서 남들보다 뛰어난 천재 정도로만 여겨달라는 것이 타멧의 주장이다.

서번트 신드롬의 경우 뇌의 능력이 어떤 특정 분야에서 경이적으로 발달되어 천재적인 능력을 발휘하지만 그 능력은 특정 분야에 한정되어 다른 사람과의 커뮤니케이션 능력이나 사회성 등 다른 능력은 떨어져 주로 혼자 지내려 하고, 특정 행동을 반복하며 간질 발작을 보이기도 하며, 전체적으로 지능이 떨어져 있다. 서번트 신드롬은 일종의 자폐증이자 지적장애로, 신경발달장애를 앓고 있거나 뇌손상을 입은 사람 중 특정 분야에서 일반인보다 능력이 뛰어날 가능성이 높은 사람은 극히 드물다. 그 발생 확률은 100만분의 1 정도로 지극히 낮으며, 서번트 신드롬으로 밝혀진 사례는 전 세계적으로 100명이 채 되지 않는 것으로 추정되고 있고, 여성보다는 남성에게서 더 많이 발견되는 것으로 보고되고 있다.

59

스톡홀름 신드롬

인질이 범인에게 유리하도록 증언하는 까닭

스톡홀름(Stockholm)은 스웨덴의 수도이자 스칸디나비아 반도의 최대 도시로 많은 섬을 끼고 있어 '북방의 베네치아'라고도 불린다. 스톡홀름 도시와 관련된 심리현상으로 '스톡홀름 신드롬(Stockholm syn-drome)'이 있다. 이 신드롬은 범인에게 인질로 잡힌 사람이 범인에게 정신적, 심리적으로 동화되어 범인을 동조하거나 옹호하게 되는 비이성적인 심리상태를 말한다. 즉, 피해자가 가해자에게 증오나 혐오의 감정이 아니라 오히려 애착이나 동정을 느끼는 것을 가리킨다. 스톡홀름 신드롬은 스톡홀름에서 발생한 은행 강도사건에서 연유한 것이다.

1973년 8월 23일부터 28일까지 스웨덴 스톡홀름 노르말름스토리(Norrmalmstorg)의 크레디트반켄(Kreditbanke)에서 은행 강도 사건이 발생했다. 당시 강도 두 명이 은행을 습격해, 6일간 세 명의 남자와 한 명의 여자 직원을 인질로 잡고 경찰과 대치했다. 은행 직원들은 강도들과 함께 금고실에서 지내면서 그들과 매우 친숙해졌고, 정서적인 애착 관계를 형성하게 되었다. 이들은 자신들을 인질로 잡은 은행 강도들을 위해 경찰과 직접 협상했으며, 강도들에게서 풀려날 때에 그들과 포옹을 하고 키스를 하는 모습을 보여 사람들을 충격에 빠뜨렸다. 또한 감옥으로 이송되는 강도들을 향해 충성을 맹세하고 이후에는 이들의 안전과 운명을 걱정하기까지 했다. 이들은 은행 강도들이 항복하기로 결정한 후 경찰의 사살 기도를 저지하기 위해 인간 방패 역할을 수행하면서 은행 강도들을 보호했고, 법정에서는 이들에게 불리한 증언을 거부했다. 이러한 현상에 대해 스웨덴의 범죄 심리학자이자 정신의학자 닐스 베예로트(Nils Bejerot)가 '스톡홀름 신드롬'이라 부르면서 이러한 명칭이 알려졌다.

인질로 잡힌 사람은 극도의 불안과 공포를 느끼다가 점차 그 불안과 공포의 대상이 범인이 아닌 범인을 공격하는 사람으로 적개심이 돌려지면서 범인과 동일시를 하게 된다는 것이다. 즉, 저 경찰이 나타나서 방해하지만 않았다면 이렇게 인질로 붙잡혀 있지 않아도 괜찮았을 것이고 더 안전했을 것이라는 생각으로 발전하게 되고, 같이 동고동락하는 사이에 범인에게서 인간미를 느낀 인질들은 인질범을 동료라고 인식하게 된다는 것이다.

실제로 스톡홀름 신드롬이 유명세를 타기 시작한 것은 이듬해인 1974년 미국에서 벌어진 미국언론재벌의 딸 납치사건 때문이었다. 미국의 허스트 가문의 장녀였던 패티 허스트(Patty Hearst)가 납치를 당하는 일이 일어났는데, 그녀를 납치한 것은 급진좌익 세력인 공생해방군(Symbionese Liberation Army)이었다. 허스트는 2개월 동안 그들과 함께 지내면서 스톡홀름 신드롬을 겪었고, 이들과 함께 샌프란시스코 은행을 터는 등 범죄에 가담하게 되었는데, 그녀를 비롯한 공생해방군들이 잡히고 난 후에 스톡홀름 신드롬 때문에 허스트가 범죄에 가담하게 된 것이라고 주장하였으나 그 당시에는 그 주장이 기각되면서 패티 허스트는 실형을 선고받았다.

스톡홀름 신드롬은 보통은 인질이 된 사람에게 보이는 심리상태이지만, 지속적으로 남편에게 폭력을 당하는 아내나 부모에게 폭력을 당하는 아이들에게도 이런 스톡홀름 신드롬 증세가 발생한다. 데이트 폭력에서도 '남자친구가 때리긴 하는데 착한 사람이에요'라고 말하는 것처럼 피해자가 가해자를 옹호하고 동정을 느끼며 변호하는 현상이 스톡홀름 신드롬의 예라 할 수 있다. 이렇게 데이트 폭력과 가정폭력과 같은 폭력적 상황이 합리화되는 이유는 피해자들이 가해자에게 느끼는 증오보다는 이러한 상황에 대한 증오가 더 크기에 자신에게 폭력을 가하는 대상에게서 동질감을 느끼고 정신적으로 동일시하는 비이성적 생각이 발생되게 된다는 것이다. 그래서 이러한 것을 '트라우마적 유대(traumatic bonding)'나 '공포유대(terror-bonding)'라고도 하며, 내가 살기 위해 무엇이든 하려는 사람인 경우나 다른 스트레스 상황에서 무력감을 종종 경험한 사람들이 스톡홀름 신드롬에 더욱더 빠져들기 쉽다고 한다.

스톡홀름 신드롬이란 용어는 오늘날 주로 한 사람이 다른 한 사람을 간헐적으로 괴롭히고, 때리고, 위협하고, 학대하는 상황에서 두 사람 간에 강한 정서적 유대가 형성되는 경우에 폭넓게 쓰이고 있다.

자신에게 피해를 주는 가해자에게 동화되는 것도 모자라 구출을 시도해오는 경찰을 경계하는 것은 객관적인 시각에서 이해하기 힘들 수 있다. 하지만 사람에 따라 극한의 상황에서 심한 스트레스와 두려움에 떨고 있을 때 자신을 해치지 않고 호의를 베푸는 가해자로부터 친절과 온정을 느끼게 되어 이러한 현상이 벌어질 수 있다. 이런 현상들에 대한 설명은 자신의 생살여탈권(生殺與奪權)을 쥔 상대에게 복종해 생명을 보존하기 위한 무의식적 행위로 설명되며, 또는 스트레스 상황에서의 신체적 반응(긴장, 발한, 심박수 증가 등)을 좋아할 때 느끼는 신체적 반응으로 뇌에서 잘못 처리해 상대에 대하여 호감을 느낀다는 설명도 있다. 또는 인질강도 상황에서 범인이 주는 인권의 침해(즉 정신적인 자유나 자기 개념의 침해)는 아예 불가항력으로 받아들이고 당연시하면서 범인이 가끔씩 베푸는(당장 생존에 필요한 것들을 충족시키는) 호의에만 마음을 쓰다 보니 이런 현상이 나타나는 것으로 설명되기도 한다.

스톡홀름 신드롬은 가해자에 대한 존경심을 보이고, 구조 시도를 거부하고, 가해자를 옹호하고, 가해자를 기쁘게 하고자 노력하고, 가해자에게 불리한 증언을 회피하며, 가해자에게서 도망치는 것을 거부하는 등 몇 가지의 특징적인 증상을 갖고 있다. 이러한 증상의 스톡홀름 신드롬과 반대되는 현상으로 '리마 신드롬(Lima syndrome)'이 있다. 스톡홀름 신드롬은 인질로 잡힌 사람들(가해를 당한 사람들)이 인질범(가해자)에게 심리적으로 동조하고 끈끈함을 느끼는 것이라고 한다면, 리마 신드롬은 반대로 인질범이 자신의 인질에게 정신적으로 동화되어 폭력성이 저하되는 것을 말한다.

리마 신드롬은 페루의 수도인 리마(Lima)의 명칭을 딴 용어로, 이 현상은 1996년에 리마에서 일어난 일본 대사관저 점거 인질 사건에서 비롯되었다. 1996년 12월, 페루의 반정부 조직 '투팍아마루 혁명운동(MRTA)'의 요원들은 일본 대사관을 검거하였다. 그들은 페루 정부군이 기습한 1997년 4월 22일까지 400여 명의 인질들과 함께 지냈으며, 그들은 127일의 시간 동안 점차 인질들에게 동화되는 모습을 보였다. 그들은 점차 인질들이 가족들에게 편지를 보내는 것을 허용해 주었으며 그 외 인질들이 미사 의식을 개최하거나 의약품, 또는 의류를 반입하는 것 역시 허락했다. 시간이 지날수록 요원들은 인질들에게 자신들의 신상을 털어놓기도 하였다. 이 사건에서 발생한 현상을 심리학자들은 후에 리마 신드롬이라 칭하였다. 처음에는 공격적이었던 인질범들이 인질들과 정신적으로 동화되기 시작하면서 태도가 온화해지고 인질들에게 호의를 베푸는 행동을 하게 된다는 것이다.

이상에서 살펴보았듯이 리마 신드롬이 범인들이 인질들에게 정신적으로 동화되는 심리현상이라면, 스톡홀름 신드롬은 범인들에게 동화되는 인질들의 심리현상을 말한다. 이 두 신드롬은 서로 반대되는 개념이지만 어느 한쪽이 상대에게 정신적으로 동화된다는 공통점을 가지고 있으며, 현실에 대한 왜곡된 인지로 이어질 수 있다.

서로 좋은 영향을 주고받는 것은 행복한 일이지만, 나쁜 영향을 주고받는 것은 우리를 불행의 늪으로 빠뜨리기 쉽다는 점을 간과하지 말아야 한다.

60

뷰캐넌 신드롬

명품 구매를 통한 자기도취 현상

명품 의류나 가방 혹은 시계를 하나 정도 갖고 싶은 것은 인간의 당연한 욕망이다, 명품을 싫어하는 사람이 있겠는가? 명품이라 함은 일반적으로 뛰어나거나 이름난 물건을 지칭하며 오랜 기간 동안 사람들 사이에서 사용되며 상품적 가치와 브랜드 네임을 인정받은 고급품을 말한다. 명품은 값어치라는 교환가치와 쓸모라는 실용성 가치, 장인의 특수한 노동력을 통해 생산된 희소성 가치, 그리고 상류 계층의 신분과 경제력 획득이라는 의미를 지닌다. 이러한 가치와 의미를 지닌 명품을 가지고 있다는 것은 사람들에게 자기만족감을 느끼게 해주기 때문에 많은 사람들이 명품을 선호하고 구입하려 한다. 더군다나 유명한 브랜드가 다양하게 있어 남녀노소를 막론하고 한 번쯤 관심을 갖는 것은 당연하다고 볼 수 있다.

하지만 유독 명품 쇼핑을 하거나 명품을 선물로 받을 때 너무 좋아 어찌할 바를 모르다가 눈물을 보이는 등의 이상행동을 하는 사람들이 더러 있는데, 이들을 가리켜 '뷰캐넌 신드롬(Buchanan syndrome)'을 앓고 있다고 말한다. 명품 구매를 통해 경제적으로 자기보다 못한 사람과의 비교, 쾌감, 정복감, 해방감을 느끼는 자기도취 현상인 뷰캐넌 신드롬은 프랜시스 스콧 피츠제럴드(Francis Scott Fitzgerald)의 소설 『위대한 개츠비』에서 개츠비(Gatsby)의 옛 애인인 데이지 뷰캐넌(Daisy Buchanan)이 아름다운 셔츠를 보고 무아지경에 이르러 급기야 눈물마저 보이는 장면에서 비롯된 것으로, 명품에 대한 사랑이 너무도 큰 나머지 그 감정을 주체하지 못하고 황홀경에 빠지는 사람들을 가리킬 때 일컫는 용어이다. 못 말리는 쇼핑 중독자의 이야기를 다룬 영화 <쇼퍼홀릭>에 나오는 "멋진 훈남이 웃으며 바라보면 버터처럼 심장이 녹는 그 기분을 아시는지? 난 숍을 볼 때 그렇다. 아니 더 황홀하다. 남자는 숍만큼 날 공주 대접을 안 해준다. 맘에 안 들면 교환할 수도 없다. 그러나 쇼윈도 속엔 딴 세상이 있다. 여자가 원하는 모든 게 완벽하게 갖춰진 꿈의 세계..."라는 대사는 뷰캐넌 신드롬의 전형적인 예라 할 수 있다.

이렇게 명품을 좋아한다는 것은 특정 음식이나 특정 동물을 좋아한다는 것과 별반 다를 것이 없다. 자신이 정말로 좋아하는 것을 가진다는 그 기쁨은 이루 형언할 수 없기 때문이다. 그러나 자신의 가치를 증명하고 높여서 상대적으로 낮은 사람들과 분리시키거나 자기보다 아래에 있는 사람들과 비교해서 일종의 쾌감이나 정복감, 억압에서의 자유 등을 표현하기 위해서 명품을 선호하는 것이라면 얘기가 달라진다. 이럴 경우 '된장녀'라는 소리를 듣게 된다. 된장녀는 허영심 때문에 자신의 재산이나 소득 수준에 맞지 않는 명품을 사는 등 사치와 허세를 일삼는 여성을 비하하는 말이다. 특히, 자신의 경제 활동으로 얻어진

소득이 아닌 다른 사람(이성, 가족 등)에 기대어 의존적 과소비를 하는 여성을 가리킨다. 최근에는 이와 비슷한 개념으로 카푸어(car poor)라는 신조어가 있다. 카푸어란 자신의 경제적 능력보다 비싼 차를 구매하여 유지에 어려움을 겪는 사람을 말한다.

명품을 구매하는 사람들이 많아지다 보니, 평범한 명품(명품은 실제로 특별하지만)보다 수십 배 비싼 초고가 명품으로 과시하고자 하는 소비 심리를 뜻하는 위버럭셔리(uber-luxury)라는 말이 등장할 정도다. 우리 사회의 체면과 눈치를 많이 보는 분위기가 한몫하면서 건전한 소비는 온데간데없고, 허세와 과시로 가득 차고, 명품을 입어야 성공한 사람이라는 이상한 논리가 만연하고 있다.

이제 명품 소비의 허상에서 벗어나야만 한다. 명품은 가격에 있어서 타의 추종을 불허하기 때문에 아무리 가치가 있더라도 자신의 경제적 수준에 적합하지 않으면 사지 않는 것이 현명한 소비라 할 수 있다. 요즘 빚을 내서라도 명품을 구비하여 자신을 과시하려고 하는 사람들이 늘어나면서 긍정적인 면보다는 부정적인 면이 부각되고 있는 것이 사실이다. 어떻게 해서건 자신이 돋보이는 쪽으로 남들과 구별되고 싶은 욕망, 그리고 그 욕망에서 비롯된 명품 사랑을 잘못된 것이라고 말하기는 어렵지만, 균형 감각이 필요하다. 속이 허할수록 겉에 더 신경을 쓰는 법이지만 명품을 사랑하더라도 적당히 해야 한다. 북유럽에서는 명품을 자랑하면 얼마나 자존감이 없으면 그러느냐고 모자란 사람 취급을 받는다고 한다. 그러므로 자신의 정체성을 명품이 아닌 자존감에서 찾아보도록 하자. 우리의 시선이 비싼 것만 추구하는 것이 아닌 품질이 좋은 물건 쪽으로 옮겨갈 필요가 있으며, 자신의 가치를 명품으로 보여주려 애쓰기보다는 자기 자신부터 명품으로 만들기 위해 가꿔 나가는 것이 진정한 럭셔리(Luxury)일 것이다.

61

스탕달 신드롬
저 그림을 보니 숨이 멈출 것 같아

서유럽을 여행하면서 프랑스 파리에 있는 루브르(Louvre) 박물관을 방문한 적이 있다. 거기서 레오나르도 다 빈치(Leonardo da Vinci)의 <모나리자>를 비롯한 수많은 미술작품을 감상하면서 몸의 전율을 느꼈다. 그림에 문외한이지만 미술작품을 하나씩 보면서, 특히 프랑스의 화가 외젠 들라크루아(Eugène Delacroix)가 그린 <민중을 이끄는 자유의 여신>을 보면서 왠지 모를 감동과 벅차오름이 느껴졌고 무릎에 힘이 빠지고 심장이 빠르게 뛰었다. 하루 종일 아니 여러 날 그 그림 앞에 앉아 떠나고 싶지 않았지만, 다른 일정 때문에 박물관을 벗어나야만 했다. 그렇지만 내내 여행을 하면서도 머릿속엔 그 그림이 생생하게 떠올랐다. 당신은 이러한 경험을 한 적이 있는가?

역사적으로 유명하거나 아름다운 예술작품을 감상하면서 이러한 평균적인 감동을 넘어 강렬한 정신적 충격을 받아 순간적으로 흥분 상태에 빠지거나 호흡곤란, 현기증, 위경련, 마비, 우울증, 환각 등의 이상 증세를 경험하는 현상을 '스탕달 신드롬(Stendhal syndrome)'이라고 한다. 걸작품을 보면서 급격한 정신적 혼란을 느껴 병원에 실려 오는 사례도 간혹 있다고 한다. 프랑스 사실주의 문학의 시조라 일컫는 『적과 흑』, 『파르므의 승원』의 작가로 널리 알려진 스탕달(Stendhal)은 1817년 이탈리아의 피렌체를 여행하던 중 르네상스 시대의 아름다운 미술품인 <베아트리체 첸치의 초상>을 감상하다가 무릎에 힘이 빠지고 심장이 빠르게 뛰는 것을 경험했고, 그날의 충격에서 벗어나기까지 거의 한 달 간이 걸렸다. 스탕달은 자신이 겪은 현상을 일기에 적어 놓았고 그의 저서 『나폴리와 피렌체: 밀라노에서 레기오까지의 여행』에서도 묘사했다.

1979년에 이탈리아의 정신의학자 그라지엘라 마게리니(Graziella Magherini)가 스탕달처럼 미술작품을 감상하다가 어지러움을 느끼거나 기절하는 등의 현상을 경험한 여행객들의 사례를 조사하여 이런 현상을 '스탕달 신드롬'이라고 명명하면서 널리 알려졌다. 스탕달 신드롬의 예로는 빈센트 반 고흐(Vincent van Gogh)에게서 나타났다. 네덜란드의 후기 인상주의 화가 고흐는 1885년 암스테르담 국립미술관이 개관하자 미술작품을 보기 위해 방문했다. 그는 렘브란트의 <유대인 신부>를 보고 영혼을 빼앗긴 듯 작품에 매료되어 함께 간 친구가 혼자 미술관 구경을 모두 마치고 돌아왔는데도 그 자리에서 계속 그림을 바라보고 있었다. 고흐는 그 그림 앞에 앉아서 2주만 보낼 수 있게 해준다면 남은 수명의 10년이라도 떼어 줄 수 있다는 말까지 했다고 한다. 이탈리아 공포영화의 거장 다리오 아르젠토(Dario Argento)는 1996년 <스탕달 신드롬>이라는 영화를 만들었는데, 이 영화에서는 주인공 안나 마니(Anna Manni)가 미술관에서 피터 브루겔(Peter Bruegel)의 <추락하는 이

카루스가 있는 풍경>을 감상하다가 기절하는 장면이 나온다. 자신이 그토록 보기를 소원했던 작품을 실제로 보았을 때 감동과 흥분이 파도처럼 밀려와 결국 실신 상태에까지 빠지게 된 것이다.

우리나라 TV 프로그램인 <서프라이즈>에서도 스탕달 신드롬 대한 일화가 소개된 바가 있다. 10년 동안 미라에 홀려 약 10년 동안 이집트 전통의상을 입고 미라 장례 의식을 치르는 사람들로, 자신을 아누비스 신이 보낸 사람이라 주장하며 2000년 미라는 자신의 아기이고 소유해야 한다고 주장하였는데, 이러한 모습을 본 심리학자들이 스탕달 신드롬이라 하였다. 이렇게 스탕달 신드롬은 훌륭한 작품을 보고 모방충동을 일으켜 작품과 같은 포즈를 취한다거나 그림 앞에서 불안함과 평화를 동시에 느끼기도 하는 등의 다양한 증상이 나타난다. 스탕달 신드롬의 증상은 비단 미술작품뿐만 아니라 문학작품이나 유명한 사람의 전기를 읽고도 나타난다. 평범한 사람들은 예술작품을 보고 스탕달 신드롬을 쉽게 경험하기 어렵고, 감수성이 예민하고 작품에 대한 최소한의 배경지식을 갖고 있는 사람들이 스탕달 신드롬을 겪을 가능성이 크다.

스탕달 신드롬의 원인에 대해서는 과학적으로 밝혀진 바는 없으나 아마도 예술작품을 좋아하는 감수성이 풍부한 사람들이 작품을 감상하며 황홀함과 우울함의 양가감정을 느끼며 작품에 대해 더 깊숙이 공감하고 느끼기 때문이 아닌가 싶다. 또한 인간은 불완전한 존재이기에 상상하며 그 상상을 예술로써 표현하게 되는데, 예술가들의 상상을 현실에서 보는 것뿐만 아니라 그들의 상상으로 들어가기 때문이 아닌가 싶다.

스탕달 신드롬을 넘어 위대한 작품을 보면 이를 파괴하고자 하는 충동을 느끼기도 하는데, 이러한 현상을 '다비드 신드롬(David syndrome)'

이라 한다. 실제로 1991년에 관람자가 다비드상을 발로 찼던 일도 있었다고 한다. 예술이 우리의 마음을 움직이는 것을 넘어 우리의 정신을 불안정하게 할 수 있다는 것이 놀랍다. 인간은 갖고 싶은 열망이 커지다 보면 갖고 싶은 것을 갖고자 하는 소유욕과 무언가를 탐내면서 훔쳐서라도 갖고 싶은 물욕이 생길 수 있다. 스탕달 신드롬이나 다비드 신드롬은 바로 이 갖고 싶은 것과 뺏고 싶을 정도의 사이를 줄타기하는 심리적 감정 상태인지도 모르겠다.

스탕달 신드롬은 자아상실과 정서혼란, 의기소침 그리고 피해망상 등의 증상이 수반되며, 심할 경우엔 기절까지 한다. 훌륭한 조각상을 보면서 모방 충동을 일으키고 명화 앞에서 울고 웃고 분노하는 삶의 희로애락을 동시에 느낀다. 이러한 스탕달 신드롬의 증상은 오랫동안 지속되지 않고 일시적이며 안정제를 복용하거나 익숙한 환경으로 돌아오게 되면 빠르게 완화되고 회복이 되는 것으로 알려져 있다. 스탕달 신드롬을 오히려 좋은 경험이라 생각하며 예술작품에 대해 빠져보는 시간을 갖는 것도 좋을 것 같다. 인생을 살면서 예술작품을 보고 엄청나게 흥분하고 감동받아 기절할 정도의 경험을 한번은 해보고 싶지 않은가? 고흐가 경험한 것처럼 우리 인생에 이만큼 깊은 감동의 순간이 찾아온다는 건 어떻게 보면 큰 행운일 수도 있다.

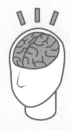

자기성장과 자기개발의 심리

62

떠벌림 효과

작심삼일의 늪에 빠지지 않기 위한 전략

우리는 매년 새해를 맞이할 때마다 체중 감량, 외국어 공부, 자격증 따기, 담배 끊기, 술 끊기, 매일 조깅하기, 악기 배우기, 저축하기 등 각자 나름의 신년 계획을 세우고 마음을 굳게 다잡는 경우가 많다. 그러나 신년 목표를 야심차게 세웠다가 실천 의지가 약해서 혹은 가로막는 어떤 장벽 요인 때문에 작심삼일의 늪에 빠지기 일쑤다. 작심삼일의 늪에 빠지지 않고 신년 목표를 실행해나가기 위한 좋은 방법 중 하나가 '떠벌리기 효과(profess effect)'를 이용하는 것이다. 떠벌리기 효과란 주변에 공개적으로 자신의 결심을 밝히면 실행력과 완성도가 높아지는 현상을 말하며, '공개선언 효과' 혹은 '공언 효과'라고도 한다.

예를 들어, 담배를 끊기로 결심했다고 하자. 그러면 주변 사람들에게 공개 표방을 하는 것이다. 자신이 달성하고자 하는 담배 끊기의 목표를 공개적으로 알림으로써 주변 사람들의 지원을 얻는 것이다. 또한 자신이 담배를 피우면 친구에게 얼마를 주겠다고 하는 식의 조건부

계약을 하는 것이다. 이처럼 자신이 목표로 삼은 행동을 공개적으로 표방하고 조건을 거는 계약을 하면 자신이 한 말에 더 책임을 느끼고 실없는 사람이 되지 않기 위해, 그리고 재정 손실을 막기 위해 약속을 더 잘 지키게 된다. 이런 현상을 떠벌림 효과라고 한다. 다시 말해서, 떠벌림 효과란 자신이 목표로 삼은 행동을 남들에게 공개적으로 알려 자신이 한 말에 더 책임을 느끼고 약속을 더 잘 지키게 됨과 동시에 주변 사람들의 지원을 받아 목표를 보다 수월하게 달성하게 되는 현상을 가리킨다.

실제로 떠벌림 효과는 1955년 도이치(M. Deutsch) 박사와 게라트 (H. B. Gerard) 박사의 실험을 통해 검증된 심리이론 중 하나다. 이 실험은 세 개의 집단으로 나누어 진행되었는데, A집단에게는 자신들의 의견을 아무에게 말하지 않게 하고, B집단에게는 자신의 의견을 금방 지울 수 있는 글자판에 적어두게 하였으며, 마지막 C집단에게는 종이에 의견을 적고 서명하게 한 후 공개하도록 하였다. 그 결과 얼마 지나서 A집단은 24.7%, B집단은 16.3%, 그리고 C집단은 5.7%가 최초의 의견을 수정하였으며, 알리는 대중의 수가 많을수록 최초의 의견을 수정하는 비율이 낮은 것으로 밝혀졌다. 이것은 다른 사람들에게 자기 의견이나 생각을 말할수록 자기 의견이나 생각에 대해서 좀 더 확고한 관점을 갖게 되고 쉽게 바꾸지 않게 된다는 점을 시사하는 것이다.

이처럼 떠벌림 효과는 자신의 목표를 널리 알리면 그 사실을 알게 된 주변 사람들과의 암묵적인 약속이 이루어져 목표를 향해 나아가는 데에 도움을 주며 작심삼일의 늪에 빠지지 않게 해주는 주요 수단이 된다. 주변에 자신의 계획이나 목표를 널리 알려 그 말에 책임을 느끼고 그것을 실천하고 달성하기 위해 노력하기 때문에 완성도 역시 더 높아질 수 있다. 매년 새해 아침에 선언하는 목표와 공약을 번복하지 않고 정말 이루기 위해서는 그 목표와 공약을 꽁꽁 감추기보다는 떠벌림으로써 스스로에게 책임감을 더해볼 필요가 있다. 그리고 힘껏 떠벌리는 것에 머물지 말고 결연한 실천 의지가 수반되어야 할 것이다.

63
크레스피 효과
당근과 채찍의 강도와 일의 능률은 비례한다

당근과 채찍(Carrot & Stick)이란 말을 들어 보았을 것이다. 동기부여를 위한 상벌의 원칙을 말할 때 많이 쓰이는 말이다. 당근과 채찍이란 말은 당나귀를 달리게 하기 위해 눈앞에 당근을 매달고 채찍을 휘두른 데서 유래한 것이다. 직원들의 급여를 3%에서 5%로 올려주면(당근을 주면) 직원들이 일시적으로는 고마움을 느낀다. 그러나 그 순간 직원들의 눈높이는 올라가서 그다음에는 7%쯤 올리지 않으면 오히려 직원들의 불만이 쌓이게 된다. 채찍도 마찬가지인데, 맷집이 생기기 때문이다. 이와 관련된 심리학 용어로 '크레피스 효과(Crespi effect)'란 것이 있다. 이는 보상과 처벌의 강도가 점점 강해져야 일의 수행 능률이 계속해서 증가할 수 있다는 효과를 말한다. 여기서 보상과 처벌은 흔히 '당근과 채찍'에 비유된다.

1942년 미국의 심리학자 레오 크레스피(Leo P. Crespi)는 당근과 채찍이 일의 능률을 높이는 효과를 가져 오려면 점점 강도가 세져야 한다는 것을 실험을 통해 입증하였다. 그는 쥐를 대상으로 미로 찾기 실험을 했는데, 한 집단에는 미로 찾기에 성공할 때마다 먹이 하나씩을 주고, 다른 집단에는 5개씩 주었다. 그 결과 먹이 5개를 상으로 준 집단이 훨씬 미로를 빨리 찾아내 탈출하였다. 이렇게 4~5번 반복한 후 이번에는 앞서 1개씩 받던 집단에는 상을 5개로 늘려주고, 5개씩 받던 집단에는 1개로 줄였다. 그랬더니, 전자의 집단은 처음부터 5개씩 받던 집단이 초기에 보였던 것보다 훨씬 더 빨리 미로를 찾았다. 반대로 후자의 집단은 처음에 1개씩 받던 집단의 초기 성적에 비해 훨씬 낮은 성공률 및 수행 능률을 보였다. 이 결과의 의미는 결국 당근과 채찍 전략에서 효과를 일으키는 것은 현재 당근과 채찍을 얼마씩 주느냐가 아니라 이전에 비해 얼마나 더 많이 주느냐라는 것이다. 바로 이 실험을 토대로 유래된 것이 크레피스 효과이다.

L. P. Crespi(1916~2008)

오늘날 크레스피 효과는 교육, 비지니스, 정치를 비롯한 여러 분야에서 사용되고 있다. 교육현장에서 크레스피 효과는 아이의 학업성취도와 관련해 쓰인다. 아이의 학업성취도를 올리기 위해 부모가 아이에게 장난감을 제공했다면, 이후 아이의 더 큰 성취도를 위해서는 장난감 그 이상의 보상을 제공해야 한다. 만약 보상의 정도를 높이지 않고 유지한다면, 처음에는 원하는 성취도를 이룰 수 있겠지만 얼마 지나지 않아 성취도가 떨어지게 된다. 팁은 좀 더 친절한 서비스를 끌어내기 위해 손님이 주는 일종의 인센티브인 셈인데, 얼마 지나지 않아 팁은 당연히 줘야만 하는 것으로 변질되었다. 미국 캘리포니아의 경우, 과거에는 비용의 10%만 팁으로 지불했지만 팁 문화가 활발해지면서 가게들이 더 많은 팁을 요구하게 되었고, 그로 인해 현재 소비자는 비용의 18%를 팁으로 지불해야 하는 상황에 놓였다. 정치인들은 국민들의 더 많은 표를 얻기 위해 이전보다 강도 높은 공약, 퍼주기식의 포퓰리즘(populism) 정책을 남발한다. 예시로 복지 정책이 시민들의 큰 호응을 얻자, 그다음부터 정치인들이 복지 정책의 적용 대상을 확대하는 등 정책의 정도를 강화하기 시작한 것을 들 수 있다.

크레피스 효과에 비추어 보면, 보상을 줌으로써 원하는 행동을 이끌어내기 위해선 보상을 점점 더 많이 줄 수밖에 없고, 그나마 쭉 받아오던 보상을 못 받게 되면 훨씬 더 부정적인 효과가 나타난다. 반대로 처벌을 줌으로써 행동을 조절하려 한다면 점점 더 처벌의 강도가 강해져야만 현 상태를 유지할 수 있다. 따라서 아이의 더 높은 성적과 직원의 더 높은 수행능력 및 유권자들의 더 많은 표를 위해서는 전보다도 더 많은 보상과 처벌이 필요할 수밖에 없는데 과연 그 보상과 처벌의 강도에 끝이 있겠는가?

크레스피 효과의 당근 전략은 긍정적 수행능력을 끌어올리기 때문에 적절히만 사용하면 시행하는 사람과 받는 사람 모두에게 이로운 결과를 가져올 수 있다. 그렇지만 경제적인 혹은 물질적인 보상이 당연시되면 계속해서 '전보다 더'를 원하게 되는 기대 심리 때문에 부작용이 생길 수도 있다. 그렇다고 보상을 철회하는 등의 채찍을 가하면 당사자에게 자극을 주기보다는 업무 수행능력이 더 떨어지는 결과를 초래할 수도 있다. 아이들 훈육에서 칭찬과 보상이 계속되면 칭찬과 보상이 당연해지다 점점 부담감을 갖게 되고, 꾸중과 질책이 계속되면 이는 점점 비난, 언성, 폭언 등으로 나아가는 일이 생길 수도 있다. 그러므로 크레스피 효과를 염두에 두면서 어떻게 적절히 당근과 채찍을 줄 수 있을까를 늘 고민해 보아야 할 것이다.

64
소크라테스 효과
사람이든 물건이든 첫인상이 중요하다

사람들이 어떤 대상이나 인물들에 대해 가지고 있는 심리적 호오(好惡) 감정을 태도라고 하는데, 태도에는 다음과 같은 몇 가지 특징이 있다.

첫째, 태도는 시간이 흐를수록 더욱 강해진다는 점이다. 예를 들어, 친한 친구의 경우 그 친구를 생각하면 생각할수록 좋은 점만을 떠올리고, 이따금 나쁜 점들이 떠올라도 그것은 어디까지나 예외일 뿐이라고 생각하면서 그 친구를 더 좋아한다. 그러나 싫어하는 친구의 경우는 그 반대의 현상이 일어나 더 싫어하게 된다. 사람에게는 자신이 가지고 있는 태도를 스스로 반복적으로 검토하면서 자신의 태도를 강화시키려는 마음이 있기 때문이다.

둘째, 태도는 시간이 흐를수록 논리적으로 변한다는 점이다. 이는 사람들이 평소 태도에 일관성을 유지해야 마음이 편안해지므로 태도의 일관성 유지에 대한 심리적 압박을 받기 때문이다. 만약 자기의 태도에 일관성이 없으면 몹시 긴장감을 갖게 된다. 그래서 자신의 태도가 일관되지 않으면 사람들은 자발적으로 태도를 변화시켜 논리적이게 한다. 흥미로운 점은 그런 태도 변화가 외부의 압력 없이 자발적으로 일어난다는 사실이다.

이러한 현상을 소크라테스(Socrates)가 자기 제자들에게 질문을 던져 자발적으로 결론에 이르도록 한 것에 비유하여 '소크라테스 효과(Socratic effect)'라고 하며, 사람들도 처음에는 어정쩡하고 불명확하던 자신의 태도를 점차 논리적이고 일관성 있게 변화시키려고 하는 현상을 가리킨다. 이는 심리학에서 인지요소의 부조화 상태에 빠지면 인지를 변화시켜 조화 상태를 유지하고자 한다는 인지부조화 이론에 의해 설명이 되며, 일종의 자기합리화라 할 수 있다.

사람들이 한번 판단을 내리면 상황이 달라져도 그 판단을 지속하려는 욕구를 가지고 있거나, 몇몇 특성에 대해 상대방과 자신이 같다고 스스로 결론을 내리는 경향은 소크라테스 효과에서 기인한다. 인간관계에서 첫인상이 중요한 이유가 바로 이 때문이다. 이는 사람을 평가할 때만이 아니라 상품에서도 마찬가지로 적용되어 다른 상품을 평가할 때 첫인상을 지속시키려는 일관성에 많은 심리적 작용을 한다.

소크라테스 효과는 마케팅 분야에서 자주 이용되는데, 한 사례를 살펴보면 다음과 같다. 눈을 가리고 맛을 테스트하는 행사가 있었는데, 브랜드 파워가 약한 회사가 매출을 늘리고자 시도한 이벤트였다. 그러나 사람들은 맛에 대해 뚜렷하게 구별하지 못하면서도 결과는 자기가 좋아하는 브랜드에 호감을 던졌다. 그리고 다른 브랜드와 차별화를 하려 했다. 브랜드에 대한 충성도가 생긴 것이다.

브랜드 충성도는 소비자가 특정 브랜드에 대해 지니고 있는 호감

또는 애착의 정도를 말하며, 그 정도가 높을 경우 제품을 판매하는 데 있어서 매우 유용한 결과를 이끌어낼 수 있다. 브랜드 충성도는 여성이 특히 강한 편이다. 여성들의 상품구매 특징은 어느 회사의 무슨 제품인가를 보고 선택을 한다는 점이다. 즉, 브랜드명을 유심히 살펴보며 좋아하는 유명 브랜드를 찾는다. 이런 구매 패턴은 1등만을 살아남게 하며, 2등 이하의 제품들은 아무리 큰 경품이나 미끼전략을 동원해도 1등 제품의 이미지를 바꾸지 못한다.

일반적으로 대다수의 사람들은 자신의 경험을 바탕으로 결정하고, 차선책으로 다른 사람의 조언을 생각해낸다. 기본적으로 소크라테스 효과가 사고에 자리 잡고 있는 것이다. 아무리 P콜라 맛이 좋다고 하더라도 C콜라가 부동의 1위를 지키는 이유는 소비자들이 가지고 있는 소크라테스 효과가 한몫을 하기 때문이다.

소비자는 평소 사용하는 제품과 서비스를 지속하려는 성향이 강하고 구매에 대한 평소의 신념을 잘 바꾸지도 않기 때문에 구매 후 제품에 대한 큰 부조화가 생기지 않는 한 평생 고객이 된다. 브랜드는 회사가 만들지만 브랜드 파워는 소비자가 만들기 때문에 기업에서는 애프터 서비스에 부단히 노력을 기울이는 것이다.

65

로미오와 줄리엣 효과

하지 말라고 하면 더 하고 싶다

청춘 남녀 간의 사랑은 참으로 아름답고 소중한 인간관계의 체험이다. 이성에게 서로 반하여 뜨겁고 강렬한 사랑의 불꽃을 태우기도 한다. 이성과의 사랑이 결혼이라는 사랑의 결실로 이루어지기도 하지만, 언제나 행복한 결말을 맺는 것만은 아니다. 흔히 사랑은 불과 같이 시작하고 영원히 함께하자고 약속하지만, 여러 가지로 이유로 행복한 결말을 맺지 못하고 헤어지는 경우가 많다. 이렇게 못다 이룬 사랑은 아픈 상처를 남기기 쉽다. 사랑의 상실이고 해체이며 종말인 실연의 고통은 매우 쓰라리고 실연의 상처는 쉽게 아물지 않는다.

실연에는 일방적인 실연, 합의된 실연, 강요된 실연의 세 가지 유형이 있다. 일방적인 실연은 두 사람이 사랑하다가 한 사람의 일방적인 요구에 의해서 그 관계가 파기되는 경우로, 실연을 당한 사람은 많은 심리적 고통과 충격을 받게 되고, 사랑의 상실과 자존심의 손상으로 인해 우울감을 경험하기도 하며, 자신을 거부한 상대방에 대한 분노와 적개심 혹은 배신감이나 복수심이 생겨나기도 한다. 합의된 실연은 사랑을 나누는 과정에서 서로에 대한 불만과 갈등이 생겨나고 갈등을 경험하는 과정에서 서로에 대한 매력과 사랑이 사라져 사랑의 관계를 종식시키기로 서로 합의하고 헤어지는 경우로, 실연한 두 사람은 사랑이 식은 상태에서 불만스러운 상대방과의 이별이기 때문에 심리적 고통과 충격이 상대적으로 적으며, 간혹 미련과 아쉬움 혹은 후회의 감정이 수반되기도 한다. 그리고 강요된 실연은 당사자의 의사와 상관없이 부모의 반대, 유학이나 이민과 같은 한 사람의 지리적 이동, 혹은 한 사람의 죽음 등과 같은 외부적 요인이 두 사람을 갈라놓아 사랑의 관계가 지속되지 못하고 중단되는 경우로, 이루지 못한 사랑에 대한 안타까움과 아쉬움, 보고픔과 그리움의 감정이 뒤섞인 슬픔의 감정이 수반되기 쉽다.

흔히 부모나 주변 사람들이 반대를 하여 강요된 실연에 처하게 될 경우, 그동안 만남을 위해 많은 시간을 쓰고 변함없는 심리적인 관심과 애정을 보여주며 때로는 물질적으로도 투자해주었던 상대방에 대한 사랑의 감정이 더욱 강해지는 현상이 나타나는데, 이를 '로미오와 줄리엣 효과(Romeo and Juliet effect)'라고 한다. 이는 서로 원수인 가문에서 태어난 로미오와 줄리엣이 사랑을 하게 되고 그들의 비극적인 죽음이 가문을 화해하게 만드는 이야기인 윌리엄 셰익스피어(William Shakespeare)의 초기 희곡에서 가져온 것으로, 로미오와 줄리엣의 경우처럼 양가 부모들이 반대를 하거나 그들의 사랑을 방해하는 연적이 나타났을 때 더 정열적인 사랑을 하게 되고 애정이 깊어지는 것을 일컫는 말이다. 이러한 로미오와 줄리엣 효과가 나타나는 것은 사람이나 상황에 대한 반발 심리와 인지부조화 때문이다. 누구나 통제를 받지 않는 독립적인 자아를 갈망하기 마련이다. 만약 누군가가 자기 대신 선택을 하고 강요를 할 경우, 자아는 위협을 느끼게 되고 심리적인 저항을 하게 되며 강제적으로 빼앗기는 것에 대해 더욱 애착을 갖게 된다.

심리학자들은 실험을 통해 부모의 반대가 강하면 강할수록 남녀의 사랑이 깊어진다는 것을 발견하였다. 이러한 연구 결과는 하라고 하면 하기 싫어하고, 하지 말라고 하면 더욱더 하고 싶은 청개구리와 같은 인간의 심리를 뒷받침하는 것이다. 이성과의 관계뿐만 아니라 모든 인간관계에서도 로미오와 줄리엣 효과는 일어난다. 누구나 어렸을 적에 주변에서 하라고 하면 더 하기 싫고 반대로 하지 말라고 하면 더 하고 싶었던 경험이 있을 것이다. 예를 들어, 비가 온 뒤에 길에 작은 웅덩이가 생기자 엄마는 "그쪽으로 가지 마, 가면 안 돼"라고 말하지만 기어코 그 물웅덩이에 들어가 경쾌한 소리로 철벅거리며, 게다가 입가에는 미소를 지으며 엄마를 쳐다보았던 기억이 있을 것이다. 공부를 소홀히 하는 자녀에게 "이 녀석아 공부 좀 해라."라고 강압적으로 지시하면, 자녀와 부모 사이에는 로미오와 줄리엣 효과가 발생할 수 있다. 자녀는 오히려 청개구리와 같이 부모의 잔소리로 여기고 공부와 담을 쌓기도 한다. 우리들 마음속엔 청개구리가 살고 있나 보다.

로미오와 줄리엣 효과와 비슷한 의미의 '리액턴스 효과(reactance effect)'가 있는데, 이는 금지할수록 더욱 하고 싶고 소유하고 싶은 심리를 일컫는다. 미국의 심리학자 샤론 브램(Saharon Brehm)은 각기 다른 높이의 벽 위에 장난감 두 개를 놓아두고 아이들의 반응을 관찰하는 실험을 통해 리액턴스 효과를 설명하였다. 아이들은 손쉽게 잡을 수 있을 만큼의 낮은 벽 위의 장난감에 대해서 흥미를 가지지 않았던 반면, 뛰어올라야 할 정도의 높은 벽 위의 장난감에 대해서는 매우 호기심을 보였다. 아이들은 그 장난감을 만지고 싶어 하며 오랫동안 벽 주위를 맴

돌았다. 아이들은 왜 손쉽게 잡을 수 있는 낮은 벽 위에 있는 장난감에는 흥미가 없었고, 까치발을 하거나 점프를 해야 할 정도로 높은 벽 위의 장난감에는 큰 호기심을 보였던 것일까? 본래 리액턴스는 물리학 용어로 전기의 저항을 나타낸다. 즉, 저항을 많이 받으면 받을수록 그에 대한 반발력도 커지는데, 심리학에서는 이를 일컬어 인간은 자신의 자유가 제한되거나 누군가가 빼앗아가서 금지된다고 느껴지면 심리적인 리액턴스, 즉 마음속의 저항과 반발이 일어난다고 설명한다. 그래서 자신에게 금지되어 있는 어떤 것을 더욱 갈망하게 된다는 것이다. 마치 높은 벽 위에 놓인 장난감에 더 흥미를 보인 아이들과 같이 보지 말라고 하면 더 보고 싶어지고, 금지하면 더 열망하게 되는 결과를 낳는 리액턴스 효과를 보인다.

광고나 마케팅에서는 청개구리와 같이 '하지 말라고 하면 더 하고 싶은' 인간의 심리를 이용한 로미오와 줄리엣 효과 혹은 리액턴스 효과를 전략적으로 사용하기도 한다. 미성년자 입장 불가인 영화는 때로 학생들이 사복을 입고 줄을 서게 만든다. 미혼여성을 위한 껌이라는 광고는 많은 남성들의 호기심을 자극하여 남몰래 껌을 씹어보게 만든다. '친구에게 말하지 마세요'란 광고는 사실은 입소문을 만들고 싶어서이고, '함부로 클릭하지 마세요'란 광고는 사실은 클릭을 해주었으면 하는 의도이며, '심장이 약한 사람은 보지 마세요'는 사실은 봐줬으면 하는 의도이다. 이처럼 의도적으로 금지하는 표현을 써서 구매의욕을 부추기는 것이다. 고객 입장에서는 구입을 본격적으로 부추기는 것은 아니기 때문에 저항이 낮아져 결국은 무의식적으로 구매하게 되는 것이다.

66

얼굴 피드백 효과

웃으면 즐거워지고 찡그리면 화난다

인간의 얼굴 표정은 정서를 전달할 뿐만 아니라 그 정서를 증폭시키거나 조절해준다. 찰스 다윈(Charles R. Darwin)은 1872년에 출간한 그의 저서 『인간과 동물의 정서 표현』에서 정서의 외현 신호를 자유롭게 표현하는 것은 그 정서를 강렬하게 만들며, 강렬한 몸짓에 굴복한 사람은 자신의 분노를 증가시키게 된다고 주장하였다. 함박웃음을 지어보라. 이제 찡그려보라. 그러면 그 차이를 알 수 있을 것이다.

미국 클라크대학교 심리학자 제임스 레어드(James D. Laird)는 실험 참가자들에게 KKK단(Ku Klux Klan: 백인 우월주의를 바탕으로 인종 차별을 내세운 극우 비밀 결사 단체)의 사진을 보여주면서 사람들의 정서를 살펴보았다. 재미있는 것은 한 번은 그냥 보여주고, 또 한 번은 눈썹 주름근에 가짜 전기봉을 대서 찡그리게 만든 후에 보여주었다는 점이다. 그런데 단지 표정을 찡그렸을 뿐인데, 그냥 볼 때보다 사람들이 더 화를 냈다. 반대로 즐겁게 놀고 있는 아이들의 사진을 보여주면서 동시에 웃는 표정을 만드는 큰 광대근을 수축시키자, 그렇게 하지 않았을 때보다 훨씬 즐거워했다. 독일의 사회심리학자 프리츠 슈트라크(Fritz Strak)의 유명한 실험도 있다. 그는 실험 참가자들을 두 그룹으로 나누어, 한 그룹에게는 이로 볼펜을 물게 하였고, 다른 한 그룹에게는 입술로만 볼펜을 물게 한 후 만화를 보여주었다. 이로 볼펜을 물면 웃고 있는 표정이 되고, 입술로만 볼펜을 물면 토라진 듯 뾰로통하게 입을 내민 표정이 된다. 그랬더니 볼펜을 이로 물어 웃는 표정을 만든 후 만화를 본 사람들이 만화가 훨씬 재미있다고 대답했다.

위의 실험에서처럼 얼굴 근육 상태가 분노, 공포, 행복 등과 대응하는 정서를 촉발하는 경향성을 '얼굴 피드백 효과(facial feedback effect)'라고 한다. 대뇌의 감정중추는 표정을 담당하는 운동중추와 인접해 있으면서 서로 영향을 주고받기 때문에, 얼굴 표정의 정보가 뇌에 전달되어 정서 반응을 이끌어 낸다는 것이다. 우리 뇌는 실제와 가상을 구분하는 능력이 상당히 떨어지는 것으로 알려져 있다. 예를 들어, 사과를 직접 볼 때와 눈을 감고 사과를 상상할 때 뇌에서는 동일 부분이 자극된다. 얼굴 정서도 마찬가지다. 정말 웃겨서 웃을 때와 웃기지는 않지만 웃는 표정만 지을 때를 구분하지 못한다. 인상을 찡그리는 것도 마찬가지다. 결국 행복하기 때문에 웃을 수도 있지만, 반대로 먼저 웃어도 행복해질 수 있다.

이러한 얼굴 피드백 효과는 많은 기본 정서에서, 그리고 다양한 시간과 공간에서 반복되어 왔다. 윗니와 아랫니 사이에 펜을 물어서(입술로 물면 안 됨) 미소 근육 중의 하나를 작동시키기만 해도 스트레스 상황을 덜 괴로운 것으로 만들어준다. 입뿐만 아니라 눈가에 주름이 잡히도록 뺨 근육을 위로 올려야만 만들어지는 진실한 미소는 무엇인가 즐겁거나 재미있는 것에 반응할 때보다 훨씬 더 긍정적인 정서를 만들어 낸다. 따뜻한 미소를 바깥으로 표출하면 내부에서 기분이 좋아진다. 미소를 지을 때는 즐거운 사건을 기술하는 문장들조차 더 빨리 이해하게 된다. 얼굴을 찡그리면 온 세상이 우리를 향해 찡그리게 된다.

우리는 보통 기분 좋을 때 웃는다. 그런데 이런 우리의 믿음과는 달리 "울기 때문에 슬퍼지고, 도망가기 때문에 무서워지며, 웃기 때문에 행복해진다."라고 주장한 심리학자가 있다. 바로 미국의 심리학자 윌리엄 제임스(William James)와 덴마크의 심리학자 칼 랑게(Karl Lange)이다. 이 이론은 1884년 제임스가 처음으로 세웠지만 랑게가 1885년에 이와 비슷한 학설을 독립적으로 발표했기 때문에 '제임스-랑게 이론'이라고 한다. 이 이론에 따르면, 인간은 아무 이유 없이 웃다 보면 어느새 즐거워지고 아무 이유 없이 울다 보면 정말로 슬퍼진다고 한다. 이 주장을 현대의 여러 과학적인 실험과 이론들이 뒷받침하고 있는데, 그 중 얼굴 피드백 효과가 대표적이다.

얼굴 피드백 효과는 얼굴 표정이 정서에 영향을 미친다는 것이다. 웃으면 즐거워지고 찡그리면 화난다. 따라서 행복하고 싶다면 먼저 얼굴 표정을 바꾸어보라. 우리의 뇌는 의도적으로 웃는 얼굴을 만들어도 근육의 움직임이 뇌로 전달되어 우리가 웃고 있다고 생각해 그에 맞는 호르몬을 분비시켜 기분을 좋아지게 한다. 웃음은 건강에 도움이 되고 면역력을 높여주며 스트레스와 우울증을 완화시키는 등의 치유적 효과가 있다. 억지웃음도 진짜웃음의 90% 효과가 있다고 한다. 웃음보다 더 좋은 화장법은 없다!

얼굴 피드백 효과를 활용하여 보다 공감을 일으킬 수 있다. 자신의 얼굴이 상대방의 표정을 흉내 내도록 하라. 실제로 상대방의 정서를 자연스럽게 흉내 내는 것은 정서가 전염성을 갖고 있는 이유를 설명해준다. 페이스북에 긍정적이고 낙관적인 내용의 글과 그림을 게시하는 것은 물결 효과를 만들어 내서 페이스북 친구들이 보다 긍정적인 정서를 표현하도록 유도하고, 이러한 동시적인 표정은 유대감을 높이는 데도 도움을 준다.

67
조명 효과
사람들로부터 주목과 관심을 받고 있다는 착각

대학생 민수는 어느 여름날 옷장에서 즐겨 입는 티셔츠를 골라 입고 서둘러 집을 나섰다. 그런데 가만히 보니 티셔츠 한 부분이 얼룩져 있었다. 동아리 친구들과의 약속 시간 때문에 집에 돌아가 티셔츠를 갈아입을 시간적 여유가 없어 어쩔 수 없었다. 내내 티셔츠에 묻은 얼룩이 신경 쓰였고 버스 안에서 사람들이 자신의 티셔츠만 바라보는 것 같았다. 사실, 이를 알고 이상한 눈으로 바라본 사람은 과연 몇 명이나 될까?

실제 사람들은 특별한 이유가 없으면 다른 사람에게 관심을 기울이지 않는다. 그럼에도 불구하고 많은 사람들이 자신의 외모와 행동을 유심히 관찰하고 쳐다보고 있다고 생각하거나 느끼는 경우가 많다. 이를 심리학에서는 '조명 효과(spotlight effect)'라고 한다. 조명 효과는 미국 코넬대학교의 사회심리학자 토머스 길로비치(Thomas Gilovich)가 제안한 것으로, 무대의 조명이 주인공을 비추는 것처럼 우리는 실제보다 많은 사람들이 우리를 주시하고 있다고 믿는 심리현상이다. 다시 말해, 조명 효과란 언제나 자신이 무대 위에서 스포트라이트를 받는 배우나 연예인처럼 불특정 다수에 의해 평가받고 있다고 생각하는 경향 혹은 다른 사람이 자신에게 보여주는 관심과 주목을 아주 과대평가하는 경향을 말한다. 하지만 이러한 생각은 자신의 뇌가 만들어 낸 과장된 걱정일 뿐이며, 실제로 다른 사람들은 나를 볼 때 내 생각만큼 나에게 관심을 많이 갖지 않는다는 것이 2000년에 수행된 길로비치의 실험을 통해 밝혀졌다.

길로비치는 한 학생에게 왕년의 스타 가수였던 베리 매닐로우(Barry Manilow)의 얼굴이 크게 그려진 티셔츠를 입고 다른 실험 참가자들이 있는 실험실에 잠깐 앉아 있다가 나오라고 했다. 길로비치는 예전 스타의 좀 민망스러운 티셔츠를 입었기 때문에 다른 학생들이 금방 이상하게 여기고 관심을 가질 거라고 보았고, 실험 참가자들 중 절반가량이 이상한 옷차림을 알아챌 것이라고 예상했다. 하지만 실험 결과 실제로 매닐로우 티셔츠를 알아챈 학생은 25%에 불과했고, 나머지 학생들은 실험실에서 나온 뒤 진행된 티셔츠에 관한 질문에서 그의 옷차림에 대한 물음에 제대로 답변하지 못했다. 사람들은 그가 어떤 옷을 입고 있는지에 별 관심이 없었기 때문에 티셔츠에 인쇄된 내용 따위는 장기기억으로 저장되지 않은 것이다.

길로비치는 배우이자 코미디언 제리 사인펠트(Jerry Seinfeld)와 성직자이자 인권운동가 마틴 루터 킹(Martin Luther King)의 얼굴이 인쇄된 티셔츠로도 실험을 했지만, 다른 사람이 티셔츠의 인물을 알아채는 비율은 티셔츠를 입은 사람이 예상했던 것보다 훨씬 낮았다. 이와 다르게 꾸며진 실험 상황에서도 비슷한 결과가 나왔다. 예를 들어, 토론에 참가하여 허술하게 발언을 하도록 했고, 자신은 다른 사람들이 그 발언을 생생하게 기억할 것이라고 창피해했지만, 실제로 그의 발언에 주목한 사람은 거의 없었다. 이러한 실험에서 알 수 있듯이 사람들은 생각보다 타인에게 관심이 없는데도 불구하고 우리는 결국 있지도 않은 타인의 시선을 과하게 의식하며 살아간다.

왜 이런 심리현상이 나타날까? 첫째는 다른 사람들로부터 관심을 받고자 하는 기본적 본능 때문이다. 이런 기본적 본능 때문에 자신이 하는 말, 행동, 외모에 대해 주위 사람들이 자신이 생각하는 것보다 더 많이 관심을 두고 있다는 착각을 가지게 되는 것이다. 둘째는 자기중심주의, 즉 우리는 자신이 하는 모든 일을 특히 강하게 인지하기 때문이다. 그래서 다른 사람들도 나를 유심히 관찰하며 보고 있다고 생각하는 것이다. 이처럼 우리는 자기중심주의 탓에 삶의 전반에 걸쳐 '다른 사람이 나를 어떻게 볼까?'라고 생각하며 불안해한다. 그러나 다른 사람 또한 오로지 '저 사람은 나를 어떻게 볼까?'라는 생각에 빠져 자신에게 몰두하느라 다른 사람에게 신경을 쓸 여유가 없다. 예를 들어, 모든 사람들이 자신이 새로 구입한 비싼 가죽 코트를 알아볼 것이라 생각하지만, 실제로는 그렇지 않다. 그리고 자신도 마찬가지로 어떤 특별한 옷을 입은 여자나 고급스러운 양복 때문에 눈에 띄는 남자를 본 것을 거의 기억하지 못한다.

조명 효과는 있는 그대로의 자신을 받아들일 수 없거나 사람들이 아무도 발견 못할 자신의 결점이나 결함을 심각하게 신경 쓸 때 나타난다. 조명 효과로 고통받는 사람들은 마치 모두가 자신을 지켜보고 있는 것처럼 느낀다. 그들은 다른 사람들이 자신의 아주 작은 실수마저 알아차리고 뒤에서 자신을 비판하고 있다고 생각하며 고통을 받는다. 또한 그들은 자신이 다른 사람들보다 더 나은 이미지를 유지한다고 생각한다. 그래서 그들은 다른 사람들의 의견에 극도로 의존하게 되고, 어떤 식으로든 다른 사람들의 관심을 사로잡고 싶어 함과 동시에 두려워한다.

주변을 살펴보면 유난히 옷차림이나 이어폰이나 모자와 같은 액세서리를 하고, 튀어 보이는 옷을 입고 다니는 사람들이 있다. 다른 사람들은 별로 신경을 쓰지도 않는데 옷차림새나 액세서리로 유별나게 신경을 쓰고 '나 좀 봐 달라'는 투의 말이나 행동을 하기도 한다. 그렇지만 자기와 특별한 관련이 없거나 특별히 주의를 기울여야 할 이유가 없다면 대부분의 사람들은 별로 주목하지 않는다. 이에 심리학자들은 인간을 혼자 우주에서 둥둥 떠다니는 존재라고 표현하기도 한다.

따라서 우리는 남이 아닌 자기 자신을 주의 깊게 보고 있을 뿐이므로 내가 실수하거나, 내 머리모양이 이상하거나, 내 옷에 오물이 묻어 있거나, 승진에서 탈락했을 때 너무 다른 사람의 시선을 의식하지 말고 마음을 편하게 가질 필요가 있다. 자신감을 갖고 있는 그대로 자신을 받아들여야 조명 효과를 극복할 수 있다. 그리고 남의 시선 때문이 아니라 스스로에게 최선을 다하고 스스로가 부끄럽지 않은 모습과 행동을 진정성 있게 연출할 때 스포트라이트를 받으며 은은한 빛을 발하는 효과가 나타나지 않을까 싶다.

68

소유 효과

내가 가진 것은 특별하고 가치가 있다

다음 두 회사의 냉장고 세일 광고를 비교해 보자.

A사: 냉장고 가격 110만원

　　(사용하던 중고 냉장고 10만원 인정 + 10만원 할인 적용)

B사: 냉장고 가격 110만원

　　(사용하던 중고 냉장고 15만원 인정 + 5만원 할인 적용)

둘 중 어느 회사의 냉장고를 사야 할까? 두 회사 모두 소비자는 110만원을 지불해야 하므로 어느 쪽이 더 좋다고 할 이유가 없다. 하지만 대부분의 사람들은 자기가 쓰던 물건을 더 높게 평가해 주는 B사의 조건이 더 낫다고 생각하는 경향이 있다.

요즘 많은 유료 앱에서 '첫 달 무료' 프로모션을 진행하는 사례가 많다. 통신사에 가입하거나 정수기를 구매할 때 부가서비스를 1개월간 무료로 사용해보고 별로면 해지하라든가, 홈쇼핑에서 물건을 구매할 때 일단 물건을 먼저 받아 동봉한 샘플을 사용해 본 후 마음에 들지 않으면 반품하라든가 하는 것이 그 예다. 막상 사용해보고 마음에 들지 않아 해지 혹은 반품하려고 하면 귀찮기도 하고, 또한 막상 해지하거나 반품하려고 하면 왠지 아쉽고 생각보다 괜찮은 상품인 것 같은 느낌이 들기도 한다. 백화점에서 옷을 한번 입어보고 결정하라며 옷을 입어볼 것을 권유한다거나, 화장품 가게에서 제품을 보여주면서 얼굴에 한번 발라 보라며 고가의 화장품을 발라준다거나, 자동차 판매점에서 시승을 한번 해보라고 권유하는 등의 경험을 해 본 적이 있을 것이다. 사지 않으면 왠지 미안하기도 하고, 또한 괜찮은 물건인 것 같은 기분이 들기도 한다. 그래서 소비자들이 구매를 하도록 만드는 일종의 마케팅 전략이다.

위의 냉장고 판매 광고를 비롯한 마케팅 전략과 관련이 있는 심리 현상이 '소유 효과(endowment effect)'이다. '보유 효과' 또는 '부존 효과'라고도 불리는 소유 효과는 자신이 일단 무엇인가를 소유하고 나면 그 대상(물건, 재산, 지위 등)에 주관적 가치를 부여하여, 그것을 갖고 있지 않을 때보다 더 큰 애착을 가지고 그 가치를 훨씬 더 높게 평가하는 심리상태를 뜻한다. 똑같은 물건인데도 자기 물건은 더 특별하고 가치 있다고 생각하는 심리상태도 소유 효과이다.

소유 효과는 이익보다 손실에 대한 심리적 효과를 크게 느끼는 인간의 '손실회피 편향(loss aversion bias)'에서 기인한다. 예를 들어, 1만원을 얻었을 때 느끼는 행복감보다 1만원을 잃었을 때 느끼는 상실감이 2배 가까이 크다는 것이다. 뇌 연구에 따르면, 인간의 인지는 잠재적으로 얻을 수 있는 이득보다 잃을 수 있는 손실을 2배 이상 크게 평가하는 경향이 있으며, 자기공명영상으로 뇌를 촬영해보면 자신의 물건을 판매할 때 불안과 고통을 일으키는 뇌 영역이 활성화된다. 사람은 자신이 소유하고 있는 물건을 내놓는 것을 손실로, 그것을 팔아서 얻는 돈을 이익으로 여기는데, 이익보다는 손실을 훨씬 크게 평가하기 때문에 소유한 물건을 파는 것을 회피하는 현상을 보인다는 것이다.

앞에서 소개한 사례들은 소유하고 있는 상품을 반품하거나 이용 중인 서비스를 해지할 때 느끼는 고통이, 같은 것을 얻을 때 느끼는 기쁨보다 훨씬 크기 때문에 심리적인 저항이 일어난 것으로 볼 수 있다. 실제 가치와 심리적 가치를 다르게 평가하는 이러한 인간의 비이성적인 인지구조를 노린 마케팅 전략이 먹혀들어가고 있는 것이다.

소유 효과는 인간의 손실회피 편향 외에도 오랜 시간 가지고 있어서 접촉에 의해 생겨난 애착(attachment) 때문에 나타나는 현상이기도 하다. 간직해 온 물건에 애착을 갖는 것은 일면 당연해 보이지만, 흥미로운 사실은 물건을 몇 분, 즉 아주 잠시만 갖고 있게 되어도 동일한 효과가 나타난다는 점이다. 이를 뒷받침해주는 대표적인 실험 두 가지를 소개하면 다음과 같다.

미국의 인지심리학자이자 베스트셀러『넛지』의 저자 리처드 탈러(Richard Thaler)와 2002년 심리학자로는 최초로 노벨경제학상을 수상한 행동경제학의 창시자 대니얼 카너먼(Daniel Kahneman)은 실험에 참가한 사람들을 두 그룹으로 나누어 한 그룹에게는 머그컵을, 다른 그룹에게는 현금을 제공했다. 그리고는 머그컵을 받은 그룹에게는 그 컵을 얼마에 판매하고 싶은지 물었고, 현금을 받은 그룹에게는 머그컵을 얼마에 구매하고 싶은지 물었다. 그 결과 현금을 받은 그룹의 구매 의사 평균 금액은 2.75달러였고, 머그컵을 받은 그룹의 판매 의사 평균 금액은

5.25달러였다. 머그컵이 주어진 그룹은 실제 자신의 소유물이 아닌데도 불구하고 자신이 들고 있는 컵의 가치를 2배 높게 평가한 것이다.

이와 비슷한 실험이 캐나다 행동경제학자 잭 넷치(Jack Knetsch)에 의해 수행되었다. 그는 두 그룹의 학생들에게 설문지 작성을 부탁한 후 실험 참가에 대한 답례로 선물을 제공했는데, 한 그룹에게는 필기구를 그리고 다른 그룹에게는 초콜릿 바를 제공했다. 그런 다음 학생들에게 그들이 제공받은 것과 다른 쪽 상품을 보여주면서 교환하고 싶다면 교환해도 된다고 말했다. 그런데 교환하기로 결정한 학생은 단지 10%에 불과했다. 우연히 얻게 된 것이고 불과 몇 분 동안만 가지고 있었던 물건이었는데도 90%의 학생들은 처음 받은 물건을 그대로 갖겠다고 한 것이다.

위의 실험에서 머그컵이 실제 자신의 소유물이 아닌데도 컵의 가치를 2배 높게 평가한 것이나 대다수 학생들이 받은 선물의 교환을 거부한 것은 일단 자신의 손에 들어온 것에 대해 애착이 생기고, 실제보다 더 큰 가치를 부여하게 되는 소유 효과가 작용하고 있다는 사실을 드러내주고 있다. 이처럼 사람은 자신이 소유한 물건에 애착을 느끼기 때문에 타던 자동차를 중고차 시장에 내놓을 때 팔려는 사람은 사려는 사람보다 항상 비싼 가격을 제시하는 것이다. 왜 이런 비이성적 현상이 나타나는 것일까? 이에 대해 『상식 밖의 경제학』의 저자이자 미국 듀크대학교에서 심리학과 행동경제학을 강의하고 있는 댄 애리얼리(Dan Ariely) 교수는 다음과 같은 세 가지 이유를 제시하였다.

첫째, 앞서 언급한 바와 같이 이미 소유하고 있는 것에 대한 깊은 애착 때문이다. 예를 들어, 자신이 갖고 있던 책을 동일한 새 책으로 바꾼다는 것은 단순히 책만 바꾸는 것이 아니라 책을 읽으며 느꼈던 감동까지 바꾸는 셈이 된다. 책을 읽으며 한 생각, 밑줄, 메모가 모두 사라지는 것이라고 생각하기 때문에 못 바꾸는 것이다.

둘째, 새로운 것을 얻는 것보다 소유한 것을 잃는 것에 더 집착하기 때문이다. 새 책을 얻는 것은 기쁜 일이긴 하지만 이미 갖고 있는 책을 잃어버리는 것을 상상할 만큼 그 기쁨이 크지 않다. 앞의 실험에서 머그컵을 더 비싸게 팔거나 초콜릿 바를 선택한 학생들이 서로 교환하지 않으려고 한 것도 같은 이유에서이다.

셋째, 상대방도 자신이 보는 관점에서 거래를 바라볼 것이라고 생각하기 때문이다. 타던 자동차를 판매할 때 파는 사람은 사는 사람도 자신과 동일한 잣대로 자동차를 평가할 것이라고 여긴다.

사람들이 어떤 물건을 소유하기 시작하는 순간부터 애착심이 생겨나고, 아주 짧은 시간 자신의 손으로 만져보았을 뿐인데도 소유 효과가 극적으로 생겨나는 것을 이용하여 기업들이 고객들을 초청하거나, 회사로 견학 와서 제품을 직접 만져보고 사용해보도록 하는 무료 고객체험 행사를 벌이거나, 옷가게에서 옷을 한번 입어보게 하거나, 마트에 시식 코너를 만들거나 시식행사를 열어 수익을 올리곤 한다. 소유 효과는 소유할 뻔한 물건에도 생겨 홈쇼핑이나 경매업체들은 어떤 제품을 마음으로 찜하고 있는데 누군가 먼저 그 제품을 들고 가버리면 속이 상하는 소비자의 심리적 소유권, 즉 가상 소유권을 이용하여 수익을 올리기도 한다.

소유 효과의 특성 중 한 가지는 많은 노력을 기울였을수록 소유의식이 강해진다는 점이다. 그래서 소유 효과를 미국 하버드대학교의 마이클 노튼(Michel Norton) 교수와 동료들에 의해 주장된 '이케아 효과(IKEA effect)'라고도 한다. 이케아 효과란 이케아 가구를 자신이 직접 노동을 하며 조립하면서 결과물에 대한 애정이 생기는 것을 말한다. 초보자가 이케아 가구를 조립하는 데는 시간이 상당히 오래 걸리는데, 사람에 따라서는 며칠이 걸리기도 한다. 하지만 이런 과정에서 자신의 노동력이 투입돼 무언가를 생산하게 되면 자신의 자긍심과 역량이 커졌다는 느낌을 받게 된다는 것이다. 이케아 효과는 노튼과 동료들의 실험에서 확인되었다. 그들은 참가자들에게 종이접기를 시키는 실험을 했다. 그리고 심혈을 기울여 만든 각자의 작품들을 한데 모아 경매에 붙였다. 그랬더니 작품의 질과는 상관없이 대부분의 참가자들은 웃돈을 줘서라도 자신이 만든 작품을 구매하기를 희망했다. 이것은 들인 노력이 제품에 대한 사랑으로 이어졌기 때문이다.

앞에서 설명한 바와 같이 일단 자신의 손에 들어온 물건에 대해서 높은 심리적 가치를 부여하고, 한번 소유하면 소유하지 않을 때보다 해당 물건이나 서비스를 더 소중하게 생각하며, 한번 소유하면 잃고 싶어 하지 않는 심리현상이 소유 효과이다. 이런 소유 효과로 인해 가지고 있는 물건에 집착하여 낡고 오래된 물건을 쓰지 않는데도 버리지 못하고, 옷장에 있는 몇 년째 입지도 않은 옷을 버리지 못한다. 부동산 시장에서는 집주인들이 매수세가 없는데도 가격을 낮추려 하지 않거나 부동산 가격이 잘 떨어지지 않는다. 자기가 가진 주식은 절대 떨어지지 않을 거라고 생각하다가 쪽박 차는 사람들이 생긴다. 최근 삶에 필요한 물건을 최소화하고 공간을 비움으로써 자신의 마음의 여유를 찾고 내면의 평화에 집중하는 미니멀리즘(minimalism)이라는 삶의 철학이 인기를 끌고 있지만, 많은 사람들이 자신이 소유한 것에 대한 집착을 버리지 못해 미니멀리즘 실천을 어려워한다.

소유 효과가 좋은 결과를 낳지 못하는 이유는 손해를 보기 싫어하거나 내 것을 더 아끼는 사람의 본성이기도 하지만, 결국은 애착으로 생긴 생각의 오류이기 때문이다. 애착 때문에 사실을 제대로 인지하지 못하는 것이다. 쓰지 않는 물건은 갖고 있어 봐야 가치가 떨어지고, 주식이나 부동산도 내 애착과 상관없이 시장의 흐름에 따라 가격이 정해지며, 사람을 잘못 믿으면 큰 상처만 남는다. 물론 사람은 소유하지 않고는 살 수 없고, 소유가 삶을 행복하게 하고, 때론 살아가는 의미도 준다. 하지만 지나친 소유의식 때문에 생긴 소유 효과는 현실을 왜곡시켜 삶을 불행하게 만들기도 한다.

소유에 대한 욕심과 애착을 버리는 것도 행복하게 사는 한 가지 방법이다. 마음을 움직이는 심리법칙에 대해 많은 글을 쓰고 강연하는 롤프 도벨리(Rolf Dobelli)는 『스마트한 생각들』이란 그의 저서에서 "사물에 얽매이지 마라. 당신이 소유하는 모든 것을 대자연에서 잠시 빌렸다고 생각하라. 언제든 다시 되돌려줘야 한다고 생각하면서."라고 말했다. 이 말을 새기면서 이제 중고시장에 내놓을 물건을 현명한 가격으로 처분하고 쓰지 않는 물건을 버리며 마음의 욕심도 내려놓자. 그러면 어느새 그 자리에 행복이 성큼 다가와 있을 것이다.

69

샌드위치 신드롬
중간에 끼여서 괴로워

스트레스가 없는 사람이 있겠느냐만, 중간에 끼인 사람의 스트레스만큼 심한 것이 없을 것이다. 양쪽 처지의 얘기를 듣다 보면 양쪽 모두를 이해해야 하는 상황에 처하기도 하고, 양쪽에서 미움이나 원망을 사기도 한다. 소통 과정에서 도저히 접점을 찾지 못할 때, 불필요한 오해를 양쪽 모두에게 받게 될 때는 심각한 스트레스를 겪는다. 이런 상황을 그냥 두다가는 마치 눌린 샌드위치 사이로 빠져나간 양상추 조각처럼 어느새 자신이 속한 공동체에서 튕겨 나갈 수도 있다. 이때 말 그대로 샌드위치처럼 끼인 상황의 사람이 겪는 '샌드위치 신드롬(sandwich syndrome)'에 빠질 수 있다.

샌드위치 신드롬이란 주로 직장인들이 많이 겪는 것으로, 유능한 부하 직원은 아래에서 승진의 기회를 치고 올라오고 위에서는 상사가 실적 위주의 성과로 압박하여 중간 관리층이 위, 아래로 이중 압박을 받는 고통의 상태를 말하는 것으로 샌드위치에 빗대어 표현한 것이다. 이 증후군은 이상이나 목표를 향하여 돌진하던 사람이 갑작스럽게 능력의 한계나 현실의 벽을 느끼며 심한 우울증에 빠지는 증상으로, 다른 말로 '낀 세대 신드롬'이라 불리기도 한다. 한국에서는 특히 1997년 IMF 사태에 따른 대규모 구조조정과 워크아웃으로 인해 대량 실직의 위협이 가속화되면서 경영층과 젊은 사원들 사이에서 위아래로 실직 위협을 받는 과장, 부장 등 중간 간부들이 늘어나게 되었는데 이러한 사람들이 겪었던 고통이 바로 샌드위치 신드롬이다. 직장에서 중간에 끼인 중간 관리자뿐만 아니라 직장과 가사를 함께 해야 하는 여성 직장인, 열심히 일했는데 고령화 사회에서 경제적 압박을 받는 베이비부머 세대들도 보통 이 신드롬을 많이 겪는다. 또한 꼭 직장 내가 아니다 하더라도 시부모님과 아내 사이에서 중재자 역할을 해야 하는 남편도 샌드위치 신드롬을 겪을 수 있다.

샌드위치 신드롬을 앓고 있는 사람들은 업무에 대한 의욕이 떨어지고, 일하기가 싫고, 아무리 애를 써도 동기부여가 잘 안되고, 일을 잘 끝내도 성취감이 없고, 다른 사람의 고통에 무감각해지고, 사람을 만나는 것도 싫어지며, 어디론가 훌쩍 떠나고 싶어 하는 증상을 가지고 있다. 문제는 이 샌드위치 상황이 쉽게 해결되지 않는다는 점이다. 왜냐하면 직장을 그만두는 것도 힘들고 자식이나 부모를 바꿀 수도 없는 노릇이기 때문이다. 그리고 오히려 상황을 해결하고자 두 세대의 의견을 조율해야 한다는 생각을 가지게 되면 불안 증상의 하나인 강박적 경향과 완벽주의 경향이 나타나게 된다. 또 갑작스럽게 사표를 내거나 윗사람에게 갑자기 심한 말을 하는 돌발행동 등으로 이어지기도 한다.

신체적으로 이상 증상을 겪기도 한다. 벗어날 수 없는 샌드위치 상황이 계속되면 스트레스를 받으면서 자율신경계 중 교감신경이 흥분되어 코르티솔(cortisol)이라는 호르몬이 지나치게 많이 분비된다. 코르티솔은 소화불량, 불안, 우울감, 기억력 저하 등의 증상이 나타나게 만들 수 있다. 신체적인 특징 외에도 이직 욕구의 상승, 직장에 대한 만족도와 몰입도 감소, 사기 저하, 업무성 감소, 가족으로부터 소외감 증가 등의 증상이 발생하여 갈등이 더욱 악화될 수 있다.

샌드위치 신드롬에서 더 발전된 것이 바로 '신샌드위치 신드롬(new sandwich syndrome)'인데, 직장에서도 제대로 인정받지 못하고 편히 쉬어야 할 공간인 가정에서도 인정과 환영을 받지 못하고 외면당하고 있다고 느끼는 불안 증상이다. 이 같은 고충은 직장 내 중간 관리층뿐 아니라 회사 일과 가사를 병행해야 하는 여성 근무자, 잦은 야근이나 휴일 업무 등으로 인해 가정에서 보내는 시간이 부족한 사람들에게 주로 나타나며, 보통 맞벌이 가정에 비해서 외벌이하는 가정에서 더 흔하게 나타난다고 한다. 물론 샌드위치 신드롬과 신샌드위치 신드롬은 의미상 차이가 있지만, 직장과 가정 모두 중요하나 두 마리 토끼 모두를 잡기 힘들어 고민하고 괴로워하는 현대 산업사회의 직장인들이 겪는 일반적 현상이다. 하지만 이러한 증상을 방치하면 개인적으로는 공감과 소통 장애를 유발하여 업무 의욕이 떨어지고, 업무적으로 동기부여가 잘되지 않아 생산성이 저하돼 결국은 회사와 경제적 차원의 손실을 야기할 수 있으니 이러한 증상이 있으면 극복해나가도록 노력해야 한다.

샌드위치 신드롬을 극복하기 위해서는 무엇보다도 지친 마음을 회복해야 한다. 그러기 위해서는 슬픈 영화나 작품을 자주 감상하는 것이 도움이 된다. 보통 스트레스를 받으면 즐거운 영화를 보고 싶기 마련인

데, 그런 내용만 보면 슬픈 측면을 바라보는 능력이 줄어들기 때문에 자신의 감정 상태를 인정하지 못하고 현실과 실제 감정 사이의 괴리감을 만들 수 있기 때문이다. 산책하는 것도 좋다. 여유롭게 걸으면서 움직이면 뇌의 긴장감을 이완시키고 자신의 마음을 바라볼 수 있는 여유가 생기게 되기 때문이다. 그리고 친구와 대화를 하는 것도 도움이 된다. 지치고 불안한 마음은 내 마음을 바라볼 여유를 가지지 못했기 때문일 수도 있으므로 거리낄 것 없는 친구와 함께 공감하면서 서로 대화를 하면서 여유를 가질 필요가 있다.

이 외에도 시를 감상하거나, 조용한 곳에서 음식의 맛을 음미하거나, 마음챙김 명상으로 호흡하는 방법도 마음을 다스리고 충전하는 데 도움이 된다. 여하간 주변의 스트레스 상황을 곱씹어서 생각하기보다는 온전히 내 마음을 바라볼 수 있는 여유를 만들 수 있도록 노력해야 한다.

70

램프 신드롬

지나친 걱정은 해가 된다

급속하게 변화하고 있는 현대사회는 불안사회라고 해도 과언이 아
니다. 나날이 사회는 거대해지고 있지만 핵가족화, 고령화로 인한 1인
가구가 증가하면서 개인이 상대적으로 가족과 같은 공동체로부터 보호
받지 못한다는 걱정과 불안감이 만연해 있다. 이와 함께 인터넷, SNS
등 정보통신의 발달로 인해 지진, 테러, 재난과 같은 좋지 않은 소식을
언제 어디서나 쉽게 접할 수밖에 없는 정보 과부하 환경이 만들어졌다.
이에 따라 소속감을 느끼지 못하는 불안한 개인은 정보통신 매체를 통
해 직접 간접적으로 사건 사고에 감정 이입하며 그 사건 사고를 마치
자신이 직접 겪은 것처럼 대리적 트라우마(vicarious trauma)를 겪게 된
다. 이렇게 걱정과 불안이 지나친 현대사회 속에서 지금보다 내일이 더
나아질 것이라는 희망을 갖기 어렵고, 자기 자신을 보호하기 위한 방어
기제로 일어나지도 않은 일을 예상하고 지나치게 걱정하는 사람들이
점차 증가하고 있다. 이와 관련된 과잉 근심의 심리상태가 '램프 신드롬
(lamp syndrome)'으로 '걱정 신드롬'이라고도 불린다.

램프 신드롬이란 <아라비안 나이트>의 이야기 중 하나이자 만화영화로 잘 알려진 <알라딘과 요술램프>에서 유래된 것으로, 알라딘이 요술램프를 문질러 램프의 요정 지니를 불러내듯 스스로 감당하기 어려운 근심과 걱정거리를 수시로 떠올려 근심과 걱정을 사서 하는 현상을 의미한다. 여기서 걱정은 실제로 일어날 가능성이 거의 없거나 설사 일어난다 하더라도 해결할 수 없는 문제이기 때문에 마치 요술과도 같다는 점에서 램프 신드롬에 비유된다. 이처럼 일어나지도 않을 걱정거리를 수시로 떠올려 스스로를 괴롭히고 사서 걱정하는 불안은 정보화 사회에 접어들면서 복잡해진 사회구조가 미래에 대한 예측을 더욱 불확실하게 만들면서 점차 심화되었다. 불안 심리가 특정한 주제나 상황에 머무르지 않고 생활 전반에 걸쳐 있고 다양한 주제와 상황으로 이리저리로 옮겨 다니기 때문에 램프 신드롬을 '부동불안(free floating anxiety)' 혹은 '범불안장애(generalized anxiety disorder)'의 증상으로 보기도 한다.

지진이 일어나거나 화산이 폭발하면 어떡하지? 승용차나 트럭이 나한테 돌진해오면 어떻게 하지? 빙하가 녹아 모든 땅이 물에 잠기거나 외계인이 지구를 침공하면 어쩌지? 등과 같이 램프 신드롬을 겪는 사람은 대부분 실제 일어나지 않은 일, 일어난다 해도 자신이 해결할 수 없는 일에 대해 끊임없이 걱정하고 불안해하는 모습을 보인다. 이런 걱정과 불안 상태가 지속되면 더욱 상태가 과도해지고 스스로 조절할 수 없는 상태에까지 이르게 될 가능성이 높다. 적당한 정도의 걱정과 불안은 위험으로부터 자신을 안전하게 보호할 수 있지만, 이미 일반적인 수준의 걱정과 불안을 넘어 학업 및 직장생활, 대인관계 등 일상생활에 어려움을 겪는 경우라면 적절한 휴식과 취미생활로 자신의 스트레스를 조절하고 관리하여 심리적 안정 상태를 유지해야 하며, 필요할 경우 전문가의 상담이나 치료를 받아보는 것이 좋다.

주변 환경에 존재하는 잠재적 위험에 예민하고, 그 위험이 현실화될 것을 높이 평가하는 특성을 가지고 있거나, 어렸을 때 부모의 불안조성 방식으로 양육되었거나, 지속적으로 스트레스에 노출되었거나, 과거보다 미래가 나아질 것이라는 희망이 사라졌거나, 사회가 개인의 통제력을 넘어 불확실하고 예측하기 어렵거나, 위험이 전혀 예상치 못한상황에서 발생할 경우에 램프 신드롬을 겪을 가능성이 커진다.

사회 전반적으로 불확실한 미래와 돌출하는 사건 사고 등으로 걱정과 불안이 핵심 요소인 램프 신드롬이 확산되면서 이를 광고나 마케팅 전략으로 이용하는 경우도 있다. 대표적으로 담배 끊기, 안전벨트 착용, 음주 운전과 같은 공익 광고에서 폐암, 후두암, 교통사고와 같은 해악을 강조한 공포 광고가 그것이다. 또한 건강이나 보험 상품, 입시를 전문으로 하는 학원에서 특정한 제품을 구매하지 않거나 교육 서비스를 받지 않으면 시대에 뒤처진다는 점을 강조하여 불안 심리를 이용해 상품을 구매하도록 부추기는 광고와 마케팅이 그것이다. 하지만 과잉의 공포 광고와 마케팅은 대중들에게 거부감과 같은 부작용을 야기할 수 있기 때문에 늦은 밤길 동행 서비스, 여성 안전 지킴이, 독거노인 안부 서비스와 같은 불안 심리와 부작용을 모두 잡기 위한 걱정 해소 상품이 등장하기도 했다.

미국의 심리학자 어니 젤린스키(Ernie J. Zelinski)는 『모르고 사는 즐거움』이란 그의 저서에서 우리가 하는 근심과 걱정의 96%는 쓸데없는 것들이라고 했다. 40%는 절대로 일어나지 않을 것들이고, 30%는 이미 일어난 일들에 대한 것이고, 22%는 걱정할 필요도 없는 아주 사소한 것들이고, 4%는 우리가 전혀 어찌할 수 없는 불가항력적인 것들이며, 나머지 4%만이 우리가 정말로 걱정하고 고민해서 결과를 바꿔놓을 수 있는 일들이라는 것이다. 결국 4%를 뺀 나머지 96%는 불필요한 걱정이라는 것이다.

램프의 요정은 실제로 존재하는 것이 아니다. 부디 길지 않은 인생을 살면서, 96%의 쓸데없는 걱정들 때문에 귀중한 삶의 시간을 스스로 불안과 공포, 근심에 갇혀 자신을 괴롭힐 필요가 없다. 걱정은 또 다른 걱정을 불러오듯 꼬리에 꼬리를 무는 걱정인 램프 신드롬에서 탈출하고 싶다면 과감하게 걱정의 꼬리를 잘라야 한다. 일어나지 않을 일을 걱정하며 시간을 보내기보다 지금 이 순간에 최선을 다하며 충실하게 삶을 엮어가야 한다.

71

상승정지 신드롬

이젠 더 이상 올라갈 수 없어

많은 사람이 성공하기 위해서 끊임없이 노력하고, 다른 사람보다 한 발이라도 더 앞서가기 위해서 죽기 살기로 애쓴다. 성공하면 당연히 행복해질 것으로 생각하기 때문이다. 성공의 기준은 사람에 따라, 시대에 따라 다르긴 하겠지만 돈과 권력이 많으면 성공한 것이고 그 결과 행복할 것이라고 믿는 경향이 크다. 하지만 모든 성공이 반드시 행복을 동반하는 것은 아니다. 행복을 연구하는 긍정심리학자들에 따르면, 돈과 권력이 일정 수준을 넘으면 더 이상은 행복에 도움이 되지 않는다고 한다. 또한 성공해서 행복한 사람보다는 행복해서 성공했다는 사람이 더 많다고 한다. 이는 성공이 행복을 가져오는 것이 아니라 행복이 성공을 낳는 것임을 의미한다.

성공의 기쁨은 잠시일 뿐이고, 우리를 더욱더 힘들게 하기도 한다. 성공이라는 늪에 빠져서 다른 것은 전혀 볼 수 없게 하기 때문이다. 많은 사람들이 정상에 도달하기 위하여 혹은 그 목표를 달성하기 위해 달려가지만, 그것을 달성하였을 때 엄청난 기쁨이 있을 것 같지만, 의외로 많은 사람들이 정상에 오르고도 허탈함을 경험한다고 한다. 세계 최초로 히말라야 8,000m 이상 봉우리 16좌 등정에 성공한 산악인 엄홍길 대장은 정상에 선 느낌을 묻는 질문에 기쁨은 잠시이고 곧 허탈감에 빠지며, 마치 더 이상 살아있을 이유가 사라져버린 느낌이라고 답한 바 있다. 죽을힘을 다해서 극한의 공간을 오르내렸기에 성공의 기쁨 역시 당연히 크고 오래 가야 하는 데도 그가 곧 허탈감을 느낀 것은 왜일까? 그것은 노력하고 열정을 바칠 대상이 없어졌기 때문이다. 이렇듯 사람은 목표를 향해 열심히 달리다가 더는 성취해야 할 목표가 없다고 생각하게 되는 순간 행복 대신 허무감과 허탈감에 빠지곤 하는데, 심리학에서는 이를 '상승정지 신드롬(meta-pause syndrome 혹은 rising-stop syndrome)'이라고 한다.

자신이 세워놓은 인생의 목표를 향해 끝없이 전진하던 많은 사람들은 어느 날 더 이상 올라갈 데가 없다고 느끼면 허탈함과 공허함에 사로잡히곤 한다. 성취감과 동시에 더 이상 올라갈 곳이 없다고 느껴질 때 찾아오는 불청객, 즉 허탈함과 공허함은 때론 우리의 삶을 위협하기까지 한다. 아무리 뛰어난 운동선수도 언젠가는 더 이상 예전처럼 잘할 수 없는 순간이 찾아올 것이며, 누군가는 직장에서 승진을 거듭하다가 결국에 어느 단계에서 멈추어 승진할 수 없게 될 것이고, 완벽하게 끝내던 일에서 실수가 하나둘씩 생기는 경험을 할 것이고, 언젠가부터 자신보다 일을 더 잘하는 후배들이 나타나게 될 것이며, 언젠가는 갑자기 한가한 자리로 책상이 옮겨지거나 자신의 업무와 무관한 계열 회사로 발령을 받게 될 수도 있을 것이다. 전에는 며칠만 집중하면 완성할 수 있었던 일도 이제는 더 많은 시간을 들여야 하고, 심지어 그렇게 오래 일하자니 체력이 받쳐 주지 못하는 날이 올 것이다. 이와 같이 자신의 삶에 더 이상의 발전이나 상승은 없을 것이라고 생각될 때 찾아오는 허탈감과 무기력감 같은 심리현상을 상승정지 신드롬이라고 한다.

이 용어를 처음 만든 일본 게이오대학교 의과대학 오코노기 케이고(小此木啓吾) 교수의 진단에 따르면, 상승정지 신드롬은 어릴 적부터 사회적 성취나 직장에서의 인정과 승진을 삶의 최고 목표로 배우고 자란 사람들이 어느 순간 자신의 분야에서 상승의 한계를 깨닫게 될 때 이러한 상태에 빠진다고 한다. 회사나 조직에서 부여받은 일에 자기 인생을 전부 쏟아부으며 살아온 사람들이 바로 그 일의 내리막이 시작되면 자기 인생도 내리막이라고 받아들이는 것이다.

상승정지 신드롬은 오늘날 중년기 이후 자신의 삶에 더 이상의 상승은 없다고 느끼게 되면서 우울과 무기력에 빠지는 남성이 주로 겪는 심리상태이기 때문에 남성의 갱년기 증상으로 보기도 한다. 이 신드롬은 병원에서 처방이 내려지거나 상담심리학이나 심리치료에서 다뤄지는 정식 진단명은 아니며, 매스미디어에서 4, 50대의 중년기 샐러리맨의 답답하고 딱한 처지를 묘사할 때 대중적으로 자주 쓰이는 저널리즘 용어이다.

지금은 종신고용제보다 업적주의를 채택하는 고용시장의 변화로 입사동기가 자신의 상사가 되거나 자신보다 더 높은 연봉을 받는 경우가 발생한다. 이런 상황에 닥치면 그러려니 하고 버텨가는 사람도 있지만, 자신은 뭘 했는지 비애감과 더불어 자신이 더는 상승하고 있지 않다는 것을 깨달으며 좌절감과 상실감에 사로잡혀 마음의 병으로 이어지는 사람들도 있다.

상승정지 신드롬으로 고통받는 사람들의 가장 큰 특징은 무엇보다 일과 대인관계에서 성실하다는 점이다. 일에 있어서 대단히 주도면밀하고 실수를 용납하지 않는다. 지나치게 양심적인 면이 있어 별것 아닌 일에도 죄책감을 느낀다. 일에 몰두하다 보니 대체로 삶에 여유와 취미가 없이 성실하기만 하다. 대인관계에서는 주위 사람들에게 봉사적이며 마찰을 피하고 원만한 관계를 유지하기 위해 신경을 많이 쓴다.

상승정지 신드롬 앞에서 우리는 어떻게 해야 할까? 오로지 정상만 바라보며 숨이 차게 달리려고만 하지 말고, 그것을 오르는 과정에서의 의미를 새겨보기도 하고, 좋았던 기억이나 보람 있었던 일들을 떠올리며 잠시 쉬어가며 여유를 갖는 것이 좋다.

인생의 성장은 그저 남들보다 나아지는 것, 자기 분야에서 최고가 되는 것으로 멈추는 것은 아니다. 사실 거기서 끝난다면 삶은 정말 허무할 수밖에 없다. 자신이 성취한 것들이 자신의 생에서 끝나지 않고 자신이 정말 소중하게 여기는 누군가에 의해서 이어지고 더욱 발전될 수 있다면 자신의 노력과 성취는 헛되이 사라지지 않을 것이다. 이에 어떤 분야에서 정점에 오른 사람들은 누가 시키지 않아도, 특별히 외적인 보상을 받지 않더라도 그 자리를 이어갈 다음 사람이나 세대에게 관심을 기울이기 마련이다. 따라서 누군가에게 자신의 자산을 넘겨주는 것도 매우 가치 있는 일임을 인식해야 한다.

그리고 인생의 상승은 그리 간단히 끝나는 것이 아니며 얼마나 많은 노력을 기울이느냐에 따라서 상승은 계속될 수도 끝나버릴 수도 있기에 현재 주어진 상황에서 자신이 할 수 있는 일에 최선의 노력을 기울일 필요가 있다. 무엇보다 중요한 것은 일이나 출세가 인생의 전부는 아닐 뿐만 아니라 절망하고 있어 봐야 자신을 더 괴롭힐 뿐이라고 생각을 바꾸고, 외현적이고 사회적인 것을 중시하는 입장에서 점차 내면적

인 풍요를 구하는 방향으로 가치관의 전환을 도모할 기회로 여길 필요
가 있다. 생각을 바꾸면 행동이 바뀌고, 행동이 바뀌면 인생이 달라지
기 때문이다.

72

번아웃 신드롬

신체적 · 정신적 에너지의 고갈과 피로로 인해 무기력해지다

번아웃(burnout)은 1974년 독일 출신의 미국 심리학자 허버트 프로이덴버거(Herbert Freudenberger)가 정신건강센터 치료사들의 신체적 · 정서적 번아웃에 대한 연구와 자신의 직접적인 번아웃 경험을 서술하며 '스태프 번아웃(staff burnout)'이라는 용어로 최초 사용한 데서 비롯되었다. 번아웃은 과도한 업무 부담으로 인해 자신의 신체적 · 정신적 에너지가 모두 고갈된 피로 상태를 말하며, 프로이덴버거는 번아웃을 주어진 업무를 헌신적으로 수행했으나 기대했던 보상이나 성과 없이 인간적인 좌절감과 회의감을 겪은 상태라고 정의하였다. 번아웃은 직업을 가진 성인들만이 아니라 공부를 하는 학생들에게도 나타난다. 주어진 공부가 자신에게 과도한 것도 모르고 참으면서 하다 보면 어느새 모든 것이 고갈된 상태가 된다. 즉, 쉬지 않고 모든 시간을 공부에 쏟아붓는 경우 학업 번아웃 상태가 되기 쉽다.

번아웃은 전형적으로 탈진(정서적 고갈), 비인간화(냉소), 성취감 저하(무능감) 등을 나타낸다. 즉, 심리적으로 소진(消盡)이 되면 어떤 것도 느끼지 못하고, 다른 사람의 입장을 생각해 볼 수도 없으며, 모든 것이 실패한 것 같아 일상생활 적응에 문제가 생긴다. 번아웃은 최근 들어 전 세계에 걸쳐 심리적·사회적 문제로 나타나고 있는 증상 중 하나이며, 의학이나 심리학 분야에서는 '번아웃 신드롬(burnout syndrome)'으로 분류되어 진단하고 있다. 번아웃 신드롬은 정신적·신체적 피로로 인해 무기력해지는 증상을 말한다. 번아웃은 '몸의 기운이 다 빠져 없어지다', '모두 타서 없어지다', '점점 줄어들어 다 없어지다'라는 뜻이기 때문에 번아웃 신드롬을 '탈진 신드롬', '연소 신드롬', '소진 신드롬'으로 일컫기도 한다.

번아웃 신드롬의 원인을 설명하는 대표적인 세 가지 이론 모형이 있는데, 요구-통제 모형과 자원보존 모형, 그리고 노력-보상 모형이 그것이다. 요구-통제 모형에서는 일에서 요구하는 것은 많은 반면, 그것을 자신이 통제할 수 없다고 생각하기 때문에 번아웃 신드롬에 빠진다고 본다. 자원보존 모형에서는 일의 요구에 대처하는 자원인 기술, 사회적 지지, 전문성 등이 위협받거나 손상이 생기면 번아웃 신드롬이 나타난다고 설명한다. 그리고 노력-보상 모형에서는 노력을 많이 기울이고 있음에도 불구하고 보상이 제대로 주어지지 않을 때 번아웃 신드롬 상태가 된다고 본다.

직장에서의 과도한 업무와 만성적인 스트레스가 번아웃 신드롬의 원인으로 추정되며, 많은 시간을 일에 몰두했지만 기대한 보상을 얻지 못하고 좌절감을 느끼는 경우에도 번아웃 신드롬을 겪는 것으로 알려졌다. 특히 서비스직 등의 감정노동자나, 위험하거나 전문성이 필요한 까다로운 직종, 교사나 의사·사회 복지사 등 사회적으로 도덕적 수준에 대한 기대가 높거나, 업무상 스트레스를 많이 받는 직업일수록 번아웃 신드롬에 빠지기 쉽다. 회사의 도산이나 구조조정, 가족이나 가까운 사람의 죽음, 과로 등 극도의 스트레스를 유발하는 환경 또한 번아웃 신드롬의 원인이 될 수 있다.

번아웃 신드롬이 심해질 경우 수면장애나 우울증·두통·심리적 회피와 같은 증상뿐 아니라, 과도한 소비를 하거나 알코올에 의존하는 등 자기통제가 어려워진다. 감정적으로는 심한 무력감과 허무감을 가지게 되어 출근을 거부하거나 갑작스럽게 사직하기도 한다. 단순한 슬럼프와는 달리 가정생활과 사회생활에 영향을 끼치며, 최악의 경우 충동적인 자살이나 돌연사로 이어지는 경우도 있어 주의가 필요하다. 프로이덴버거는 번아웃 신드롬을 겪게 되면 지속적인 스트레스로 인해 몸과 마음이 쇠약해지며 의욕을 잃고, 질병에 대한 저항력이 떨어진다고 주장했다. 또한 감정이 황폐해지면서 생기는 대인관계 문제와 무기력으로 인한 직무 능률 저하 역시 번아웃 신드롬의 결과로 보았다. 그는 번아웃 신드롬이 지속되면 공허감과 삶의 의미가 사라지고 전형적인 우울증 증상을 보이며 자살 충동에 시달릴 수도 있다고 말했다. 번아웃 신드롬의 몇 가지 흔한 증상들을 정리해보면 다음과 같다.

- 에너지 상실, 신체적·심리적 피로감
- 짜증과 쉽게 욱함
- 우울, 두통, 요통, 감각적으로 무디어지는 것과 같은 스트레스 관련 문제들
- 집중력 저하 또는 직무로부터 거리감을 느낌

- 동기 상실
- 만족감이나 성취감 결여
- 예전에는 일에 충실했지만 이제 일에 대한 관심이 떨어짐
- 자신이 기여할 수 있는 것이 없다는 느낌

번아웃 신드롬을 경험하기 쉬운 사람들은 어떤 사람일까? 흔히 일 중독자라고 불리는 지나치게 일에 성실한 사람들은 자신을 혹사함으로써 번아웃 상태에 빠지기 쉽다. 번아웃 신드롬을 경험하는 사람들은 일에 지나치게 사로잡혀 친구관계나 휴가와 같은 삶의 다른 영역들을 등한시하기 쉽다. 또한 유능하고 실력 있는 사람들이 자신이 합리적으로 감당할 수 있는 것보다 더 많은 직업적 책임을 맡고, 그 책임과 기대만큼 성과를 거두지 못할 것 같다는 인식에 압도당하게 되면 번아웃 신드롬의 희생양이 되기 쉽다. 특히 교사, 간호사, 정신 건강 근로자, 경찰관, 사회복지사, 형법 또는 이혼 전문 변호사들이 직업적 번아웃 신드롬을 경험하기 쉽다.

번아웃 신드롬은 역할 갈등, 역할 과부하, 또는 역할 모호성을 높게 경험하는 사람들 사이에서 흔히 나타나기도 한다. 역할 갈등을 겪는 사람들은 시간을 써야 할 곳이 너무 많다 보니 마치 사방팔방에서 자신을 잡아당기는 것처럼 느낀다. 이 모든 것을 충족시키려고 하다 보면 결국 번아웃 상태에 이르게 된다. 역할 과부하를 겪는 사람들은 '안 됩니다'라고 말하는 것이 너무 어렵다. 번아웃 상태에 빠질 때까지 계속 추가적으로 일을 맡게 된다. 역할 모호성을 겪는 사람들은 다른 사람들과 자신에게 무엇을 기대했는지 불확실하기 때문에 모든 사람을 모든 측면에서 만족시키기 위해 무척 애를 쓴다. 번아웃 신드롬은 일에 무관

심한 사람들이 아닌 일에 매우 충실한 사람들에게서 많이 일어난다.

행동적 측면에서 스트레스를 많이 받는 사람들은 사고에 연루되기 쉽고, 과식이나 과도한 흡연을 하며, 알코올이나 다른 마약에 빠지거나 감정적으로 폭발하는 일이 일어나기도 한다. 이것은 스트레스로 인해 자신에게 해가 될 소지가 있는 것들에 주의를 기울이지 못하기 때문일 수 있다. 또는 스트레스 유발 요인이 신체적으로 해로운 것일 수 있다. 과도한 직업적 스트레스는 인지적으로 집중력과 판단력의 저하를 가져오고, 신체생리학적으로는 고혈압과 적응질환을 가져올 수 있다. 뿐만 아니라 과도한 스트레스는 조직 내에서 습관성의 결근, 동료들로부터의 고립, 생산성 저하, 높은 이직률, 조직에 대한 충성도 상실 등을 유발할 수 있다.

번아웃 신드롬에 대처하기 위해서는 무엇보다도 증상이 나타나게 된 원인을 파악해야 한다. 사실 이러한 번아웃 신드롬의 증상은 과도한 스트레스가 원인이기 때문에 일상에서의 스트레스를 적게 받도록 노력해야 한다. 지나친 업무나 쌓여있는 학업 등으로 인해 현재 자신도 모르게 심신이 지쳐있을지도 모른다. 만약에 심신이 지쳐있다면 과감하게 활동을 중단하고 충분히 심신의 활력이 충전될 만큼 휴식을 취해야 한다. 휴식 시간이 없어 회복하지 못하고 계속 일을 하다 보면 빨리 번아웃 상태에 이르기 쉽다. 일을 쉬지 않고 계속하는 것은 피로감을 가중시켜 오히려 효과를 떨어뜨리게 된다. 지나치면 오히려 부족한 것과 같아진다는 의미의 과유불급(過猶不及)이란 사자성어는 무엇이든 지나쳐서 좋은 것은 없으니 적당한 휴식이 필요하다는 것을 시사한다. 스트레스 해소를 위한 운동이나 여행 등의 취미생활도 번아웃 신드롬을 예방하고 대처하는 데에 도움이 된다. 가벼운 운동은 신체를 건강하게 만들

뿐 아니라 정신 건강에도 도움을 준다. 운동을 통해 자신에게 동기를 부여하고 긍정적인 감정을 느낄 수 있는 엔도르핀을 방출하면 스트레스를 해소할 수 있다.

번아웃을 겪고 있을 땐 주변 사람들과의 교류를 피하지 말고 적극적으로 그들의 지지를 받아내는 것이 좋다. 기본적으로 내가 사랑하는 사람, 좋아하는 사람들과 어울리는 것은 불안감을 극복하는 데 큰 도움이 된다. 그들과의 대화는 분노, 좌절감, 슬픔과 같은 부정적 감정을 속으로 삭이지 않고 나눌 수 있으며 긍정적인 힘을 기르는 데 큰 도움이 된다. 업무는 가급적 회사에서 끝내고 퇴근 후 일에 대한 생각도 최대한 멈춰야 한다. 나머지 업무는 다음 날 일찍 출근하거나 조금 늦게 퇴근하는 방식으로 업무량을 조절하는 게 좋다. 번아웃 신드롬으로 잠을 설치는 사람들은 하루의 피로를 제대로 풀지 못해 다음날 더 심한 피곤함을 느낄 수 있다. 이때 비타민C를 먹으면 활력을 충전할 수 있다. 잠은 스트레스를 해소하고 해결하지 못한 문제에서 벗어날 수 있는 가장 건강한 방법이다. 숙면은 우리의 마음을 편하게 해주고, 편안히 잠든 시간 동안 몸과 마음이 휴식을 취하고 활력을 충전할 수 있다.

또한 합리적인 목표, 우선순위, 한계를 설정하는 것이 도움이 된다. 과도하게 자신을 밀어붙이는 사람들은 번아웃 신드롬을 경험하기 쉽다. 현실적인 장단기 목표를 세우고 그 이상 자신을 몰아붙이지 않는 것이 필요하다. 시종일관 일에만 매달리고 있지 않은지, 삶에서 의미 있고 성취감과 만족감을 주는 사람들과의 관계와 활동에 시간을 할애하고 있는지, 자신에게 정말 중요한 것이 무엇인지 살펴보면서 가치관과 우선순위를 재정비하는 것도 도움이 된다.

그리고 번아웃 신드롬을 경험하기 쉬운 사람들은 대체로 거절을 잘 못하고, 일을 확실하고 완벽하게 하려고 하고, 더 많은 책임을 맡는 경향이 있다. 따라서 번아웃 신드롬을 방지하기 위해서는 자신의 한계를 파악하여 더 이상 감당하지 못하는 수준까지 일이 쌓이지 않도록 맡은 일을 줄이고, 책임을 다른 사람들과 공유하고 위임할 줄도 알아야 한다. '안 됩니다' 또는 '다음에 하겠습니다'라고 말하며 다른 사람들이 자신의 어깨에 올려놓는 모든 짐 가운데, 자신만의 시간을 가질 필요가 있다.

73

신데렐라 신드롬

백마 탄 왕자를 만나 인생역전을 꿈꾸고 싶어

어렸을 때 계모와 언니들에게 구박을 받았지만 꿋꿋이 이겨내고 왕자님을 만나 결혼하여 행복하게 살았다는 내용의 이야기를 담고 있는 동화 『신데렐라』를 읽어보았거나 들어본 적이 있을 것이다. 영화나 드라마, 대중매체에서도 자주 다루어졌던 소재로, 흔히 신데렐라 스토리라고 한다. 여기서 연유된 것이 혹시 나도 왕자님을 만날 수 있지 않을까 하는 부푼 기대감을 갖게 되는 '신데렐라 신드롬(Cinderella syndrome)'이다.

신데렐라 신드롬은 자신의 배경과 능력으로는 사회적으로 높은 위치에 설 수 없을 때 자신의 인생을 뒤집어 줄 왕자님에게 보호받고 의존하고 싶어 하는 의존적인 심리, 즉 자기의 능력으로 자립할 자신이 없는 사람이 마치 신데렐라처럼 자기의 인생을 일변시켜 줄 왕자가 나타나기를 기대하는 의존 심리를 뜻하는 말이다. 미국의 저널리스트 콜레트 다울링(Colette Dowling)은 동화 『신데렐라』에서 주인공이 계모와 언니들에게 학대를 받다가 왕자를 만나 신분이 상승되고 인생이 달라지는 것에 연유하여 '신데렐라 콤플렉스(Cinderella complex)'라 불렀다. 그녀는 억압된 태도와 불안이 뒤얽혀 여성의 창의성과 의욕을 한껏 발휘하지 못하게 하는 일종의 미개발 상태로 묶어두는 심리상태로 이 신드롬을 정의하였다.

이처럼 신데렐라 신드롬은 자립의지를 포기하고 이성에게 의존함으로써 인생의 변화, 마음의 안정, 보호받고자 하는 욕구의 충족 등을 추구하는 심리를 신데렐라 이야기에 빗댄 것이다. 즉, 자신에게 반한 백마 탄 왕자님을 만나서 자신의 미래가 현재와는 전혀 다르게 바뀌어 잘 살 수 있으리라고 생각하는 증세로, 이 증상이 병적으로 발전하게 되면 '의존성 성격장애'가 된다. 나는 비록 환경이 좋지 못하지만, 배우자만큼은 부유한 가정에 배움도 깊은 사람을 만나겠다는 약간은 비현실적인 꿈을 꾸는 사람들, 그중에서도 마치 백마 탄 왕자를 기다리듯 다른 사람에게 과도하게 의존적이고 보살핌을 받고자 하는 사람들은 신데렐라 신드롬에 빠진 것이다.

왜 백마 탄 왕자를 만나 인생역전을 꿈꾸는 것일까? 이는 스스로 무엇인가를 할 수 없다고 느끼거나 의존감이 강한 사람일수록 상대에 기대고 싶어 한다. 자신의 삶이 불만족스럽기에 그것을 한순간에 바꿔줄 대상이 필요한 것이다. 옛 속담에 '여자 팔자는 뒤웅박 팔자'라는 말이 있다. 여자들이 어떤 남자를 만나느냐에 따라 인생의 모든 것이 달려있다는 것이다. 어렸을 때부터 살아나가기 위해서는 누군가의 보호가 필요하다는 사회적 기대 속에 의존적 가치관들이 학습되어 자라왔기 때문이다.

요즘 들어 수저계급론이라는 말이 등장했다. 흙수저에서 최고인

다이아몬드 수저까지 오로지 재산만을 가지고 등급을 매기어 가치를 평가한다. 이러니 흙수저에서 벗어나 사회적으로 인정받는 높은 등급의 삶으로 환골탈태하고자 하는 마음은 어쩌면 당연한 것인지 모른다. 더군다나 의존성이 강한 여성들은 자신의 힘으로 현실 만족이 어렵다 느껴 다이아몬드 수저의 남자를 만나 인생역전을 꿈꾸는 것이다.

신데렐라 신드롬을 희망형, 추종형, 맹신형으로 나누기도 한다. 희망형이나 추종형은 막연히 결혼을 통해 신분상승을 하겠다는 것을 바랄 뿐이지 실천에 옮기지 못하고 상상이나 드라마를 통해 대리만족을 느끼는 부류이다. 맹신형은 오로지 신분상승을 위해 조건 좋은 남자를 만나려고 처음부터 모든 것을 계획적으로 만들어서 움직이는 부류로, 고의적인 행동들로 우연을 가장하여 접근하고 성형수술 중독이나 심하면 망상장애에 빠지기도 한다.

동화 속의 신데렐라처럼 자기의 인생을 뒤바꿔 줄 왕자를 기다리는 꿈을 깨지 못하고 꿈과 현실 사이에서 갈등하는 심리가 깊어지면 신데렐라 신드롬 증상이 나타난다. 누구나 신데렐라와 같은 꿈을 꿀 수 있는 자유가 있지만, 그 꿈이 과도해지면 현실과 이상을 구분하지 못하게 된다. 신데렐라 신드롬을 앓는 사람은 의존적이고 불확실하고 새로운 것에 도전하는 것에 대한 두려움, 타인에 대한 열등감, 결혼에 대한 경제적이거나 정서적인 집착과 무기력증, 회의감과 취업이나 진로에 대한 공포감 등의 증상을 보인다. 어릴 때는 부모에게, 어른이 된 뒤에는 애인이나 배우자에게 의지한다. 특히 일정한 나이를 먹으면 일생을 책임져 줄 배우자를 찾기에 급급해서 일상 속에서 만나는 사랑보다는 조건을 더 중요시 여긴다. 억압된 태도, 불안에 시달려 창의성과 의욕을 발휘하지 못하고 미개발 상태에 그치고 마는 경우가 많다. 또한 누군가가 일을 대신 처리해주고 해결해주길 바라고, 도전과 경쟁에 대한 기피 현상으로 이어지기도 하기 때문에 사회생활이나 직장생활에서 도태되는 결과를 낳기도 한다.

과거에는 남존여비 사상이 강했고, 여성들은 결혼을 하면 직장을 퇴사해야 한다는 인식이 높았다. 그래서 경제력이 좋고 인물 좋은 남성에게 시집을 가는 것을 인생의 꿈으로 보기도 했다. 요즘은 여성에 대한 가치관이 많이 바뀌어 가고 있지만 여전히 매체에서는 신데렐라를 꿈꾸는 주인공이 해피엔딩을 맞는 드라마가 자주 방영되고 있다. 힘든 현실 속에서 보는 영화나 드라마 한 편은 우리에게 힐링을 주기도 하고 또 짜릿함을 주기도 한다. 하지만 그 주인공과 자신을 동일시시키지 말아야 한다. 현실은 생각하지 않은 채 미래만 좇다가 나중에 낙동강 오리알 신세를 면치 못하고 만다. 이상은 이상이고, 현실은 현실일 뿐이다.

신데렐라 신드롬에서 벗어나려면 지속적인 자신에 대한 믿음과 표현력이 있어야 한다. 무의식 저변에 누군가가 자신을 늘 돌보아주어야 한다는 생각을 버리고 열등감에서 벗어나야 한다. 현재 삶에 대한 만족감과 스스로에 대한 자신감이 필요하며 그래야 의존하지 않는 삶을 일궈내는 여성으로 당당하게 나아갈 수 있다. 그리고 경제력이 좋고 잘생긴 왕자님만을 찾기보다는 나를 진정으로 사랑해 줄 수 있는 나만의 왕자님을 찾아야 한다. 또한 누군가에게 의존하기보다는 나를 돋보이게 할 수 있는 능력을 길러 사회에 당당하게 홀로 설 수 있도록 해야 할 것이다. 신데렐라 신드롬에서 벗어나도록 하자!

74

무드셀라 신드롬

아 옛날이여, 그때가 좋았었는데~

　가수 이선희 씨가 불렀던 <아! 옛날이여>의 노래 가사에 "이젠 내 곁을 떠나간 아쉬운 그대이기에 마음속의 그대를 못 잊어 그려본다. 달빛 물든 속삭임 별빛 속에 그 미로 안개처럼 밀려와 파도처럼 꺼져간다. 아~ 옛날이여. 지난 시절 다시 올 수 없나, 그날."이란 말이 있다. '아~ 옛날이여. 지난 시절 다시 올 수 없나'하고 '그날'을 그리워한다. 대부분의 사람은 유년시절, 학창시절, 혹은 첫사랑을 회상할 때 나쁜 기억보다 좋은 기억을 먼저 떠올리는 경향이 있다. 이와 관련된 심리현상이 '무드셀라 신드롬(Methuselah syndrome)'이다.

　무드셀라 신드롬은 나쁜 기억은 빨리 잊고 좋은 기억만을 남기는 왜곡 현상으로 추억을 항상 아름답게 기억하려고 하는 심리현상이다. 이 신드롬이 있는 사람은 과거 경제적 혹은 심리적 고난을 겪은 경우가 많고, 과거의 일을 회상할 때 나쁜 기억은 빨리 지워버리고 좋은 기억만 남기려 하며, 심할 경우 싫어서 헤어졌지만 상대방을 좋은 사람이었다고 기억하는 것과 같이 나쁜 기억을 왜곡해서 기억한다. 이런 점에서 무드셀라 신드롬은 기억왜곡을 동반한 일종의 도피와 자기합리화의 심리상태라 할 수 있다.

무드셀라 신드롬은 구약성서(창세기 5:21-27)에 등장하는 인물인 무드셀라(Methuselah)의 이름에서 유래되었다. 무드셀라는 성경에서 가장 장수한 인물로, 에녹의 아들이자 라멕의 아버지이며 방주를 만든 노아의 할아버지로서 장수의 상징이자 대명사로 불리며 969세까지 살았다. 이에 세간에서는 나이가 들수록 과거를 회상할 때 좋은 기억만 떠올리고, 좋았던 과거로 돌아가고 싶어 했던 무드셀라의 모습에 빗대어 '무드셀라 신드롬'이라는 용어를 사용하게 된 것이다. 현재 연인의 단점을 보며 첫사랑의 상대나 옛 애인을 자주 생각하고 그 시절로 돌아가고 싶어 하는 경우를 예로 들 수 있다. 또한 현재 실업자가 된 이들이 과거 회사나 사업 등으로 승승장구하던 때를 떠올리는 경우도 마찬가지의 예라 할 수 있다.

좋은 추억은 기억하고 나쁜 추억을 빨리 잊는 무드셀라 신드롬은 치열하고 경쟁하며 바쁘게 생활하는 현대사회에서 실패하거나 지쳐 힘들 때 과거를 그리워하고 예전으로 돌아가고 싶은 현대인의 심리상태를 반영한다고 볼 수 있다. 90년대 음악과 1세대 아이돌을 추억하게 만드는 특별 프로그램 <토요일! 토요일은 가수다>, 과거의 좋았던 시절과 아름다웠던 첫사랑을 동시에 떠올리게 만드는 드라마 <응답하라> 시리즈, 그리고 트로트 복고 열풍이 무드셀라 신드롬을 활용한 대표적인 예다. 이를 '레트로 마케팅(retrospective marketing)'이라고 하는데, 과거를 회상하는 것으로 마케팅을 한다는 의미이다. 7080세대들에게는 과거를 아름답게 회상하는 계기가 되고, 젊은 세대들에게는 전혀 겪어 보지 않은 시기를 간접 경험하게 함으로써 오히려 새로움을 느끼게 한다. 그리고 요즘 MZ세대들이 그들이 초등학교 시절에 유행했던 포켓몬 빵 속에 들어 있는 스티커에 집착하는 것도 같은 현상으로 보인다.

그러면 무드셀라 신드롬은 좋은 걸까 아니면 나쁜 걸까? 이것은 어떻게 해석하느냐에 따라 답이 달라질 수 있다. 나쁜 추억도 우리 삶의 한 부분이므로 무조건 지운다고 좋다고 할 수 없고, 훗날 성장의 동력이 되고 밑거름이 되기도 하기 때문이다. 또한 마냥 행복했던 좋은 기억만 떠올리는 것은 문제이기도 하지만 뜻하지 않는 어려움에 직면했을 때 도움을 주는 희망적인 요인이 될 수도 있기 때문이다. 따라서 적당히 좋은 기억과 나쁜 기억에 잠기는 것이 삶의 활력에 도움을 줄 수 있다.

대부분의 사람은 현실이 힘에 겨울 때 나쁜 기억은 최대한 빨리 잊어버리고 좋은 기억을 회상하는 것을 좋아하는 경향이 있고 좋았던 과거로 돌아가길 바란다. 시간을 거슬러 돌아갈 수는 없기 때문에 좋았던 기억을 떠올리고 그리워하면서 복합적인 감정을 느끼게 된다. 이처럼 과거의 향수에 젖는 것은 일종의 퇴행심리이다. 즉, 현실을 부정하고, 감정적으로 안정적이었던 과거로 돌아가고픈 것이다. 그래서 어찌보면 누구나 무드셀라 신드롬을 조금은 앓고 있으며 잠재해 있는 심리적 증상이라 할 수 있다. 그런데 사람이 인생을 살면서 좋은 시절로 마냥 돌아갈 수 없기 때문에 이러한 증상들이 심각하게 나타나고 현실에서의 일상생활에 지장이 생긴다면 하나의 병적 증상으로 나타날 수 있다.

무드셀라 신드롬이 무서운 이유는 나쁜 기억에 대한 기억을 자신의 생각대로 조작한다는 것이다. 나쁜 기억을 빼고 좋은 기억만 기억하고, 나쁜 기억을 결국에는 좋은 기억으로 포장할 수도 있기 때문이다. 나쁜 기억이건 좋은 기억이건 모두가 자신의 일부이고 추억이기에 포장을 하는 것은 바람직하지 못하다. 그렇기 때문에 신드롬이란 말이 붙여진 것이 아닐까 싶다.

한편, 무드셀라 신드롬과 반대되는 심리현상으로 '순교자 신드롬 (martyr syndrome)'이 있다. 순교자 신드롬은 모든 박해를 받으면서도 자기가 믿는 신앙을 지켜내기 위해 목숨까지 바친 순교자에서 유래한 것으로, 과거의 기억에 대해 부정적으로 생각하고 나쁜 감정만 떠올리는 증상을 말한다. 순교자 신드롬이 있는 사람은 자신이 늘 희생자이고 피해자라고 생각한다.

혹시 좋지 않은 상황에서 현실을 외면하거나 도피한 채 과거의 좋았던 기억만을 떠올리려고 하지는 않는가? 극심한 경쟁과 스트레스로 현실의 삶에 지쳐 현실을 도피하여 아름다운 추억 속으로 회귀하려고 하지는 않는가? 아름다웠던 과거를 즐기는 수준에서 벗어나 과거에 있었던 일을 회피하고 부정하고 있지는 않은가? 찬란한 과거의 영광도 좋지만 슬픈 일들도 자신의 과거이다. 힘들고 아픈 기억일수록 잊으려고만 하지 말고, 아픈 현실과 그 기억을 자연스럽게 받아들이고 즐겨야 한다. 과거에 연연하지 말고 새로운 추억을 만들며 앞서 나가야 한다. 지난날의 영광과 고통보다 더 나은 순간을 지금 현실에서 찾는 연습이 필요하다.

75

조간 신드롬
침대 밖으로 나오고 싶지 않아

한 인기 개그맨이 어느 TV 프로그램에서 "일찍 일어난 새가 피곤하다."라는 우스갯소리의 말을 했다. 이것은 '일찍 일어난 새가 먹이를 먹는다.'라는 속담을 유머와 재치로 패러디한 것으로 많은 사람들에게 공감을 불러일으키며 퍼져나갔다. 이 개그 문장에서 떠올릴 수 있는 것이 '조간 신드롬(morning syndrome)'이다. 이 신드롬은 아침에 일어나도 기분이 무겁고 몸이 피곤하여 침대 밖으로 나오기 싫고 아무것도 하기 싫은 현상을 말한다.

아침에 일어나면 충분히 잠을 잤는데도 불구하고 유독 몸이 무겁고 피곤해 아무것도 하기 싫고 하루 종일 누워서 잠만 자고 싶었던 날이 있는가? 아침에 일어나 출근을 할 힘도 나지 않고, 그래서 한 번씩 결근을 하거나 출근을 해도 지각을 한 적이 없는가? 누구나 한 번쯤은 그런 경험을 했을 것이다. 하지만 아침에 이런 증상이 계속 반복되어 나타나고 있다면 조간 신드롬을 의심해보아야 한다. 예전에 스마트폰이 없던 시절에는 잠자리에서 일어나자마자 배달된 조간신문(朝刊新聞)을 가지고 들어와 읽는 것이 일상이었지만, 피곤하고 무기력한 아침에는 그렇게 열심히 보던 조간신문도 쳐다보지 않고 하루 종일 누워만 있다는 의미로 '조간 신드롬'이란 이름이 붙여졌다.

조간 신드롬에 빠지면 아침에 일어난 직후부터 무기력하고, 몸과 마음이 피곤하고, 잠자리에서 일어날 마음이 생기지 않고, 일어나더라도 아무런 의욕이 없고, 뭔가 넋이 나간 듯이 초점 없는 눈으로 멍하니 한 곳을 바라보고, 그저 몸이 무겁고 피곤하며 마음이 답답하고, 여성의 경우 평소 신경 쓰던 화장이나 옷차림 등 몸단장을 하지 않으며, 쉬는 날이어도 운동이나 야외 활동보다는 스마트폰으로 이것저것 동영상을 찾아보면서 시간을 의미 없이 보내는 등의 증상을 보인다. 이러한 증상이 장기간 지속될 경우 단순한 무기력에서 점차 스트레스와 우울감 및 심한 자책감으로 이어질 수 있다.

이러한 조간 신드롬의 증세는 1990년대 초부터 한국의 사회적 문제 가운데 하나로 등장하였고, 어려운 경제상황 가운데 과도한 업무나 반복되는 업무로 인해 회의감과 공허감을 크게 느끼는 현대인들에게 일상적으로 나타나기도 하지만, 회사에서 해고를 당하거나 매번 시험에서 떨어지는 등의 일을 겪은 사람에게서도 나타나기도 한다. 특히 1997년 국제통화기금(IMF) 사태로 말미암아 회사의 대규모 구조조정과 수많은 기업들의 도산이 잇따르면서 많은 사람들이 실직자로 길거리로 내몰리게 되어 조간 신드롬이 사회적 문제로 부상하였다. 내몰린 사람들이 겪었을 충격과 그로 인한 정신적 공허감과 우울감, 언제 실업자가 될지 모르는 불안한 상황이 반복되면서 자신이 하는 일에 대한 회의와 아무것도 하기 싫은 무기력으로 이어져 나타나게 된 것이 바로 조간 신드롬이다.

　조간 신드롬을 겪는 사람들은 '369 신드롬'도 함께 겪는 경우가 있다. 369 신드롬이란 매일 똑같은 삶을 살고, 업무를 보고, 사람을 만나는 것을 지겨워하며 결국 취직을 하고 3개월 만에 전직이나 이직을 심각하게 고민하는 현상을 말한다. 알 수 없는 미래에 대한 불안감, 하루하루를 열심히 살아가는 것도 달라질 것도 없을 것 같다는 생각, 과로 및 피로의 누적, 만성피로 증후, 월요병 등이 조간 신드롬을 야기하는 원인일 수 있다. 경기의 악화와 취업의 어려움 등으로 말미암아 미래에 대한 불안감이 커지면 조간 신드롬에 빠질 수 있다. 지나치고 무리한 업무 및 일상생활에서 피로가 쌓이고 과로를 하게 되면, 지치고 무겁게만 느껴지는 몸으로 인해 아무것도 하기 싫은 마음이 들기 때문에 역시 조간 신드롬에 빠질 수 있다. 또한 즐거운 주말을 보내고 다음 날이 월요일이라는 생각에 답답하고 불안해지는 등의 심리적인 변화가 조간 신드롬의 증상을 불러올 수 있다. 이로 인해 무기력감과 우울증까지 동반하여 삶의 의미를 상실하게 할 수도 있다.

　그러면 조간 신드롬에서 벗어나려면 어떻게 해야 할까? 무엇보다 중요한 것은 지금 갖고 있는 마음자세를 변화시켜야 한다. 하는 일에 확신과 자신감을 갖고, 자신만의 취미와 스트레스 해소법을 찾고, 활력을 되찾는 방법을 강구하여 활력 있는 하루하루를 만들어가야 한다. 알 수 없는 미래로 인한 불안감 때문에 지레 겁을 먹고 도망치면 성장도 없다. 무언가로 인해 열정이 무너지고 오히려 무기력감과 낙심이 밀려올 때는 '피할 수 없으면 즐겨라'라는 말이 있듯이 오늘 하루 주어진 일에 최선을 다하려는 마인드가 중요하다. 또한 자신의 일상생활에 변화를 주거나 적당한 운동과 취미활동이 조간 신드롬의 예방과 대처에 도움이 될 수 있다.

76

파랑새 신드롬
직장을 자주 바꾸다

요즘 신세대들은 기성세대들보다 자기주장도 강하고 현실 감각이 뛰어나며 정보도 많이 갖고 있다. 얼마 전 모 신문사에서 조사한 바로는 회사원의 50% 이상이 가능하다면 전직을 하겠다는 생각을 갖고 있다고 한다. 사실 한 직장에서 오래 있다 보면 새로운 직장에 대한 동경이 안 생길 수가 없다.

어디엔가 자기 능력을 제대로 발휘할 수 있는 일터나 할 일이 있을 것만 같은데, 그것이 무엇인지도 모르면서 확신 없이 이 직장 저 직장 헤매는 것을 '파랑새 신드롬(bluebird syndrome)'이라 한다. 이처럼 파랑새 신드롬은 입사 초년에 있는 직장인들이 겪는 신드롬의 하나로, 한 직장에 안주하지 못하고 여기저기 옮겨 다니는 직장인을 가리키는 말로 많이 사용되며, 현재의 모습에 만족하지 못하고 미래에 더 나은 삶을 살 것이라는 허황된 꿈을 꾸는 현상을 말한다.

이 신드롬은 벨기에의 극작가이자 시인인 모리스 마테를링크(Maurice

Maeterlinck)가 틸틸과 미틸의 남매의 이야기를 담은 아동극 <파랑새>에서 따온 이름이다. 이 작품에서 주인공 남매에게 늙은 요정이 찾아와 한 아픈 아이의 행복을 위해 파랑새가 필요하다며 남매에게 파랑새를 찾아 줄 것을 부탁한다. 요정은 남매에게 다이아몬드가 박힌 모자를 건네는데 이걸 쓴 남매의 눈앞에 신기한 광경이 펼쳐진다. 늙게 보였던 요정이 아름답게 보이고 물, 우유, 고양이, 개 등의 영혼을 볼 수 있게 된다. 그렇게 남매는 영혼들과 함께 파랑새를 찾아 떠나게 된다. 시간의 안개를 뚫고 도착한 추억의 나라에서 남매는 할아버지와 할머니를 만났지만 그곳에 파랑새는 없었다. 계속해서 밤의 궁전과 숲, 묘지 그리고 미래의 왕국을 찾아갔지만 어디에도 찾을 수 없었다. 결국 빈손으로 집에 돌아온 남매는 영혼들과 작별인사를 한 후 헤어진다. 이튿날 아침, 집안 침대 옆에 있는 새장을 보는 순간 그 안에 있는 새가 파랑새라는 것을 알게 된다. 반가운 마음에 새장을 열어 파랑새를 보려 했지만 그 순간 파랑새는 멀리 하늘로 날아가 버린다는 이야기이다.

이 극에서 남매는 자기들이 찾아 헤매던 파랑새가 바로 그 비둘기였음을 깨닫는다. 즉, 행복은 멀리 있는 것이 아니라 바로 가까이 있다는 것을 말이다. 이 내용을 요즘 현실에 비유한 것이 바로 파랑새 신드롬이다. 그래서 일상적으로 "저 사람 파랑새나 쫓고 있군." 하면 자기 주변이나 현실에 만족하지 못하고 비현실적인 계획과 희망으로 멀리 있는 행복을 찾아 헤매는 사람을 가리킨다.

파랑새 신드롬은 자신이 현재 하는 일에 최선을 다하지 않고, 남이 받는 대우에 관심이 많고, 뭐든 자기 생각대로만 되어야 한다는 유아적인 집착을 하며, 어른이 되어서도 어렸을 때처럼 참을성이 없고, 즉각적인 보상에만 집착하는 특성을 보인다. 개인의 행복이란 상대적인 가치 개념으로 현실의 삶에 대한 만족도가 높아야 하는 것인데, 가까운 주변에서 행복을 찾지 못하고 먼 미래의 행복만을 바라며, 현재 일에는 관심이 없고 열정을 느끼지 못하는 사람은 파랑새 신드롬을 겪고 있는 것이다.

이러한 특성은 현실에 만족하지 못하고 새로운 이상만 추구하는 병적인 증상으로 주로 부모의 과잉보호를 받고 자라 정신적 성장이 더딘 사람에게 나타난다. 최근에 들어서는 빠르게 변화하는 현대사회에 적응하지 못하거나 현재의 직업에 만족하지 못하는 직장인들을 일컫는다. 자기가 선택한 결혼인데도 배우자를 탓하는 부부들, 일할 생각은 안하면서 봉급이 적은 것만 불평하는 샐러리맨들, 자기 실력에 맞춰 들어온 대학이 삼류대학이라고 스스로 멸시하는 학생들, 날마다 밥하고 빨래하고 청소하는 것이 내가 할 일은 아니라 생각하는 주부들 등 매사를 불만스럽게 살아가는 '투덜이'들도 이에 해당된다.

파랑새 신드롬을 겪는 사람은 가까운 행복과 현실에 만족하지 못하고 실현 가능성이 없는 먼 미래의 행복과 즐거움을 찾아 현재 불만 가득한 나날을 보내며 스스로 스트레스를 받는다. 결국 직장에도 자기 자신에게도 좋지 않은 결과를 가져온다. 이 신드롬에서 벗어나려면 "누가 모르겠는가. 행복은 멀리 있는 것이 아니라 바로 가까이에 있다는 것을... 다만 그쪽으로 손길을 뻗는 사람만이 행복을 만질 수 있다."라는 안톤 슈낙(Anton Schinack)의 말을 되새기면서 직장에서 행복해지는 방법을 찾아 실천해보는 게 좋다. 자신의 강점을 활용해 일에 대한 재미를 찾고, 목표를 공유하고 성장을 자극해 줄 사람을 찾으며, 직장에서 즐겁게 어울릴 수 있는 동료와 함께 시간을 보내는 것이 도움이 된다.

77

창꼬치 신드롬
과거 경험만이 중요하고 변화는 싫어

영어권에서 파이크(pike) 또는 바라쿠다(barracuda)로 불리는 창꼬치라는 열대성 어류를 아는가? 창꼬치는 인도양과 태평양 등 열대와 아열대 연안에 분포하고, 해안 해조류와 바위가 많은 해안과 강과 바다가 만나는 하구 지역에 주로 서식한다. 몸은 창끝과 같이 가느다란 유선형이며 주둥이가 길고 아래턱이 나와 있다. 몸길이는 약 50㎝, 몸은 가늘고 길며 옆으로 납작하다. 머리는 길고 뾰족하며 큰 입이 눈가까지 찢어져 있는 데다 위턱보다 길게 튀어나온 아래턱으로 인해 아랫입술이 윗입술보다 앞으로 튀어나온 사람처럼 상당히 험상궂게 보인다. 입 사이로는 입을 완전히 다물 수 없을 정도로 날카로운 이빨들이 단검을 세워둔 것처럼 삐죽 튀어나와 매우 위협적으로 보인다. 창꼬치는 무리 지어 다니면서 먹이 사냥을 하는 습성을 가지고 있고, 육식 어류로 작은 물고기를 먹이로 삼으며, 무차별하게 공격하는 매우 포악한 물고기로 알려져 있다. 창꼬치라 부르게 된 것도 돌진하는 모양새가 마치 창이 날아가 꼬치를 꿰는 것처럼 보이기 때문이다.

1873년 독일의 동물학자 카를 뫼비우스(Karl August Möbius) 박사가 창꼬치의 습성에 대한 고전적인 실험을 통해 '창꼬치 신드롬(pike syn-drome 혹은 barracuda syndrome)'을 발견했다. 생태학 분야의 개척자였던 그는 큰 수조에 창꼬치를 넣은 후, 창꼬치의 먹이로 창꼬치가 즐겨 먹는 작은 물고기를 넣어두고 가운데 유리 칸막이를 넣어 창꼬치가 물고기를 공격할 때마다 충격을 받게 했다. 여러 번 충격으로 고통을 겪은 창꼬치는 유리 칸막이를 제거해도 그 물고기를 공격하지 않게 되었다. 이 실험은 미국과 캐나다의 동물학자들에 의해 여러 번 반복되었으나 결과는 항상 같았다. 한번은 창꼬치에게 먹이를 주지 않아 굶주려서 죽게 될 상황에까지 이르게 한 후, 먹이용 물고기가 창꼬치의 머리와 입 주변을 헤엄치게 했는데도 창꼬치는 자기가 고통을 학습했던 물고기는 먹지 않고 굶주림을 감수했다. 이처럼 과거의 실패 경험 때문에 새롭게 바뀐 환경에서도 수동적으로 행동하는 현상, 즉 과거의 경험을 통해 학습된 결과로 말미암아 새로운 상황에 대한 적응과 도전을 두려워하고 변화를 받아들이지 않고 자신의 과거 경험만을 기준으로 현재의 상황을 판단하는 현상을 창꼬치 신드롬이라고 한다.

창꼬치 신드롬과 유사한 심리학 개념이 '학습된 무기력(learned helplessness)'이다. 1967년부터 우울증에 대해 관심을 가졌던 미국의 심리학자 마틴 셀리그먼(Martin Seligman) 박사는 1975년 『무기력: 우울증, 발달, 그리고 죽음』이란 그의 저서를 통해 어떤 생물이 극복할 수 없는 환경에 반복적으로 노출되거나 좌절했던 경험이 누적될 때, 환경이 바뀌어도 극복할 의지를 잃고 자포자기 상태가 되는 것을 학습된 무기력이라고 정의했다. 그는 개와 인간 실험을 통해 이 현상을 발견한 후, 학습된 무기력은 종을 초월해 보편적으로 나타나는 현상이라고 보고했다.

그 후 창꼬치 신드롬은 학습된 무기력을 설명할 때 주요 예화로 인용되었다. 과거의 경험에 구속되어 변화하는 환경에 대한 두려움을 갖고 있거나, 과거의 규범과 관습, 의식에 갇혀서 새로운 시대에 적응하지 못하는 경우, 또는 스스로 자포자기 상태로 전락하여 불리한 환경을 감수하고 수동적인 상태를 유지하는 것을 의미하는 용어로 사용된다. 교육학에서 학습된 무기력은 자기 스스로가 어떤 일에 대해 통제하는 것이 불가능하다고 지각할 때 나타나는 심리적 상태로 이해된다. 일상생활에서 자신의 의지와 노력으로는 성취할 수 없는 상황을 반복적으로 겪게 되었을 때, 이후 수동적으로 행동하게 되고, 실패한 경험의 결과로 인해 문제해결에 대한 의지와 행동을 포기하게 되는 현상을 의미한다.

창꼬치 신드롬의 특징으로는 변화에 무감각하고, 스스로 모르는 것이 없다고 생각하는 것이다. 또 자신의 경험을 맹신하고, 무조건 기존의 규칙이나 관습을 고수하려다 보니, 다른 가능성에 대해서는 전혀 고려하지 않게 되어, 어떤 어려움에 부딪히면 회피하려고만 하는 수동적이고 약한 모습을 보이기도 한다. 이러한 창꼬치 신드롬의 사람들은 자신의 단편적 지식과 경험에 의한 판단이 옳다는 생각이 강해 변화된 상황을 받아들이거나, 주변의 설득 논리에 거부감을 갖기도 하고, 상대방에게도 같은 생각과 판단을 강요하거나, 이견에 대해 자신의 고집을 꺾으려 하지 않는 성향이 있다.

주변을 관찰해보면 이와 같은 창꼬치 신드롬의 특징을 보이는 사람들을 적지 않게 발견하게 된다. 지금까지 잘살기 위해 여러 가지 일들을 해봤으나 하는 일마다 잘되지 않았고, 또 그 과정에서 많은 사람들에게 속았고 피해를 봤던 경험이 누적된 사람들은 자신감을 잃고 무기력하게 되며, 모든 사람을 믿지 않고 매사를 부정적으로 보고, 이것이 고정관념으로 굳어져 도전조차 해보려고도 않는다.

세상은 하루가 다르게 변하고 있는데 늘 해오던 방식만을 고집하거나 과거의 안락에 빠져 다가오는 위기를 외면하는 것도 결국은 창꼬치 신드롬에 갇혀있기 때문이다. 이러한 사람들로부터는 변화와 발전을 기대할 수 없다. 변화 그 자체를 두려워하기 때문이다. 이런 사람들은 조직이 추구하고자 하는 변화와 혁신을 거부하고 현실에 안주하려고만 한다. 결국 고인 물은 썩기 마련이다.

창꼬치 신드롬이란 사실 병적인 증상이라기보다는 스스로의 고집과 자신만의 기준에 사로잡혀 있는 성격적 특성일 수 있기 때문에 자신의 문제점을 인지하는 것이 무엇보다 중요하다. 자신이 갖고 있는 지식과 경험이 때로는 맞을 수도 있지만, 다른 방향의 경험도 답이 될 수 있다는 생각으로 다양한 경험과 변화의 시도를 받아들이려는 노력이 필요하다. 물론 주변 사람들의 경험이나 의견도 편견 없이 대하려는 마음가짐의 변화도 필요하다. 하루가 다르게 변화하는 세상에서 창꼬치 신드롬에 갇혀 정형화된 사고의 틀 속에 빠지지 말고 이에 벗어나 새롭게 태어나야 하지 않겠는가!

저자 소개

정종진

현재 대구교육대학교 교육학과 명예교수이자 심리상담전문가이다. 뉴질랜드 크라이스트처치교육대학 연구교수, 호주 퀸즐랜드대학교 객원교수, 한국초등상담교육학회 회장, 한국교육심리학회 부회장 등을 역임하였다.

저서로는 『이제부터 행복해지기로 합시다』, 『내마음 심리학 실험실』, 『교양으로 읽는 생활 속의 심리이야기』, 『잠 못 드는 밤에 읽는 인지행동이야기』 외 다수가 있다.

심리효과와 신드롬

초판발행	2024년 1월 2일
지은이	정종진
펴낸이	노 현
편 집	김다혜
기획/마케팅	허승훈
표지디자인	Ben Story
제 작	고철민·조영환
펴낸곳	㈜ 피와이메이트
	서울특별시 금천구 가산디지털2로 53, 한라시그마밸리 210호(가산동)
	등록 2014. 2. 12. 제2018-000080호
전 화	02)733-6771
f a x	02)736-4818
e-mail	pys@pybook.co.kr
homepage	www.pybook.co.kr
ISBN	979-11-6519-487-1 93180

정 가   22,000원

박영스토리는 박영사와 함께하는 브랜드입니다.